PURCHASE AMERICA
买下美国

美国房地产投资秘笈

成薇（Cathy Cheng） 著

科学普及出版社
· 北京 ·

图书在版编目（CIP）数据

买下美国：美国房地产投资秘笈 / 成薇著 .—北京：科学普及出版社，2016.6
ISBN 978-7-110-09414-3

Ⅰ . ①买… Ⅱ . ①成… Ⅲ . ①房地产投资 – 研究 – 美国 Ⅳ ① F299.712.335

中国版本图书馆 CIP 数据核字 (2016) 第 124213 号

策划编辑	杨虚杰　孔祥宇
责任编辑	鞠　强　张　宇
封面设计	杨晓勇
内文制作	犀烛书局
责任校对	杨京华
责任印制	马宇晨

出版发行	中国科学技术出版社发行部
地　　址	北京市海淀区中关村南大街 16 号
邮　　编	100081
发行电话	010-62103130
传　　真	010-62179148
投稿电话	010-62103136
网　　址	http://www.cspbooks.com.cn

开　　本	720mm×1000mm　1/16
字　　数	260 千字
印　　张	18.25
版　　次	2016 年 6 月第 1 版
印　　次	2016 年 6 月第 1 次印刷
印　　刷	北京华联印刷有限公司

书　　号	ISBN 978-7-110-09414-3/F · 263
定　　价	48.00 元

（凡购买本社图书，如有缺页、倒页、脱页者，本社发行部负责调换）

序

经济危机来临时，
为什么房地产是最好的避险手段？

2015年8月11日人民币贬值1.85%，创下20多年来人民币的最大单日跌幅以来，加上股市动荡，坊间悲观情绪蔓延。但在2015年9月举行的20国集团（G20）财长和央行行长会议上，中国人民银行行长周小川再次力挺人民币不会长期贬值，但从长远来看，改变人民币实际有效汇率偏强的现状，让人民币在可控范围内贬值，对扩大出口提振中国经济有着正向刺激作用。

对于人民币贬值的意义，中国人民银行及官方评论的解释是，推动人民币汇率形成机制向市场化方向迈进，这一解释是潜在地告诉人们，此次贬值是中国为了让人民币加入IMF（国际货币基金组织）的特别提款权（SDR），让人民币汇率机制主动向IMF的评价体系靠拢。外界对此次人民币贬值的理解除了这层意思外，又多了一层，那就是促进出口。

寻找新的经济增长点

中国经济的持续放缓，让外界担忧不少，不少人觉得中国经济的实际增长数据要低于政府公布的数据。2015年中国制造业采购经理人指数（PMI）除了3～7月份刚好保持在50的荣枯线上外，1月、2月、8月份均在49.7～49.9之间浮动。制造业采购经理人指数达到50说明制造业正在扩张，而低于50说明制造业正在收缩。2015年8月份的制造业指数创下了自2014年8月至今以来的新低，中国制造业的状况不容乐观。

而且，中国制造业目前就像中国的经济发展一样，也在经历着阵痛期。人口红利渐失导致的劳动力成本提高，再加上土地、生产原料价格的增高，使得中国制造业的生产成本已经逼近美国。过去，中国制造业有廉价的劳动力、低廉的生产成本支撑，现在失去支撑，再加上其忽视质量追求数量的粗放式发展，中国制造业寒冬提前到来。

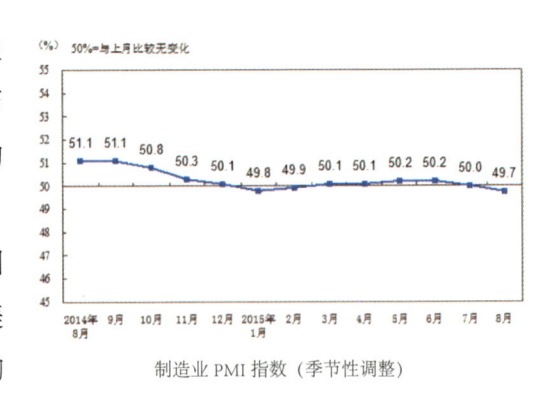

制造业 PMI 指数（季节性调整）

制造业遭遇挑战，中国现在又处于经济转型的关键时期，过去的投资型经济在给中国带来快速经济增长的同时，也给中国积累了不少债务。这些债务有不少属于高投入、低回报型，尽管政府对这些债务进行了二次置换，但也存在着债务会不会违约、变成呆账的风险。经济要发展，但发展方式绝不是过分依靠投资驱动，投资驱动的经济是不可持续的，要想让经济健康、可持续发展，由制造业支撑、以消费主导的经济发展方式最为理想。但是眼下中国长三角、珠三角一些制造业密集的地方接连出现工厂倒闭潮，依靠制造业来支撑经济发展尚待时日。

关于经济增长点，对内，由于经济结构的转变，没有了投资驱动，经济增长放缓，而电商发展带来的经济增长相对有限；对外，看一下中国这几年的出口情况，2012年，中国出口总值为2.05万亿美元，同比增长7.9%，2013年为2.21亿美元，同比增长7.9%，2014年为2.34万亿美元，同比增长6.1%，2014年的出口增长低于7.5%的预期。虽然当前中国出口优势依然存在，但是比较成本优势正在发生变化，尤其是生产成本的增加正在慢慢削弱中国的出口优势，加上2015年以来持续几个月的出口数据低于市场预期，为了保证出口带来的增长，让人民币汇率贬值就成为了提振出口增长的关键做法。而且由于人民币一直与美元部分挂钩，只要美元兑一篮子货币同比上涨，那么人民币兑其他货币也会随着一起上涨，这在中国一些主要贸易伙伴眼里可不是什么好事，他们会选择减少从中国进口一些商品，从而影响到中国的出口贸易。

贬值带来的资产缩水恐慌

金融界有一个"不可能三角"论。20世纪60年代，以弗里德曼为代表的经济学家提出了浮动汇率制有利于吸收外部冲击，而蒙代尔等人则认为固定汇率制度可以促进各国形成稳定的经济体系。基于这两个理论分歧，蒙代尔将这两个理论进行整合，提出了著名的"不可能三角"理论。"不可能三角"是指经济社会和财政金融政策目标面临诸多困境，难以同时获得。在金融政策方面，资本自由流动、汇率稳定和货币政策独立性三者不能同时都拥有，即所谓鱼和熊掌不可兼得。

汇率、资本流动、货币政策独立性几者之间都存在着部分联系，一般来讲，汇率上升，外汇供给增加，本币会升值，净出口会减少。而汇率下降，会导致外汇供给减少，本币贬值，净出口增加。

凡事有得必有失，从"不可能三角"理论中我们可以看出，汇率贬值能促进出口，但是也会带来本币资产贬值，即人民币估值会下降。人民币估值下降会带来资产缩水，资产缩水对于投资来讲可不是什么好事。拿房地产行业投资来讲，人民币持续升值的这几年，也是中国房地产价格持续上涨的几年。在这个过程中，随着人民币的升值，人们购买的房屋的资产也迅速升值，房屋资产迅速升值，又会吸引人们更多地进行房地产投资。而如果人民币贬值，会大大减少人们的投资热情，过去500万就能买到的一套房子，以后可能需要花费更多。

不仅如此，那些高净值人群账户中的储蓄也会跟着缩水，原来存在账户中的钱在经过贬值后，虽然数目没有变化，但是能够买到的东西多寡已经与原来不同。因此，为了让自己账户中的资金保值，随着人民币的贬值，寻求海外投资就成为了越来越多的高净值人群实现资金保值的方法。

英国《金融时报》旗下的《中国投资参考》在2015年7月针对中国大陆

富人做了一个投资调查，调查显示，60% 以上的人表示在未来两年内有增持海外资产的计划，而 47% 的高净值个人已经将自己 30% 甚至更多的资产用于海外投资。在这些投资中，住宅型房地产是最受欢迎的投资领域。这个调查说明，在人民币进一步贬值之前，中国的一些高净值人群已经开始了海外投资以对冲境内资产缩水带来的损失。不光是个人，许多机构投资者和房地产开发商也计划转移投资阵地，将目光瞄准海外。2015 年 5 月，一家中国的公司在悉尼以 3 亿澳元买下一块地就是出于对国内人民币贬值的担忧。寻求资产多元化，成为人们应对金融风险的一种新的避险工具。

要避险？来美国买房

在《中国投资参考》2015 年 7 月份做的调查中，除了上面的数字引人注意之外，还有一个数字值得关注，那就是这些高净值人群对投资第一目的地的选择。调查显示，42% 的人投资首选目的地为美国，主要是因为美国的经济和优质教育资源对中国富人的吸引力较大，其次是中国香港、澳大利亚、加拿大和英国。

2015 年底公布的《胡润中国投资移民白皮书》显示，美国是中国高净值人群最想去的国家，他们海外投资的最主要原因是资产配置、分散风险和子女教育。近几年，中国成为一些发达国家的主要移民输出地区。2015 年《中国国际移民报告》指出，中国向主要发达国家移民人数基本保持稳定，世界各地华侨总人数为 6000 万人，中国国际移民是世界上最大的海外移民群体，主要目的地有美国、加拿大、澳大利亚、韩国、日本、新加坡等。可见，美国是中国高净值人群的金融避险首选地。

有报告预计，受益于庞大的人口数量及经济增长，到 2020 年，中国将成为世界上富人最多的国家。《2015 中国大众富裕阶层财富白皮书》显示，截至 2014 年年底，中国大众富裕阶层人数达到 1388 万人，同比增长 15.9%，到 2015 年年底，人数将达到 1528 万人。2014 年年底，中国私人可投资资产总额约 106.2

万亿元，年增长 12.8%，2015 年年底，中国私人可投资资产总额将达到 114.5 万亿元。随着中国已经超过加拿大成为美国海外购房的第一主力，未来，随着中国富人的增长，将会有越来越多的人到美国买房，也将会有越来越多的人选择到美国投资房地产行业进行金融避险。

2014 年美国经济增长 2.4%，创自 2010 年以来全年经济增速最强记录。2015 年美国经济增长持续恢复，在经历了第一季度 0.2%（低于 1% 的预期）较弱的经济增长后，第二季度美国经济迎来了爆发，第二季度美国 GDP 增长 3.7%，好于 2.3% 的市场预期。

美国经济渐渐走强的趋势已明显，因房地产行业受经济因素影响较大，经济发展起来，美国房地产行业也逐渐回暖。美国房地产在经历了金融危机后，随着经济的再次走强，其投资价值也正迎来高回报率。在中国经济常态化来临、人民币贬值而美国经济走强、美元大幅升值的这个节骨眼上，到美国买房不仅具有较高的投资回报率，而且也将会有效化解人民币贬值带来的资产缩水风险。人民币贬值，房产的保值性和高附加值，到美国买房将会成为人们新的避险工具。

目录

序　　　经济危机来临时，为什么房地产是最好的避险手段？

第一章　美国房和美国梦

美国房撑起美国梦	002
房地产也是美国的支柱产业	009
美国房地产的诱惑	014
美国为什么不像中国那样救房地产	020

第二章　全球经济新平衡下的投资选择

全球资产重新配置的大潮下国人该如何投资？	028
美国退出 QE 带来哪些新投资契机？	033
跟李嘉诚学投资美国房地产	038
中国正在成为海外购房第一主力	043

第三章　中国高房价后遗症

在北京买套 100 平方米的房子在美国能买点啥？	050
逃回北上广成潮，未来城市如何发展？	057
中美房地产行业未来发展走势对比	062
卖掉北京可以买下美国？	065

第四章　华人在美国

华人在美国遇到的第一个问题：先从晾衣服说起	072
华人在美国的工作和生活	077
美国的高薪职业	081
华人最爱：在洛杉矶感受不一样的文化体验	087
入乡随俗，华人在美国如何建地下室	091

第五章　美国的豪宅和名宅

中国买家推动美国豪宅购买潮　　　　098
从白宫到比弗利山庄　　　　　　　　100
乔布斯故居：房子也是一种精神　　　106
美国人买不买学区房？　　　　　　　111
从梦幻庄园出售看中外明星房产投资　115

第六章　美国房地产市场的特点

美国土地制度　　　　　　　　　　　120
美国房地产中介的发展　　　　　　　125
为什么一定要找房产中介　　　　　　131
美国人都喜欢买什么样的房子　　　　136

第七章　怎么在美国买房

美国买房的步骤和手续　　　　　　　144
美国房产税及其产权文化　　　　　　150
外国人在美国拥有房屋都要交哪些税？　155
中国人如何在美国贷款买房？　　　　158
附录：加州购房合同条款说明　　　　162

第八章　网络时代如何晒房子

图片、影像、全媒体　　　　　　　　170
缺陷暴露法　　　　　　　　　　　　175
微信营销　　　　　　　　　　　　　180
场景营销　　　　　　　　　　　　　185
如何制作广告单页　　　　　　　　　191

第九章 留学经济和美国房市

留学经济和美国房市	198
怎样申请一所美国的好大学	201
美国奖学金制度	205
应该从中学就去美国留学吗？	210
附录一：2014年美国加州高中排名（前100名）	215
附录二：美国排名前100名大学信息	230

第十章 华人如何融入美国社会

美国有哪些适合华人居住的城市	236
如何拿到美国绿卡	241
如何搞定美国邻居	245
美国如何保证公民的安全感	249

第十一章 我在美国的日子：一个华人房地产经纪人的自白

从菜鸟开始：影响一生的第一次卖房经验	256
夕阳中的接触	272
珍惜活着的日子	274
经验之谈，给后辈从业者的话	275

第一章

美国房和美国梦

美国房
撑起美国梦

"I have a dream"《我有一个梦想》，这是1963年8月的一天，美国黑人解放运动领袖马丁·路德·金在林肯纪念堂前发表的演讲题目。这篇演讲后来被翻译成各种语言，传播到世界各地，成为人们认识美国梦的一个契机。显然这不是美国梦的全部，因为美国梦在这之前就已经存在并为美国近代的强大奠定了坚实的基础。如今，实现"中国梦"也越来越多地被人们提及，成为实现中华复兴的指引。那么什么是美国梦，又为什么说美国房撑起了美国梦？

自由平等的美国梦

提起美国梦人们首先想到的是，在美国你会拥有更多的均等机会，每个人都能够通过自己坚持不懈的努力实现自己的梦想，其核心就是自由和平等。

美国历史上第一任副总统、第二任总统约翰·亚当斯曾经说过，"美国梦的灵魂是机会均等"。因此想要实现美国梦，智慧、知识和坚持不懈的精神就是必备条件。

美国梦还有一个很明显的特征那就是社会各阶层之间的自由流动，特别是下层阶层通过自己的努力向上层阶层的流动，这也被很多人认为是美国梦得以实现的基础，很多出身并不优越的人们，通过自己的努力走上人生巅峰，甚至成为社会主流人群的一员，比如美国第44任总统奥巴马就是最好的证明。

第一阶段：美国梦从乌托邦到现实

17~18世纪的欧洲还是封建社会，等级森严、宗教歧视、分配不公……许多人特别是弱势群体为了摆脱社会的禁锢，欧洲大陆各国的大批移民纷纷来到美洲大陆寻求自由平等的社会环境。因为在本国经常会遭受各种不公平的待遇，这些来自欧洲的移民在美洲大陆十分自觉地维护这得之不易的平等、自由、民主的环境。

美国梦的另外一个重要内涵就是探索未知的财富。早期的美洲大陆地广人稀，每一个来到这里的人都能获得大片肥沃的土地，对于以农业种植为主的社会来说，土地就是最大的财富。当然后来美国西部又发现了许多金矿，很多人因此一夜暴富，从而掀起一股"淘金潮"，这为早期美国梦抹上了一道浓重的"金色"。

有人说美国梦的起源最早可以追溯到400多年前的一艘叫做五月花号的木质帆船，这条船当时搭载了100多名清教徒，他们穿越大西洋，来到一块从未涉足的新大陆：美洲大陆，开辟殖民地。最早他们登上这条船的目的并不是猎奇，也不是探险，而是为了躲避国内英国国教对他们的仇视，迫不得已开始了流亡之路。这些人来到美洲大陆，不仅仅是为了谋生，在这个过程中他们意识到应该建立一个属于自己的人间乐园，多少有些乌托邦的味道。

如果说五月花号是一次大胆的想象和尝试，那么十年后的另一艘帆船阿贝拉号则怀揣了更加美好的愿望来到美洲大陆。当时这条船的基督教领袖约翰·温斯罗普，也是后来的波士顿总督，在阿贝拉号上呼吁并与船上的所有人约定："应本着公正与慈悲之心，建设一个亲密无间的共同生活的乐园，公共的利益，应该高于私人的私利。"这在当时立刻得到大家的欢呼响应，因为他们在国内受到贵族和主流宗教的压迫，这样的约定让大家看到了自由平等的曙光，因此后来也有人称约翰·温斯罗普为"被遗忘的美国奠基之父"。

这两次尝试都为第一阶段美国梦的实现提供了理论基础、群众基础、财富基础，当 1776 年美国《独立宣言》宣布时，这三个基础为美国独立战争取得胜利，建立美国起到了关键作用。

第二阶段：美国梦让国家更加强大

美国南北战争前后，由于工业化的发展和第二次工业革命的兴起，美国北方出现了像芝加哥、底特律、纽约等一大批新兴工业城市，同时也造就了第一批工商业巨头，包括创立通用电气的爱迪生、挖石油的洛克菲勒、开银行的摩根、造汽车的福特等一大批富豪，他们凭借在各自领域的技术优势创造了属于他们自己的个人传奇，实现了由社会底层向富裕阶层的逆袭，这也在一定程度上代表了第二阶段的美国梦。

有美国汽车大王之称的亨利·福特，1863 年出生于美国密歇根州韦恩郡的史普林威尔镇，他的父母是来自爱尔兰的移民。

福特从小就是一个机械迷，15 岁那年他自己动手制造了一台内燃机。1879 年福特来到后来的汽车之城底特律做一名机械师的学徒，并先后在西屋电气公司和爱迪生照明公司担任职务。1896 年福特创造性的发明了自己的第一辆四轮汽车，并创办底特律汽车公司，后因忽视市场营销，公司最终倒闭。但这并没有击败

汽车大王亨利·福特

福特，之后他创办自己的第二家公司，主打产品换成了赛车，为证明汽车性能，福特亲自上阵比赛，并获得胜利。然而好景不长，因为种种原因，公司的投资者将福特解聘，还更改公司名字为凯迪拉克。越挫越勇的福特，终于在1903年创立了以自己名字命名的福特汽车公司，技术上逐渐成熟的福特汽车，通过开汽车周游美国等活动打响了自己的品牌。时至今日，福特汽车仍是世界三大汽车制造商之一，旗下包括阿斯顿·马丁、福特、捷豹、路虎、林肯、马自达、水星和沃尔沃等品牌。

福特的成功，不仅仅是个人的成功，他代表了工业革命之后的美国社会，经济空前繁荣，尤其是以汽车工业为代表的制造业大发展，奠定了美国在20世纪初到20世纪中叶逐渐取代老牌的欧洲豪强，成为新的世界经济第一强国，现阶段的福特可谓美国梦的一个缩影。

第三阶段：互联网让更多人实现美国梦

20世纪中后期至21世纪初，随着信息技术和移动互联网的发展，社会娱乐等行业继续发展，追求个性和自由的美国年轻一代，更加注重个人价值的实现成为这一时期的主轴。美国又出现了一大批互联网英雄，比如20岁就创办微软的比尔·盖茨，21岁创办苹果公司的乔布斯，25岁创办谷歌的拉里·佩奇，22岁创立脸书（Facebook）的马克·扎克伯格……这些人在非常年轻的时候就创造了数亿美元的个人资产。除此之外，在娱乐圈中以施瓦辛格为代表的明星也从另一个角度阐释着美国梦。他们共同证明了"在美国只要你有智慧和才华就能创造财富，只要努力和坚持就可以取得辉煌的成就"。

作为80后，扎克伯格从少年时代就对编程情有独钟，2004年，就读于哈佛大学的他便在一周之内建立了哈佛学生交流网站，并将这个网站命名为Facebook，后来Facebook成为学生们交友聊天和互动交流的平台迅速火遍所有美国的大学校园，之后 Facebook 在世界范围内受到追捧，其注册人数甚至超过了印度全国的总人口数量，成为名副其实的"社交帝国"。

社交帝国 Facebook 创始人马克·扎克伯格

年纪轻轻的扎克伯格就像是一个企业战略家，谈吐中能够体会到他的远见卓识。面对未来，扎克伯格曾经自信满满说："很多网站都声称立足于社交网络，这些网站大同小异，提供的都是各种信息的集萃，而是 Facebook 旨在帮助人们理解这个世界。"

好莱坞传奇巨星、前美国加州州长——阿诺德·施瓦辛格 1947 年出生于奥地利的一个普通家庭里，父亲曾是一位警长。

作为传奇演员，好莱坞巨星施瓦辛格最初练习健美，并被当时的美国健身教父韦德尔发掘。从那以后，施瓦辛格连续多次获得环球健美先生、奥林匹亚先生头衔，并通过自己的努力成功移民美国。

1970 年前后，施瓦辛格正式进入影视圈，并成功塑造了《终结者》等一系列电影中的硬汉——美国式英雄形象。据美国媒体报道，施瓦辛格还涉足投资领域，其身价不低于 20 亿美金。在《福布斯》"好莱坞最富有演员"排行榜中排名前列。

然而施瓦辛格并不满足于此，2003年10月7日，在美国加州选举中，施瓦辛格凭借超强的个人魅力成功击败其他候选人，当选加州州长，成为里根之后又一位演员出身的政治家。2011年卸任加州州长的施瓦辛格，继续接拍电影，继续神话一般的传奇人生。

无论是福特还是扎克伯格和施瓦辛格都是移民或移民的后裔；都曾出身平民家庭。但在美国，他们通过聪明才智，不断地奋斗，创造了巨额的个人财富，成为不同阶段美国梦的代表人物，也激励着人们不断追逐"美国梦"，当然这其中也包括大批来自中国的追梦者。

阿诺德·施瓦辛格

为什么说美国房撑起美国梦？

林语堂曾说过："住美国房子、娶日本老婆、请中国厨子是人生最幸福的生活。"这从某个层面说明了美国房子的优越性。那么在美国买房划算还是租房划算？美国房地产协会发布的数据显示，从长期来看，考虑到房屋价格和利率攀升的因素，买房带来的效益普遍更高，买房比租房更合算。

众所周知，美国房地产投资的安全性相对较高，是人们在投资领域的重要选择。当然美国各州政府也出台了很多鼓励房地产投资的法律法规和政策，为买房者提供很多优惠措施。美国税法还规定如果因为买房的原因而把收入给银行还了利息就可以得到免税，但租房则没有这样的优惠。

近 200 多年来，无数怀揣"美国梦"的人们前赴后继来到美国。每年上百万移民美国的人当中有相当大一部分来自中国。自古以来，中国人就有个传统，叫做"成家立业"。中国人无论到哪儿发展，首先要考虑房子的问题。对于将目光瞄准"美国梦"的国人来说，可以说美国房成为长久以来"美国梦"的基础。

"美国梦"一直是无数人追求的目标，很多人离开故土漂洋过海来到美国，并创造着属于自己的奇迹，同样也激发着人们移民美国，实现自己的美国梦，正如电影《教父》中的台词"我爱美国，美国给我带来幸运"。所以无论是投资还是自己居住，在美国有一套房子都是美国梦的一个基本前提。

房地产
也是美国的支柱产业

人类居住需要房子、货物储存需要仓库、吃饭饮食也需要餐馆……世界各地任何国家的发展都离不开房地产这个行业，不论世界上哪个国家，房地产行业都已经成为人们改善居住生活条件的必需品，是国民经济发展的一个重要力量。房地产行业关联度高，带动性强，盖一幢楼，甚至可以带动相关上百个行业的发展，如：建筑、建材、化工、轻工、电器等行业的发展，扩大就业面；为国民经济发展提供重要的动力；为城市后续发展开辟了有效的资金初始积累，房地产行业有着不可替代的作用。

在中国，房地产行业显得尤为重要，在规模效益驱动下房地产行业是国民经济的支柱产业之一，有数据分析显示房地产行业对经济的贡献率一度达到了25%。中国这些年取得的经济突飞猛进的发展，房地产行业可谓功不可没。不仅如此，房地产的繁荣也为中国缓解了就业问题，尤其是农村劳动力的就业问题。

在美国的经济发展过程中，房地产交易同样对美国经济的发展起着举足轻重的作用，其中二手房交易可以说是美国经济的支柱产业之一。

房产危机对美国经济的影响

自 1989 年开始，美联储每三年会对美国家庭的金融状况进行一次调查，这些调查包括家庭资产负债表、养老金、收入和人口统计资料等。2012 年，美联储公布了 2007—2010 年美国家庭的财富值缩水情况的调查数据。

统计数据显示，由于美国房地产的崩盘，在 2007 年第三季度到 2009 年第二季度期间，美国经济萎缩了 5.1%，失业率从 4.5% 迅速上升到了 9.5%。也正是由于人们对房地产投资占比过大，才导致 2008 年金融危机后，美国经济复苏缓慢。调查报告显示美国房地产市场出现崩盘对 2007—2009 年美国经济的衰落产生了很大的影响。同时这几年间房地产价格缩水对美国家庭经济的影响远远大于金融资产缩水带来的影响。

报告还显示，2007—2009 年，受房地产崩盘影响较大的人群是年龄在 35～44 岁的中年家庭，这些家庭净资产值在 3 年时间里降幅高达 54%。另外，早在 2006 年美国楼市见顶时，美国居民资产配置中将近 30% 的资产都在房地产领域，住房投资占固定资产投资的比例高达到 36.5%，是 1959 年以来的最高水平。2008 年的金融危机，让房地产市场遭受重大打击，受此影响 2010 年前后，美国居民住房投资占固定资产投资的比例降到了 19.4%。

可以看出，遭遇金融危机后，房地产资产缩水严重，导致部分居民的资产也受到严重影响。金融危机后美国经济发生衰退，房地产市场的崩盘被视作导致美国经济衰退的重要指征。

房地产行业焕发生机，引领美国经济复苏

美国总统奥巴马（Barack Obama）

2012 年 2 月，为了促进美国房地产市场复苏，使经济更快反弹，当时美国总统奥巴马宣布出台了一项"房市新政"，这一政策被外界称为美国为刺激经济发展的新一轮"救市政策"。奥巴马开始推行"房市新政"，在这项政策的支持下，几乎 10

个美国人中，就有 9 个符合标准。这一政策可以缓解贷款购房者的还款压力，每年可以为每位贷款者节省至少 3000 美元。除降低了还款、贷款压力，奥巴马的"房市新政"还让相关金融机构延长贷款限期，让贷款者贷了款后不仅还款少，而且还可以将还款期限延长。

"房市新政"要求包括政府支持的房地美、房利美的"两房"机构，其他金融机构也将抵押贷款的宽限期从原来的 3 个月延长到相对较长的 12 个月，用来帮助买房的贷款者避免遭受违约和房产止赎带来的经济损失。这项政策对贷款者和借款者都做了相关借贷要求，在满足了借款者需求的同时贷款机构还能保持一定的资金流动性，可谓一举多得。无疑，这项政策的出台，对美国房地产的复苏是一个大大的利好。

在 2008 年金融危机后，其实美国将促进房地产行业的复苏作为经济复兴的重要驱动力。美联储又是降息又是出台一系列量化宽松政策，为的都是促进居民消费，由于房地产是硬需求，这些措施也有助于人们在房地产方面的投资。

伯南克（Ben Shalom Bernanke）

后来，美国联邦储备委员会前主席伯南克参加在佛罗里达州举办的一个行业会议上指出，"房地产业的逐步复苏对美国经济后续的增长有着重要意义，美国的银行应该让那些信誉和资质较好的购房者得到贷款帮助，用以助美国房地产业尽快复苏"。

从伯南克的话中，我们能看出美国对房地产行业发展的重视。房地产行业就好比大树的主要树根之一，它带动着多条产业的生长和发展。一直以来，美国政府对这一行业予以了高度重视。在保证房地产行业发展的基础上，美国政府出台了一系列保障措施，制定了多条相关法律，美国政府不过多参与，而是作为房地产市场发展的裁判，只有当市场到了难以承受房地产行业出现的停滞时，美国政府才会进行干预。

经济回暖反向刺激　美国房地产走出困境

2014年，美国公布了一组数据，从PMI（采购经理指数）到房地产销售和价格，再到消费者信心指数，这组数据让人们看到，美国经济回暖速度已经开始加快，国内的各个行业开始呈现出发展态势。

2014年，美国商务部公布5月新房销售数量，5月新房销售数量达50.4万套，创2008年5月来新高。新房销售环比激增18.6%，创1992年1月来最大增幅。新房销售数据表明美国房地产正在显现出复苏后的发展迹象。此外，2014年美国5月二手房销售总数为489万套，创2011年8月以来新高。美国房地产市场如今已经一扫金融危机带来的颓废，变成了卖方市场，房屋价格还将继续升温。

从华盛顿到旧金山，从纽约到西雅图，到处可以看到在遭受金融危机后正在走出低谷的影子。美国经济持续增长，就业率也屡创新低，个别地区甚至恢复到了金融危机之前的水平。

经济开始复苏，最先嗅到变化、发展最快的也是房地产市场，经济复苏以来房地产行业增长数据格外引人关注。2015年5月中旬《华尔街日报》头版文章曾报道："从2015年开始，房地产价格存在普遍上涨的现象，尤其是人口流入较大的城市，如加州海滨地区，纽约附近的新泽西等，其房地产价格甚至上涨了30%。"

在美国买房和租房哪个更划算？

随着经济升温，美国的购房者出现上升趋势，美国的房价也水涨船高。美联储 2014 年 5 月公布的数据，虽然有 81% 的租房者有买房潜在意愿，只是迫于房价，试想如果购买能力达到，大多数美国人还是会选择买房。

那么，在美国买房划算还是租房划算？对此，美国房地产协会的说法是，考虑到房屋价格和利率的攀升，买房带来的效益普遍更高。美国房地产协会官方网站以贷款利率和房价变化为前提，估测了 30 年间在不同城市买房能够带来的好处。

房产网站发布报告称，从整个美国范围来看，2015 年租房要比买房贵 35%，而在 2014 年这一数值仅仅为 33%。报告中提到，尽管过去一年房价上涨速度稍快于租金上涨速度，但放贷利率仍然保持在一个较低的范围，这一点对于要买房的人来说是一个利好。

当然，买房划算还是租房划算还要看具体情况，根据各个城市的经济发展情况而定。无论怎样，与中国的房地产相比，美国的房地产价格还是比较具有吸引力的，尤其是来自中国的购房者和房地产投资者需求强劲。

美国房地产的诱惑

美国既是一个创新能力超强的国家,也是富豪们投资的热土,富豪们不仅对美国科技行业感兴趣,对美国的房地产行业同样感兴趣。2015年9月份,跟随习近平主席访美的马云就曾在美国豪爽圈地,投资美国房地产,科技界的雷军等人在硅谷附近也有房产。外国投资者对美国房产兴趣都很大,但是对买房后的用处却不尽相同,如印度卖家,约有近80%的人买房是为了自住,而加拿大有一半是为了度假。

考虑到语言的因素,过去很长一段时间在美国房地产的诸多国外买家中,来自加拿大、英国、澳大利亚等英语国家的购房者无疑占美国全球购房者大部分。这些买家买房主要集中在美国的四个州,佛罗里达州、加利福尼亚州、德克萨斯州和及亚利桑那州。

有钱任性,就去美国买房吧

美国房地产在国际投资者的眼中,一直是一块"香饽饽","有钱去美国买房""有钱就移民美国"是不少人心中的真实想法。据2014年一项调查显示,全球10个国家对在美国购房的兴趣增加了90%以上,其中对美国房地产投资兴趣增长最快的国家——中国,榜上有名。

因为美国的房屋拥有率很高,尽管美国房地产市场开始复苏,但对于美国国内的一些投资者来说,吸引力并不是特别大。但是对于国外投资者来说,美国的房地产却非常具有投资价值,尤其是对于中国富裕阶层。

有人就在美国购买房地产最有兴趣的国家做过一个排名。这十个国家分别为:阿拉伯联合酋长国、瑞士、中国、法国、意大利、英国、澳大利亚、加拿大、瑞典、德国。从这些国家中可以看出,对美国房地产感兴趣的国家中来自亚洲的中国和石油富国阿联酋都出现在榜单中。

中国买家让其他买家黯然失色

虽然欧洲国家对美国房地产购买投资兴趣很高,但是在花钱上,欧洲买家绝对比不过中国买家。从 2013 年起,中国人赴美国购房渐成潮流,越来越多的中国人选择去到美国买房。2014 年全美房地产经纪人协会发布的报告中,在 2013 年 4 月至 2014 年 3 月的一年中,中国人共花去了 220 亿美元在美购房,约占美国国际购房客户的 1/4,成为了美国房产的第二大海外买家,仅次于加拿大。这一数据到了 2015 年,就很快被刷新了,从 2014 年 4 月到 2015 年 3 月,中国人在美国买房子花去了 286 亿美元,远高于加拿大的 112 亿美元而排名第一,印度以 79 亿美元排名第三。2014 年 4 月到 2015 年 3 月,美国房地产国际销售总额达到 1040 亿美元,中国人在美国国际客户买房总金额中占比 27.5%。

美国房产经纪人圈中有一个广为流传的关于中国富豪妈妈为女儿买房的故事。一位年轻妇女去美国买房,房产经纪人陪着她不停地看房,看了很多总是不满意。最后经纪人问她为什么要买房,想要买什么样的房?这位女子回答道:她来买房是为了她的女儿。她的女儿将来会到美国来留学,哥伦比亚大学、纽约大学、哈佛都有可能是她女儿将来选择的学校。女儿上学需要有一个住的地方,为了女儿上学方便,她现在需要在城中心找一个合适的住的地方,最好是一套比较特别的房子。经纪人问这位女子她的女儿多大了,这位女子回答道:2 岁。这位美国房产经纪人瞬间被惊呆了。

后来这位中国富豪妈妈买下了位于当时一座尚未完工的名为 One57 号的公寓楼中的一套房子。这座公寓楼离繁华的纽约第五大道不远，整幢公寓楼高 306 米，90 层，为目前纽约市最高的住宅楼。这样的一套房子价格肯定也不便宜。那位中国富豪妈妈买的那套房子，一共花了 650 万美金，按照当时的汇率，大约 23 万人民币/平方米。

宋美龄

中国买家购买力强劲，买房子专挑又大又贵的出手，而且 76% 的人都选择现金全额支付（美国国内购房交易中仅 25% 是全款购房）。这意味着，中国买家正渐渐成为美国海外高端买家。目前中国已成为美国房地产市场中重要的海外现金来源，有人做过统计，2013 年，美国房地产市场总收入中有近四分之一来自中国买家的采购支出。

2015 年 8 月，民国第一夫人宋美龄位于美国纽约长岛的故居庄园以 1180 万美元出售，当然，出手如此"阔绰"来买宋美龄这套故居的毫无疑问又是中国人。由于宋美龄和中国历史的原因，宋美龄的故居刚一开始上市售卖就吸引了来自中国内地、台湾、香港等华人买家的兴趣。宋美龄故居以千万美元天价交易成功，在不少美国房产经纪人眼中看来毫不惊奇，当初宋美龄的这套

宋美龄位于美国纽约长岛的故居庄园

故居在挂牌出售的时候，不少美国房产经纪人就猜测最后能出高价钱买走这套房子的肯定会是中国人。以中国买家的购买力，再加上宋美龄在中国买家心中的地位，宋美龄故居如果让其他国家买家购买反倒觉得有些不正常了。

诱惑难挡

可以看出，投资美国房地产不仅受中国人的欢迎，而且也特别受发达国家有钱人的欢迎，那么，是什么原因使得在有钱人眼里美国房地产这么值得投资呢？

1. 美国房产投资相对安全

对于投资者来说，安全性是做投资最大的一个考虑，而最大的安全保障就来自于一国的政治、社会、经济等方面的稳定。在地缘政治越来越缺乏稳定的现在，投资海外房产的可持续性正被越来越多的人所看重。而美国，不论是在政治稳定、社会稳定还是金融体系完善等方面都具有无可比拟的优势，这也让不少人瞄准了美国，尤其是在房地产投资方面。美国的房地产，一直被不少人当做是一种规避资产替代风险的投资，再加上美国货币的持续贬值，在美国投资房地产被认为是一种相当划算的投资。

目前，虽然中国的房地产经历了限购、松绑、购房降息等优惠政策，但房地产市场政策的不稳定性让中国的房地产市场充满了不确定性，这也使得不少人转变房地产投资方向，由国内转向国外。这时候，美国就成了不少人的选择。

2. 美国房产出租回报率高

出租回报率是看一个国家房地产市场是否火热的一个标准。受金融危机影响，美国房地产市场现在正迎来出租回报率反弹。金融危机期间，许多美国人因为还不起房贷而不得不眼看着贷款买来的房子被银行再收回，这样，许多人不得不选择租房住。另外，在美国一些相对经济条件不好的少数族裔居住区，大部分人因为缺乏经济条件而买不起房，只能租房住。这样，租房，便成了一个刚需。如果把房子租给这些人，回报率可达到 10% 以上。

当然，关于美国租房回报率，由于经济发展的差异，不同地方房地产价格相差也很大，对房屋需求也不一样。在经济低谷时期，纽约一套高层住宅价格几百万美元很正常，但是对于同样处于低谷时期的休斯顿来说，价格才 20 万美元不到，还有一些美国的中部地区的房子更加便宜，六七万美元一套。一般来说，经济越发达的地方房屋出租回报率越高。

3. 美国房产比中国便宜

对于许多中国买家来说，美国房子跟中国比起来，那简直是"便宜多了"。2008 年金融危机的时候，美国房地产价格一落千丈，几近触底，随着经济的回暖，美国房地产价格也渐渐迎来上涨。但是美国的房屋价格再涨，在中国买家眼里，那都是便宜的。在中国上海浦东买一套房子，一套两居至少要花费大约 600 万元人民币，这个价格相当于西洛杉矶同样为两居的房子价格的两倍。因此，从房价角度看，美国房产的确比中国房产要便宜很多，从投资角度看，美国房产比中国房产要具有投资价值。

4. 投资移民的诱惑

2008 年金融危机的爆发，给了中国投资者一个海外投资移民的机会，为摆脱经济危机，不少国家陆续出台购房移民、投资移民的政策。这时候，美国也推出了 EB-5 投资移民政策，目的是以此来推动国内经济的复苏。简单的投资不仅能获得海外户籍身份，享受西方国家的教育、医疗，还能获得稳定收益。在这些优惠条件的诱惑下，越来越多的中国人选择投资移民。

5. 美国房产正迎来价值回归

紧跟着美国房地产复苏的步伐，一些投资大佬看到了美国房地产的投资价值。2014年初，投资嗅觉灵敏的巴菲特旗下的伯克希尔公司就追加房地产领域的投资，通过购买股票成了一家建筑公司最大股东。

巴菲特（Warren Edward Buffett）

有鉴于此，股神巴菲特在一次活动上曾经公开呼吁人们尽快抄底美国房地产，巴菲特觉得，随着美国经济的大范围复苏，房价回升是意料之中的事情，现在美国利率还比较低，如果按揭买房的话利息也很低，是投资美国房地产的好机会。巴菲特甚至觉得人们应该排队去申请按揭买房，现在30年期固定按揭利率非常诱人。如果将来利率下降，可以通过再融资进行置换，如果利率上升，投资者可以坐享房产升值的收益。

美国为什么
不像中国那样救房地产

有人说从一国的热门发展行业中可以看出这个国家的主要经济发展方式，各国经济发展方式不同，各行业发展规模也不同，政府对待市场经济的态度不同，市场经济的发展方式也不同。纵观中国房地产行业几十年来的发展，如果房地产行业一旦出现下滑，不用多久，政府肯定就会出手，将降准、降息、松绑限购、降低买房首付等等政策组合使用，来提振房地产行业。中国救房地产行业，美国也救，只不过与中国相比，美国的救市政策与中国略有不同。美国的救市政策没有中国那么频繁，而且力度也不像中国那么大。美国的房地产行业主要受经济因素影响，而中国的房地产行业主要受政策因素影响。

中国房地产市场遭遇拐点

2014年之后，中国房地产遭遇了拐点，由于中国调整产业发展方式，由投资驱动型转为消费驱动型，这一转变，首先受影响较大的是房地产业。

自2008年金融危机以来，在中国的4万亿人民币救市措施以投资基础设施建设带动经济发展下，房地产迅速发展了起来，并且成了中国的主要经济发展方式，房地产对中国经济的贡献曾一度达到GDP占比的四分之一。投资驱动的经济发展方式会带来国家及地方债务的高企，如果债务过高有可能会给国内的经济带来灾难，中国这几年的量化宽松政策，让影子银行蓬勃发展了起来，由此而来的债务风险不得不让人担忧。2014年，中国政府终于痛下决心，决定转变这种以增加债务来换取经济发展的方式。经济发展方式一改变，很快便影响到过去依赖投资驱动的房地产行业的发展，先是温州房地产商日子难过，不少开发商资金链断裂出现跑路。渐渐这种"难过"蔓延到了全国，银行收紧放贷，开发商融不到资，资金周转出现困难，为了尽快将楼盘变现，不得不选择降价。失去政策的支持，房地产市场的一再降价，让不少人纷纷猜测中国的房地产市场是否会出现崩盘？

关于2014年中国房地产的发展情况，中国指数研究院发布了《中国房地产市场2014总结暨2015展望》。《展望》中指出，2014年，中国房地产价格方面，百城价格指数自2014年5月起连续8个月下跌，成交方面，中国50个主要城市累计成交的住宅用地在2014年密集入市，库存压力明显。受房地产下行影响，2014年中国经济GDP增长7.4%，为近几年来最低水平。

政府：该出手时就出手

中国市场经济发展受政策影响因素较多，房地产市场也是，李嘉诚在投资中美房地产市场时，政治因素是其投资中国房地产市场的首要考量因素，而经济发展因素是投资美国房地产市场时考虑的主要因素。进入2015年以来，中国房地产市场继续呈下行之势，就在人们猜测政府是不是放任房地产自行发展之时，2015年3月30日，央行、住建部、银监会会同财政部一起，打了一套拯救楼市组合拳，支持降息的降息，支持放贷的放贷。

这两年"两会"上多次提出让市场经济决定行业发展，政府不再干预，以前每当房地产行业遭遇下滑时，政府总会出台相应措施托市，实际上，2014年下半年以来房地产市场持续下滑，政府就开始了救市之举。救市的首先动作就是松绑"限购令"，这是自"限购令"政策实施3年以来的首次松绑，而且"限购令"一出，各个地方相继跟着松绑，到 2014 年 9 月，46 个限购城市中除了北京、上海、广州、深圳、三亚还没有解除"限购令"外，其他地方均已解除"限购令"。

2014 年 9 月 30 日央行采取救市措施决定松绑放贷，对于贷款购买首套房，最低首付比例为 30%，贷款利率下限为贷款基准利率的 0.7 倍。对拥有一套住房并已还清放贷的，如买第二套房执行首套房贷款政策。另外，央行在短短几个月内两次降息，一次降准，商业贷款利率达 5.9%，成了又一波央行救市政策。

2014 年 10 月 9 日，住建部、财政部及央行三部委联合发布《关于发展住房公积金个人住房贷款业务的通知》，该《通知》内容主要包括降低公积金贷款门槛、提高公积金贷款额度，以及推进公积金异地贷款等方面内容。

2015 年 3 月 25 日，国土资源部、住建部联合下发《关于优化 2015 年住房及用地供应结构促进房地产市场平稳健康发展的通知》，要求 2015 年各地有供、有限，合理安排住房和其用地供应规模；优化住房供应套型，促进用地结构调整；多措并举，统筹保障性安居工程建设；部门联动，加大市场秩序和供应实施监督力度。

2015 年 3 月 30 日，央行、住建部、银监会联合下发通知，对拥有一套住房且相应购房贷款未结清的居民家庭购第二套房，最低首付款比例调整为不低于 40%。同时，缴存职工家庭使用住房公积金委托贷款购买首套普通自住房，最低首付比例下调为 20%；拥有一套住房并已结清贷款的家庭，再次申请住房公积金购房，最低首付比例为 30%。

有网友调侃："政府与房地产是真爱，楼市不行，政府肯定救。"伴着"收紧、松绑"、"房老板们要流道德的血液"、"政府要抑制房价，改善民生"、"稳定住房消费，支持刚性需求"等各种声音，一个事实成为不争：无论国家出台什么楼市新政，总有人茁壮成长，而且就在大家徘徊观望时，新政策一到，房价又升了！

美国房地产特点

关于美国房地产的特点，有人曾总结出了六点：

1. 房地产业发展与社会经济发展同步

我们知道，美国房地产业的发展主要受经济因素影响较大，美国整体经济如何往往也会直接反应在房地产上。反过来，只要了解了美国整体经济的运行情况，就能了解美国房地产行业的发展情况。因此，历来人们投资美国房地产，只需要了解一下美国的经济增长情况以及推动增长的因素，就能断定是否可以投资房地产以及投资房地产的风险的大小。

2. 商业地产主要以租赁为主要经营方式

美国的一些商业地产，如商业写字楼、商场等进行买卖的很少，大都是以租赁方式经营。

3. 房地产业发展专业化程度高

美国的房地产行业分工很细，一幢大楼从开发到销售都是由不同机构承担完成、开发商、房屋建筑商、房屋中介等都有专门的从事机构，而且这些机构专业化程度较高。

4. 房地产贷款主要以消费为主

美国银行里贷出去的房地产贷款，贷给开发商的很少，多数都是贷给了有买房需求的个人。

5. 完备的房地产保险制度

对投资者而言，最怕的就是风险。为了最大限度降低投资者风险，针对房屋修建、抵押贷款、产权保障等方面美国的保险公司都有相应的保险，这些保险让房地产成了一个有保障的投资项目。

6. 土地利用效率高

美国的城市建设，注重合理规划、高效利用，不追求大范围扩展。以纽约市为例，纽约市面积645平方千米，但商业用地只占到约30.4平方千米。别看地方不大，但是却提供了 176 万个就业岗位。

房地产业是国民经济的重要部分，同时也是国家稳定、社会公平的试金石。美国的房地产市场主要依据市场规律运行，市场化程度很高，相关环节基本由市场供求操纵。政府除依靠利率、税收调控市场外，并不直接干预。

纵观美国近 50 年的房地产市场，其住宅价格除周期性波动外，一直比较平稳。几次大的波动出现在 20 世纪七八十年代和进入新世纪后的首个 10 年，但每次跌涨大致相当。换句话说，美国房地产在"低谷 – 繁荣 – 泡沫 – 衰退"的周期循环中，市场规律作用明显。

当然，即便市场化程度很高，美国政府对房地产业依然保持政策干预。尤其在居民住房领域，美国政府历来把确保普通民众买得起房作为施政重点。政策的出发点通常是面对中低收入家庭。

利率和税收是美国进行政策调控的最主要手段。利率上升贷款成本相应增加，地产开发商的利润空间随即受到挤压；同时，美国 50 个州开征房产税，税率一般为 1%～3%，住房价格上涨即意味着个人缴纳税款增加。与中国不同，在美国买房需要事先声明房屋用途，因为"住"和"租"二者的贷款利率不同（对于买卖双方而言，任何违规行为后果都十分严重）；针对房屋购买和出售时的差价，征收房地产增值税；同时实行退税政策，鼓励开发商建设廉价房，为低收入者提供住房。

以美国在 2008 年经济危机后的表现为例：2009 年 2 月，奥巴马政府出台了一项高达 730 亿美元的房地产市场救助计划，目的是避免 900 多万房主的房屋被拍卖。同时，政府还特别为房利美、房地美两大机构提供 2000 亿美元的救助资金，用来激活房产购买和贷款。此外，政府配套出台了一系列政策性调整，用以包括保护消费者、减少银行高管薪资、提升银行准备金、扩大对影子银行体系以及金融衍生物的管理、增加美联储权利等。

该计划力图达到四方面目的：

1.提高美国家庭的"清偿力"，放宽按揭贷款再融资限制，帮助信用好的房主获得"再融资"便利，减少大部分家庭的月供支出。

2.鼓励房贷机构减"月供"，保障普通家庭稳定。具体措施包括减少房贷相关支出在家庭收入中的比例，尽量使按期缴纳适当月供的家庭不至失去房屋，提供债务重组机会，降低家庭月供支出，同时防止投机者利用政府救助牟利。

3.支持房利美和房地美，通过维持较低按揭利率水平，鼓励中产阶级家庭继续购房，提振市场信心。

4.将那些信誉差的房屋购买者、地产贷款商和趁势牟利的投资人排除在计划之外。

可以看出，帮助低收入的美国家庭走出债务困境，渡过难关，开发真正有需要的市场源头，扼制挤压房地产泡沫是政府调控的核心，事实证明此举确实行之有效。经过一系列努力，美国房地产市场逐渐稳定回暖，之后终于露出曙光，开始复苏。

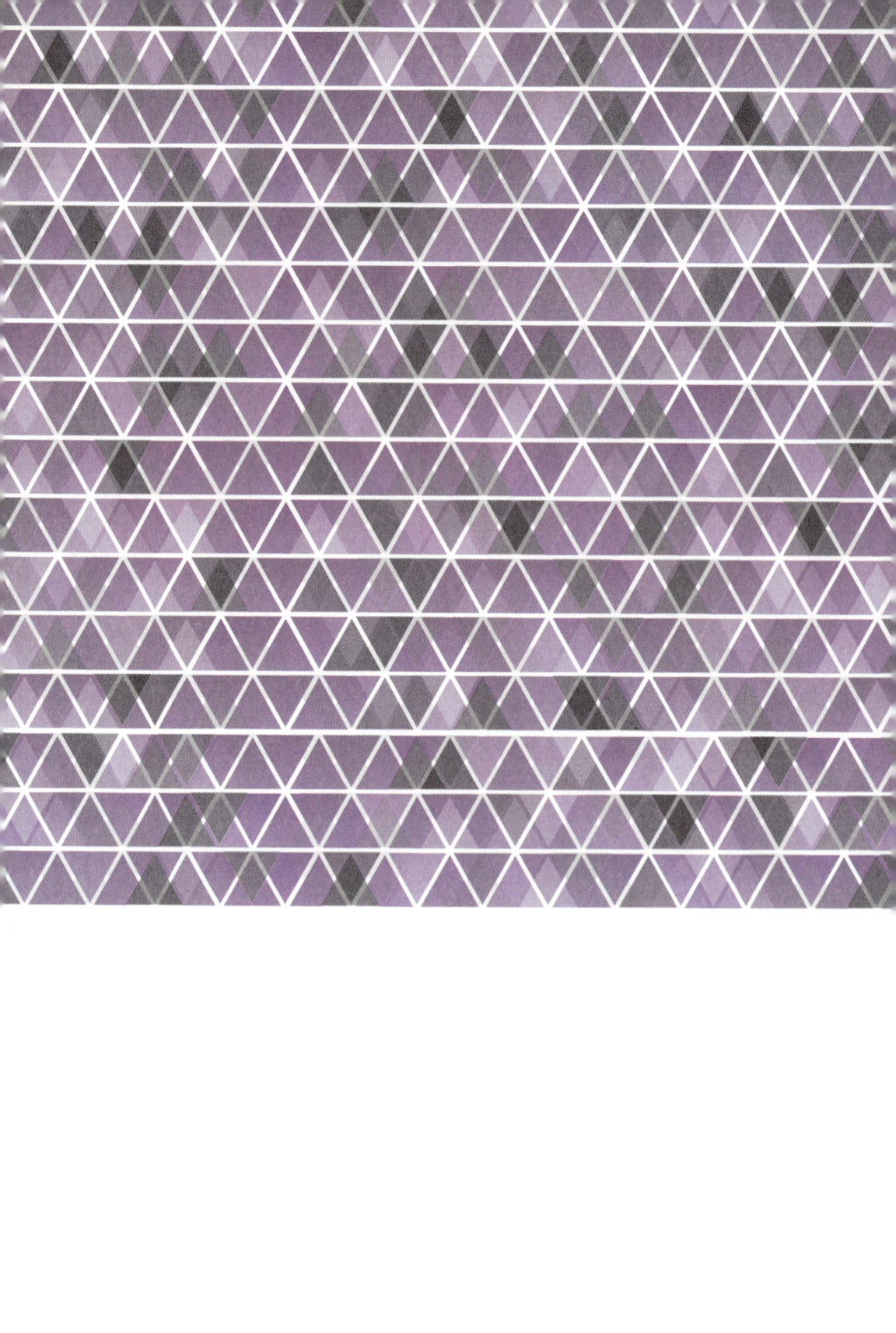

第二章

全球经济新平衡下的投资选择

全球资产重新配置的大潮下国人该如何投资？

近年来，资产配置环境正在逐步发生变化，在全球经济、货币政策及市场环境呈现持续分化的态势下，各类资产的风险收益特征发生了重大变化，全球资产重新配置进程加快。与此同时全球各大主要经济体普遍进入"长期增长停滞"状态：经济增长减缓、储蓄增加、投资及实际利率下降。该状态将持续多久？众说纷纭，没有定论，发展中国家也出现了分化苗头，全球单一投资标的的方式风险越来越大。当前复杂的经济环境下，如何更好地配置资产成为全球性问题，而通过多元化全球资产配置分散风险正逐渐成为主流。

在资产重新配置过程中，金融在世界的影响力日益加大，全球资本市场将会迎来新的变局。首先，随着全球化进程的不断深入，全球资本市场将会进一步开放。以中国为例，2014年沪港通正式开通，以互联互通为宗旨的沪港通旨在促进内地和香港资本市场的共同发展，这一决策也是中国资本市场面向世界深化开放的重要一步。其次，资本增长结构和增长方式的变化，也在加快改变全球资本市场的格局，崛起的新兴市场成为全球经济的重要新生力量。全球范围内，制造业比重下降，金融服务行业在全球经济运行中起到越来越重要的作用。

中国富人在大潮中如何掘金？

每一次变局的产生，都将带来大量的机遇。在全球资本市场进行变革的关键时期，全球资产重新配置从本质上讲是基于宏观环境下的再一次投资策略调整，全球资产的重新配置将会深刻地影响到不断增加的富人在投资方向和资金流向方面的决策。如今，占据全球 8% 的中国富人们也毫不例外地受到了此次全球经济新平衡大潮的影响，众多投资者该如何抓住全球资产重新配置下的机会，在资本市场重新配置的大潮中名利双收？选择什么投资领域成为他们必须面对的大问题。

"聚焦固定收益类资产"

经历金融危机后，全球经济呈现缓慢复苏的状态，业界人士普遍称之为"弱复苏"。这种经济状态下最明显的一个特征就是低通货膨胀率。从经济学角度来说，低通货膨胀率和名义收益率的偏低将有利于投资固定收益类资产，这类投资也是富人们感兴趣的方式。

为应对全球资本市场的变化，在全球范围内各国为保证经济发展，纷纷出台不同的货币政策，全球货币政策出现分化。在欧元、美元汇率下跌时，聚焦固定收益类资产，进行固定资产投资不失为一大投资良策，等到日后汇率回升，固定资产与汇率攀升将为投资者带来双重回报，而且固定资产投资风险小，在长期投资中波动小有利于保值和升值。同时，央行多次降息，银行存款利息基准利率也在降低，专注于收益资产投资的中国富豪，财富可能会在短期内缩水，而固定资产投资无疑是规避风险，保值增值的最佳选择。

在众多的固定资产投资项目中，房产这一大众化的理财方式仍旧是时下的投资热门，背后依然蕴藏着无限的商机。房产投资作为固定资产投资中的重要一项，在中国，乃至全世界都具有投资获益的色彩，既可以自己居住，又能够出租和售卖，是富人们乐意投资的项目。中国富人中有很多早已在房地产领域涉足多年，在新形势下，房产这一固定资产投资再一次成为投资热门。

在世界范围内，人口总数的不断增加，让一些发达国家的房产供应量长期处于紧张状态，供不应求时有发生。以欧洲的房产为例，随着移民人口的增多和旅游业务的兴盛，房产需求在持续增加，而有限的地理环境和其他条件的限制，让欧洲市场上的房屋供给时常出现短缺，这一状况导致欧洲国家房屋租赁价格不断上涨。即便如此，欧洲国家的部分政府依然纷纷出台相关政策，鼓励买家进入欧洲房产市场进行投资。

美国经济复苏，成为新投资热点

随着欧元区央行持续加大货币宽松政策，实行负利率，欧元汇率不断下跌，加上美元本身基本面的推动，美元指数呈上涨势头，美元经济保持相对的增长趋势。受货币政策的影响，大量热钱会进入美国市场，促进美国资产回流。美元的再次强势，将减少大宗商品和资产在发展中国家的配置，相应的，美国等发达国家资产配置比重会增加。随着美国经济复苏，就业市场恢复，美元走强等多重利好因素的叠加，制造业和房产业都将迎来新一轮的发展契机。

中国越来越多的富人纷纷将视线面向海外市场，无论是海外置业，还是证券买入，中国富人正不断加快海外投资的步伐。在美元持续走强的态势下，美国经济的复苏为市场带来充足的发展动力；持续不断的资本市场流动性将为投资者带来稳定的回报收益，美国在这一次的全球经济新平衡中无可厚非地成为海外投资的首选。热衷于海外投资的中国富豪已经看到了这一事实，开始将自己的投资事业向美国延伸。

随着美国经济的强劲复苏，在美国以房产为投资特点的置业方式越来越受到国内中产及以上阶层的追捧。同时2014年以来美元的持续走强，初期主要是由于其他货币的走弱所带来的直接影响，美元指数在2014年7月1日开始全面上升，并于2014年7月底突破了之前的交易区间。

美元指数随后上涨，更多的是来自于美国自身基本面的推动。近年来美国的

GDP 增长数据大大超出原来的市场预期，这充分显示出美国经济增长的复苏和走强。依托美国经济的全面复苏，引发美元指数新一轮的迅速上涨。与之相反，当美国经济强劲增长的时候，欧洲、日本及中国的经济数据却在日益下滑，从侧面上增强了美国市场吸引力。

从制造业到房产投资

与美国不同，作为"世界工厂"的中国，近年来人口红利正在逐渐消失，人力成本逐年上升，成本更低的东盟七国（泰国、菲律宾、越南、印度尼西亚、老挝、柬埔寨和缅甸）吸引了很多跨国企业将主要的制造中心外移过去，这在相当程度上造成中国南方代工集中区域的企业大面积倒闭潮。

2015 年以来，美元走强的姿态依然得到延续。美国经济保持相对增长优势的现状，让美联储在近 10 年后的 2015 年 12 月终于加息。但包括中国、欧洲、日本在内的其他主要经济体出于维持经济增长的考虑，仍将继续实现货币宽松政策。这种世界最主要经济体之间货币政策的分化，进一步形成了有利于美元的利差环境，将吸引更多的资金流向美国。

从国际政治经济格局来看，美元与黄金向来交替承担资本避险的功能，尤其目前美元的强势，政治经济相对稳定，经济回暖强劲，持有美国资产成为许多投资者的选择。

可以预测随着美国就业市场回暖、居民收入增长以及抵押贷款利率维持在历史低位等利好因素作用下，美国房地产市场的良好

1977 年以来美元指数历史走势图

发展势头也将进一步得到巩固，未来前景广阔。

越来越多的中国买家大量购买美国房产，很大原因是出于投资。而美国当局相关的政策倾斜，也推动了中国买家的这股投资热潮。例如美国政府的 EB-5 投资移民项目虽然规定，投资人需要在一个能提供或保持 10 个就业机会的企业投资至少 50 万美元才能获得绿卡，但事实上为很多中国人移民创造了机会。

中国房地产大佬的新投资点

无论是投资还是为今后拿美国绿卡做铺垫，从美国的经济及对外国人购置美国房产的政策来看，现在都处于最佳时机，相信会有越来越多的投资者将美国的房地产作为全球资产配置的一个重要部分。作为中国排名前十的房地产开发商的绿地集团看好国际市场行情，先后转战欧洲、美国进行资产配置，加紧海外投资的布局。在全球资产重新配置的大潮下，将视线锁定美国市场。绿地控股集团购得 Atlantic Yards 楼盘的多数股权。在未来，绿地集团将会投入更多的资金进入美国，选择具有高收益的投资项目，以纽约为中心，不断扩大居民住宅和商业中心的范围，在美国建立属于绿地集团的王国。

待售房屋

除了考虑投资回报率之外，风险规避也是投资时常常考虑的因素。在当前全球资产重新配置的大潮之下，进行海外投资能够有效地减少因投资过于集中化而带来的不利影响。作为万科的掌舵人，王石的一举一动牵引着投资者的视线，触动着投资者的敏感神经。万科计划在未来几年内，将 15%～20% 的业务转移到国外市场，以此来平衡风险。

美国退出 QE
带来哪些新投资契机？

没有发布会，没有电视讲话，2014年10月底，美国联邦储备系统（简称美联储）悄悄结束了量化宽松货币政策（QE），2008年金融危机爆发以来美国采取的刺激货币政策到此告一段落。

美国是一个只有两百多年的国家，但是在很多方面都走在了世界的前列，尤其是经济方面，长期处于世界第一大经济体的位置。但是在经济发展道路上，美国却经历了几次波折。

2008年，由于美国次级房屋信贷危机的爆发，引发了一场长达两年之久的世界金融危机，"后遗症"至今影响深远。美国作为导火索，更是深受其害，一度让美国陷入经济发展的困境。但在经过几年的调整和恢复之后，美国再一次走出了困境，重新回到稳定发展的时代。退出QE，成为美国从经济危机中恢复过来的明确标志。

QE 由来

一个国家的经营与一个公司的运营从本质上讲并没有太大的不同，在国家的发展过程中也会出现经济的增长、平稳、衰退、复苏等时期，因此在不同的时期为了国家的持续稳定发展，一些必然的措施是必不可少的，而针对经济活动所采取的相应措施是其中的重中之重，货币政策就是其中最为重要的一项。

经济和金融是一个国家的命脉，经济表现如何往往决定了这个国家在国际上的发言权；而金融的表现又在很大程度决定了一个国家的稳定性，因此在经济和金融的调控上如何更高效而又有成果成为一个国家必须研究的课题。

QE就是其中针对国家经济而采取的货币政策之一。QE即Quantitative Easing，就是量化宽松的意思，是一种为调整本国经济环境而实施的货币政策。量化指的是扩大货币发行量，宽松指的是减轻银行储备的压力，所以货币宽松政策，其实就是通过多印钞票，使市场上的货币供应量增加，从而实现宏观调控的目的。

早在2001年，日本就率先采取了QE政策，通过五轮的QE实施，缓解日本通货紧缩的情况，最终实现经济复苏的目的。2008年爆发金融危机之后，美国的"中央银行"美国联邦储备系统也推出了量化宽松政策，希望通过货币手段达到刺激经济、恢复发展的目的。

经济危机导致QE政策的实施

2008年雷曼兄弟破产，引发了全球性的、影响深远的金融危机，为了确保全球金融危机不致演变成又一场大萧条，美联储启动了量化宽松政策。虽然当初这项政策招致了不少人的反对，但是从应对金融危机的角度来看，在当时的情况下，启动量化宽松货币政策是有一定作用的。在之后的6年里，美联储通过量化宽松政策，大规模"放水"美国的金融市场，使美国度过了这场旷日持久的危机。事实证明，美国量化宽松政策的实施，对美国经济的拉动"功不可没"，在欧元区一片通缩的时候，唯美国经济表现一枝独秀。

美国作为世界上第一大经济体，2008年之所以会发生经济危机，其实跟美国的经济结构是有很大关系的。美国实行了30年工业空心化政策，将重点转向高科技产业和金融方面，导致了美国过度依赖于第三产业。通过空心化政策，美国将制造业转移和外包，某种意义可以说美国自己连一台电脑、一件服装也不生产，美国只是通过对设计与研发的投入与把控来主导整个生产过程。这一结果使美国慢慢地进入了制造业空心化的怪圈，导致大量的资本迅速向更高利润的行业转移，尤其是服务业，在2008年经济危机发生之前，美国的服务业甚至已经占到了国民经济比重的 80%，制造业所带来的经济效益几乎可以说是微不足道。

如此倚重于第三产业，让美国失去了稳定的经济根基，最终导致泡沫膨胀和经济危机的来临。奥巴马执政后才开始着手转变这一现象，开始逐步提升制造业的比重，推动实体经济的回归。

QE 所起的作用，其实是在转移风险，通过购买债权来压低利率水平，减小杠杆作用。从 2008 年开始，美国共实施了 3 轮的 QE，总共释放了 3.51 万亿美元的货币，贷款利率更是从经济危机之前的 8% 降到了结束时的 3%。美国 QE 政策的实施取得了显著的效果。

2014 年 1 月美联储开始启动 QE 退出计划，并且在 2014 年 10 月 30 日正式宣布从当年的 11 月份开始退出 QE。我们可以看到，之后美国的整体经济开始进一步复苏，尤其是失业率也在不断下降。2014 年美国经济增速达到了 2.4%，在第二季度的时候更是一度达到了 4.6%，成为经济危机以来的最高点，作为世界上第一大经济体，能够取得如此高的增速，可见经济复苏已初见成效，美国在这个时候退出 QE 可以说是恰到好处。

后 QE 时代的新投资契机

美联储在金融危机之前只有 8000 亿美元的规模，但是到了 2014 年 1 月 1 日，美联储的总资产规模则突破了 4 万亿美元，这是一个十分庞大的数字，而美国退出 QE，其实是经过综合考量的，国民经济出现好转，各行业也逐步走向美好的一面，失业率也降到较低水平，这时候退出 QE 理所应当。

美联储退出 QE，就如当初启动这项政策一样，又招来了各种"末日"议论，人们对美联储退出 QE 对接下来美国经济及金融生态的影响充满了各种担忧。美联储宣布量化宽松政策结束，是一个分水岭，也代表着美国经济未来走势的不确定性增强。

随着美国 QE 的退出，不仅说明了美国逐步摆脱了经济危机，也标志着全球金融市场迎来一个新的拐点。美国金融业非常发达，在世界上占有重要位置，美国退出QE已经不仅仅是美国单个国家的事情，而是影响到了全球的金融市场。

美国退不退出QE，其实主要是根据经济增长情况、就业市场好坏、通胀指数水平和失业率高低这四个方面来衡量的。美国退出QE，就意味着美国将会减少货币供给，提高利率，从而导致美元升值。美元升值，美国的进口将会受到影响，但同时将会吸引更多的资本进入到美国。

QE时代的终结，黄金价格下跌、美元强势反弹……市场回归理性之后，摆在人们面前最现实的问题是，我们未来的投资策略应该如何选择？黄金买不买？股票、期货、外汇房地产，到底应该选哪个才能保证投资收益最大化？

2015年，美国股市总体呈下降趋势，中间更是出现了几次大幅度的下跌。不仅美国如此，2015年全球股市都不太平，中国股市也遭遇了大起大落的经历。谷歌、苹果、亚马逊等少数公司的表现对美国股市影响很大，这也引发人们的担忧。暴涨暴跌成为2015年全球股市的普遍特征，在大环境的影响之下，显然股市不是一个好的投资目标。

中国、印度等新兴国家的崛起，很大程度上是由于本国制造业的兴盛导致的。制造业是一个国家的基础，在经济发展中占有十分重要的位置。美国曾经依靠自己的高科技和完善的制造体系在制造业领域颇有建树，尤其是在第二次工业革命中，美国制造业可以说是起着领导者的作用。但是由于后来去制造业化的战略，让美国失去了制造业大哥的位置，发展重心转向金融业和信息科技业。

峰回路转，随着奥巴马政府对实体经济的大力推动，实体经济将成为美国未来较长时期的一个新增长点。高昂的人工成本一直美国制造业的痛点，但是现在随着其他国家生产成本的不断提高，美国的制造业成本问题反而变得不那么突出了。作为科技公司的领军企业苹果公司，就将自己的一部分工厂搬回到了美国。自动化生产、新能源开发、制造业体系的进一步完善、物流体系的不断升级、自由创新的环境，让美国制造业有着不可比拟的优势，以制造业为代表的实体经济将会成为美国未来的投资热点之一。

但是，既然是投资，最注重的当然是回报率。实体经济虽然前景看好，但是经过这么多年的发展，实体经济的利润已经十分有限。随着美国经济的复苏，美国作为世界金融中心，将会再次涌现大量的投资机会，最具代表性的就是美国的房地产投资正迎来转机，美国的房地产投资正在吸引越来越多投资者的青睐，尤其是中国投资者会越来越多。

"美国制造"的标志

美国房地产投资迎来大好前景

一些频繁往返美国考察房产企业的人士常常会有这样的印象，美国不少酒店里到处都是中国面孔。量化宽松退出，美联储加息、美元升值预期增加，再加上资本回流，综合因素作用下，为投资美国房地产带来了新契机。

美国房地产发展主要受经济因素影响较大，美国历次房地产危机无不与经济发展有关。目前相对于欧洲、亚洲等部分地区，美国经济在金融危机与欧洲债务危机后复苏强劲。随着美国经济开始转好，房地产发展也开始抬头，地产价格开始不断上升，市场交易也逐渐活跃，2014年美国房产销售一度刷新了纪录。

中国房地产行业经历了黄金十年，曾一度让房地产投资者赚得盆满钵满，由于房地产的投资收益主要依赖于房价的上涨以及人民币的升值，随着中国经济走弱，中国的房地产投资正迎来拐点。这个时候美国的经济复苏，就给了人们海外置业一个很好的投资选择，目前美国房地产市场投资回报率在4%～10%，随着美国经济的走强，美国房地产投资回报率将会进一步增长，投资美国房地产成为新的热点。

跟李嘉诚
学投资美国房地产

作为中国经济引擎的三驾马车之一的中国房地产，在 2014 年可以说迎来了史上最困难的时刻。不仅出现了货币紧缩、楼市跳水、开发商跑路等情况，房地产崩盘的猜测不绝于耳。在人们还在预测房地产如何发展的时候，2015 年的李嘉诚继长江和记实业完成世纪商业资产大重组之后，再一次将所有公司注册地外迁，让人们对中国房地产发展又多了一份紧张。这位投资天才此番为何？抛售国内地产、离岸注册、置业海外，这些现象的背后又在向人们暗示一个怎样的未来投资方向？

李嘉诚投资特点

在香港人眼里，李嘉诚常常被看做是"超人"。当年李嘉诚做塑胶花生意，在"长江"成为世界上最大塑胶花生产基地、李嘉诚本人被冠以"塑胶花大王"美誉的时候，他激流勇退，转做塑胶玩具。两年后当别的塑胶花企业产品严重滞销的时候，李嘉诚的塑胶玩具生意却在国际市场大显身手。

20 世纪 60 年代，香港遭遇严重的房地产危机，房地产价格一落千丈。在别人都不看好香港房地产的时候，李嘉诚独具慧眼，觉得香港商业地产潜力无限，并实行"人弃我取"的策略，大量低价收购地皮和旧楼。

不出 3 年，香港经济复苏，大批当年离港商家纷纷回流，房产价格随之暴涨，李嘉诚趁机将廉价收购来的房产高价抛售，并转购具有发展潜力的楼宇及地皮。这也让李嘉诚更加看好房地产行业，随后房地产投资成了李嘉诚的主业。

之前李嘉诚的塑胶花生意只是小打小闹，只有这时候的房地产生意才让他真正做大了起来，随着李嘉诚在国内外各个地方大力投资房地产，李嘉诚的商业帝国也由此开始一步步走强。

总结李嘉诚的投资特点，就是审时度势、知进知退、逆向行动，这是他做投资最厉害的地方。在别人都不看好的时候他能独具慧眼的押宝，每次都赚得盆满钵满。

李嘉诚的投资主要走逢低吸纳、见顶抛售路线。香港的房地产危机他低价买进高价卖出，2008年以来他不断收购海外资产，也是因为金融危机导致的资产价格走低。在李嘉诚的投资选择上，投资环境和政治环境是李嘉诚在投资时候考量的两个重要因素。

李嘉诚资产重组释放的信号

2008年金融危机以来李嘉诚不断投资内地房产，内地房产在金融危机后迎来了快速发展。然而李嘉诚在过去的几年内不断抛售内地房产，在抛售的同时又不断在海外投资置业，很明显地是在告诉人们：中国房地产市场将走弱。据一些国内媒体报道，李嘉诚在2013年以后就没在内地拿过地，从2013年8月到2014年8月，李嘉诚已经出售了接近200亿的中国内地房地产资产。

随着李嘉诚对内地房产的抛售，中国内地房地产市场一路下行。实际上，中国的大环境已经不允许房地产再如以前那样高歌猛进地发展。

中国从2014年开始，加大经济结构改革，优化产业发展方式，首先受影响较大的就是房地产行业。占GDP四分之一的房地产行业，主要由信贷驱动，2008年金融危机以来，中国以宽松的货币政策取得经济发展的同时，越来越高的地方债务引发了政府担忧。转变发展方式，首先就要收紧货币，而一旦收紧货币，房地产行业就要受影响。2015 年 1 月 20 日发布的中国主要经济数据显示，2014 年房屋新开工面积比 2013 年下降 10.7%，全国商品房销售面积比 2013 年下降 7.6%，全国商品房销售额比 2013 年下降 6.3%。

在转变发展方式的大背景下，虽然不少地方放松了购房限制，央行实施了降息策略，但仍难掩房地产行业继续下行的趋势。国内难以融资，国外又受到国际债市冷眼，内外夹击下，中国地产商的日子将会更加难过。中国房地产暴利时期已经过去，2015 年，中国房地产市场仍呈低迷态势。

李嘉诚也许就是从近几年政府的声音及政策中嗅到了房地产发展走向，国内政策环境已经不适合投资房地产，所以早早抛售内地房产，选择海外置业。虽然人们对于李嘉诚重组"长江""和黄"有多种说法，单就将地产业务单独剥离出来看，李嘉诚应该是，看淡中国未来房地产市场走向。

海外投资潜力大

欧洲经济正在缓慢爬坡，美国经济则日渐复苏，这些都给投资海外房地产创造了很好的条件。

金融危机以来，欧洲经济一直面临较大的挑战，希腊问题更是让欧洲受到了前所未有的打击，但随着资产价格的不断走低，给了人们一个投资的好时机。美国经济走强，房地产市场最先活跃。2014 年对美国房地产业来说，是不寻常的一年。美国房地产投资市场创下了新的纪录——有两笔九位数的交易先后打破了年中之前创下的全美最贵住宅销售记录。2014 年年底，5000 万美元及以上的交易多达 16 笔，在这个价位还是首次出现这样的高成交量。这足以证明，美国房地产市场已经成为全球投资人士的一大目标。

实际上不光李嘉诚，随着中国房地产市场的走弱，中国的不少地产商已经将投资目标移向了海外，近两年中国地产商投资美国的新闻频频见于报端。

据有关数据显示，2014 年中国房地产企业在海外的投资迅速提高。在商业地产领域，中国房地产企业在 2014 年的海外投资中，首次超过了在中国的投资。中国房企在海外市场的投资在 2014 年第一季度就达到了近千亿人民币，超过前年的投资总额。

2014 年中国一些著名的房地产企业也纷纷转向国际市场。2014 年 2 月份碧桂园在澳大利亚开辟新战场，在悉尼西北部投资了 7300 万澳元购置新地皮；与此同时，万科也在美国纽约曼哈顿大兴土木，致力于打造美国该地段的新地标；2014 年 7 月份，万达也宣布投资美国，在美国芝加哥投资 9 亿美元，用于酒店的建设；绿地集团在多国地区的地产项目也开始预售。

近年来中国的房地产企业纷纷转向海外投资，也是基于经过多年的市场竞争之后，中国的房地产格局已经基本稳定，再进一步争夺更高的市场份额十分困难，这个时候转向国际市场正是立足于战略上的考量。

李嘉诚之所以能够长期霸占中国首富之位，很大程度上是由于李嘉诚在中国房地产的黄金时期果断投资房产事业，并且在一次次的房产波动中巧妙地避开房产泡沫，逆势增长。如今，在中国房地产走势尚不明朗的情况下，海外房产成了新的投资热点，房产投资也将在新一轮的全球经济新平衡中扮演重要角色。

美国房地产投资正迎来价值回归

相对于国内房地产市场的起伏不定，美国房地产却有着另一番的景象。虽然房地产行业也是美国国民经济的重要组成部分，但是美国房地产占美国整个国民经济总量的比重并不是很大，美国更多的是靠第三产业来支撑整个国民经济。

《2014 胡润中国投资移民白皮书》指出，美国和加拿大是中国高净值人群最想去的国家。

中国经济的崛起，让美国房地产迎来了投资热潮。美国一直是中国人海外置业首选国家，投资、移民与子女教育是中国买家海外置业的三个最主要原因。中国经济的崛起让越来越多的中国人选择到美国置业。

随着美国经济的复苏走强，美国房地产投资正迎来价值回归。美国住宅市场房价由于经济回暖，购买力回升，尤其是美国西海岸的洛杉矶等华人聚居区，房地产的投资回报率全线上涨。

美国房地产市场投资走热，不仅是因为美国有着良好的生存环境和健全的法律体系，同时也在于美国房地产规范化的流程和明确的产权制度、法律保障，从房屋的质量到活动空间，都更加舒适放心。同时依托于先进的科技和教育体系，对于希望孩子能够更好地成长的父母而言，美国房地产是个不错的选择。

全球经济新平衡的建立，少不了资本市场的推动，而固定资产的投资作为资本市场的主力，在全球经济发展中有着举足轻重的地位。李嘉诚以房产投资见长，如今也在不断投资海外，这是一个明显的信号，他的投资策略和投资方向给我们带来诸多启发。

中国正在成为
海外购房第一主力

中国经济取得的快速发展让世界瞩目,经济的快速发展使得中国富裕阶层收入不断增加,收入的增加大大促进了中国富裕阶层购买力的提升。

《2015中国大众富裕阶层财富白皮书》显示,2014年底中国私人可投资资产总额约106.2万亿元,年增长12.8%,预计2015年底,中国私人可投资资产总额将达到114.5万亿元。2014年年末,中国富裕阶层的人数达到1388万人,同比增长15.9%。预计到2015年底人数将达到1528万人。

现在,中国正成为全球海外购房第一主力。相关报告预计,受益于庞大的人口数量及经济增长,到2020年,中国将成为世界上富人最多的国家。届时,中国富裕阶层的购买力将远远超过现在。

根据胡润研究院公布的关于中国大陆《海外研究报告》显示,高达80%的受访高净值人群表示在未来有海外投资需

中国大众富裕阶层人数及增长率

年份	大众富裕阶层人数(万人)	增长率
2011年	883.5	11.2%
2012年	1026.4	16.2%
2013年	1197	16.6%
2014年	1387.7	15.9%
2015年(E)	1528.2	10.1%

求，超过四成受访人士表示地产将成为最受欢迎的海外投资方式，且七成富豪表示在海外投资地产的目的是为自住，其余则为投资，平均投入 600 万元左右。

英国：中国人在英国房产投资 3 年增长 5 倍

英国《每日邮报》网站曾发表一篇题为《你的孩子们买不起房的真正原因：从利物浦到克罗伊登，房子甚至在建成前就被中国的中产阶级抢购了》的文章。这篇报道坦言，令英国年轻人惊讶的是，当自己还在等待房子降价时，在中国香港的一个英国房地产展会上自己国家的房子已经被中国的顾客抢光了。此文从侧面展现出中国投资者对英国房地产的强大购买能力。

以英国伦敦为例，仲量联行国际住宅部一位负责人 2014 年底在接受媒体采访时表示，2011 年至 2014 年 3 年中，中国大陆买家在伦敦购买楼房增长了 5 倍，购房比例从 2% 飙升至 10%。2012 年，仲量联行的监测数据显示：在伦敦核心区，全年新屋销售量数量大约在 1 万套左右，其中 80% 被外国买家买走。而到了 2013 年，中国购买者的比例从 5% 一跃升至 27%。

与此同时，稳定的房价与较高的投资回报率，吸引着愈来愈多的外国投资人士出租英国的房子来获取收益。

由于英国房地产市场稳定，并且投资回报率高，从而使得中国人将投资眼光瞄准了英国房地产。据英国的一家房地产公司统计，其客户中 10% 的购买者来自中国大陆，31% 客户来自亚洲，这意味着每三个购房的亚洲人中，就一个来自中国大陆，而在过去，香港才是在英国买房子最多的中国人。

越来越多的中国买家将眼光投向英国房产。2014 年 9 月的北京秋季房展会上，参展的 300 多个海外房产投资项目中，伦敦颇受国内买家关注。目前的伦敦房地产市场上，中国买家占比已经达到 10%，这一数字还正在不断快速增长中。

澳大利亚：中国成最大房产投资国

澳大利亚外国投资审核委员会（Foreign Investment Review Board）一份年度报告显示，2013—2014 年，中国在澳大利亚的投资总计为 277 亿澳元，其中由委员会审核通过、中国买家所购买的澳大利亚房地产总值达 124 亿澳元（合约 99 亿美元）。中国已成为澳大利亚房地产最大投资国，另外也是除技术移民之外的澳大利亚新移民最大来源国，同时中国人还在该国投资移民、国际学生、商务交流、国际游客中占比第一。

另据数据显示，中国人买走了澳大利亚约 12% 的新建房屋，尤其青睐悉尼和墨尔本这样的大城市，甚至在这些大城市的某些小区，中国投资者购房的比例达到 100%。

2014 年悉尼推出的一个新楼盘，近五分之一被中国投资者收入囊中。由于中国投资者的不断涌入，悉尼的房地产价格亦水涨船高，以悉尼西北部凯利威尔地区（Kellyville）为例，这里的房价已从两年前的 70 万～80 万澳元上升到 100 万～120 万澳元。在墨尔本楼市最火爆的布莱顿（Brighton）地区，中国人依然是购房主力军，在中国购房军团的推动下，仅一年内，Brighton 的房屋销售总额就达到了惊人的 8.41 亿澳元，这一销售数据甚于不输于墨尔本市的老牌富人区 Toorak。

美国购房：中国人超过所有外国客户群体

美国全国房地产经纪人协会发布的数据显示，在美国购房的海外买家中，中国人占到了不可忽视的比重——购房所花费的每 1 美元就有 24 美分是出自中国人。2014 年至 2015 年 3 月期间，中国买家在美国买房的花费超过任何其他国家。

在美国，加州是中国买家最心仪的地方，尤其是四季如春、风和日丽的洛杉矶，当地房地产对中国人的吸引力要高于美国其他城市。数据显示，购买房产的外国买家中，有32%是中国人，是加拿大人的两倍。

纽约是美国的第一大城市，作为"世界之都"的纽约直接影响着全球的金融、科技、政治、文化、时尚。曼哈顿岛是纽约市的核心区域，面积为57.91平方千米，占纽约市总面积的7%，在纽约最小的区域内分布着纽约的主要商业、贸易、金融、保险公司。吸引着来自世界各地的人们，其中也包括来自中国的华人。

中国人在美国的聚居区最著名当属洛杉矶、旧金山和纽约，在这三个城市形成了许多华人社区，这些社区的房子大部分被华人买走。他们中间既有美国当地华裔，也有新近获得美国国籍的新移民。从2014年的数据来看，中国人移民的第一选择是美国，中国已成为在美国获得永久居住权的第二大移民来源国。

其他各国

除了上述国家，在世界其他国家，来自中国的房地产投资力度也正在不断加大。2011年，中国人在迪拜房地产市场共投资1.87亿美元，比2008年同期增长了6倍；2008年中国投资者共有45位，到2014年第二季度已经增长到了316位。

葡萄牙自2012年10月启动了投资移民政策。2015年1月葡萄牙移民局发布的官方数据显示：截止到2014年12月31日，在两年时间内，通过投资移民政策，葡萄牙获得投资总额近12.3亿欧元，这归功于成功获得葡萄牙黄金签证的2022位新移民。中国人是葡萄牙投资移民的最主要群体，约占总人数80%，达到1629人。其中，有95%的人是通过购置房产而获得身份。

在日本，来自中国的房产投资也在不断增加，2014年，来自中国的个人和企业在日本房地产市场上的交易额约为2.3亿美元，这一数字比2013年增长了2倍多。

据日本《中文导报》报道，自2014年2月开始，日本东京和大阪的房价上涨了约15%。居住在世界各地的华人敏锐察觉到日本不动产的价值，适逢2020年奥运会将在日本举行、日元持续贬值，都在一定程度催生了日本房地产市场华人数量的增长。在日本购买房子的华人中，第一类是在日生活的华人，第二类就是中国大陆客户，第三类是中国港台地区的客人，第四类则是海外各地的华人。

2015年《中国国际移民报告》指出，中国向主要发达国家移民人数基本保持稳定，世界各地华侨总人数为6000万人，中国国际移民是世界上最大的海外移民群体，主要目的地有美国、加拿大、澳大利亚、韩国、日本、新加坡等国。随着中国经济的发展，到2020年中国将成为全球富人最多的国家，届时将会有更多的人到海外投资。国外投资环境宽松，生活环境优越，可以预见，未来海外房地产市场将迎来真正意义上的"中国潮"。

第三章
中国高房价后遗症

在北京买套 100 平方米的房子在美国能买点啥？

在北京，买一套 100 平方米的房子，在美国能够买些什么？

资料显示，2015 年上半年北京楼市成交均价为 2.7 万元 / 平方米。这意味着，在北京买一套 100 平方米的房，平均要 270 万元——这还是平均价位。学区房、二环内四合院、高级 CBD 楼盘这一类天价房另算。

要算天价房的话，举例而言一套 8 平方米的北京某小学学区房，成交价是 250 万。早在 2012 年，该学区房的均价在 10 万~ 12 万元 / 平方米，到了 2014 年，该区的房屋均价已暴涨至超过 30 万元 / 平方米。政策的改变、家长的焦虑、地产商鼓动"让孩子赢在起跑线上"之类的营销手段混合在一起，让房价不断疯涨。

中国大城市的物价高、房价高、生活环境恶化、空气污浊、人群挤迫……相比而言，美国物价要低于中国，高等教育发达，较少出现食物卫生问题、环境空气好，使得很多富人选择移民美国。

买房

南加州橙县（Orange County）城市尔湾（Irvine），风景宜人，治安良好，拥有众多优秀学府，是加州中上阶层的聚集地之一。尔湾是一个年轻的新型城市，也被称为第五代城市，于 1971 年建市，最早的开发源于创建大学社区，为著名建筑师 William Pereira 所规划，现已成为全世界建筑师效仿的对象。在这里，一栋一卧二卫、102 平方米的公寓售价在 45 万美元左右，算上汇率，也就是人民币 270 万~280 万之间。

帕萨迪纳也是当地的一个富裕阶层聚集区（全美平均收入为 1.6 万美元一年，这里的平均收入是 2.8 万美元一年。几乎高出一倍）。该区与附近大部分的城市面貌不同，有着浓厚的古典文化气息，各种画廊、博物馆、酒吧，著名的加州理工大学、设计学院艺术中心就在这座城市。在这里，270 万人民币可以买到 3 卧 2 卫，约 80 平方米的住宅。

在南加州一些其他地区，例如华人聚集的罗兰岗，一栋 3 卧 2 卫的别墅大概在 25 万美元以上。在这里，华人是人口构成的主体，有各种华人餐馆、超市、商店，到处都是中文牌匾，俨然就是一个小唐人街，就算不会英文，在这里生活也不成问题。

如果是在美国二线城市买房呢？

匹兹堡

匹兹堡在宾夕法尼亚州西南部，是该州第二大城市。匹兹堡曾是美国著名的钢铁之城，有着世界钢都的称号，现在转型为金融、医疗和高科技工业城市，被评为全美最宜居城市之一。在这里，一套 4 卫 3 卧的居室售价在 38 万美元左右，相当于 244 万人民币。

波特兰

波特兰位于盛产龙虾而闻名的缅因州，是该地最大的城市。2009 年，波特兰被评为美国最适宜居住城市之一。波特兰拥有大约 230 家餐厅，被誉为"美国人均餐厅占有量最大的城市"。在这里一栋 4 卧 2 卫的房子大概售卖 42 万美元，也就是人民币 269 万左右。

亚特兰大

在美国流行富人住郊区。亚特兰大白人区枫境园是位于美国东南部最大都市亚特兰大市区以北的富人区 SUGAR HILL，距离亚特兰大市中心仅需 35 分钟车程，是美国典型的白人富人社区。枫境园拥有方便的地理位置和交通，社区整体建筑采用工匠风格，在枫境园一套独立别墅的整体售价大概是 20 万美元左右，即人民币 130 万元左右。房屋面积 204 平方米，附近毗邻购物中心和餐饮购物场所，是投资移民的优良选择。

以纽约郊区的拉奇芒德镇 (Larchmont) 为例，距离纽约市中心 33 千米的拉奇芒德镇，交通便利，环境优美。近期 Wendt 大道上一套 4 居室的独立楼房以 29.5 万美元成交，该房始建于 1910 年，室内面积达 156 平方米，且不含花园面积。

投资移民

EB-5 投资移民项目旨在通过引进国外投资者的资金、在美国本土创造更多就业机会，以此来促进美国经济。美国移民局规定，TEA 区域 (Targeted Employment Area，就业目标区，官方定义是人口较少的郊区和大城市的高失业率区) 项目最低合格投资额为 50 万美元。也就是说，在北京买一套 100 平方米的房子，差不多就可以去大洋彼岸买个人人艳羡的合法居留权了。

买车

2015 年新款法拉利 458Italia 在美国的售价大概是 24 万美元，2015 阿斯顿马丁DB9 售价大概是 19 万美元到 20 万美元。在北京买一间 100 平方米的房子，在美国能买两辆这样的豪华跑车。如果说买经济适用款的车，比如 2015 款本田雅阁，大概是在一辆 2.3 万到 3.3 万美元，算起来的话可以买十几辆。2015 宝马 3 系在美国售价大约是 3.3 万美元，也能买十几辆。在美国，买车比在国内便宜很多，有人说美国是"车上的民族"，此话不假。在国内，买辆宝马出门溜往往会被人说炫富，而在美国，普通配置的宝马其实满大街都是。

吃饭

在美国，吃一顿饭要多少钱？一般而言，美国的物价相对国内便宜不少（按照美国人的收入）。在超市里面，可以看到一罐 2 升装牛奶卖 4 美元，一磅（大约等于 45 千克）五花肉大概是 1 美元、一磅牛肉 5 美元。在美国蔬菜的价格反而不便宜，一磅空心菜 2.7 美元、一磅芦笋 2.2 美元。就算在大城市（如纽约、洛杉矶），如果全部饮食自理的话一个人月生活费大概在四百美元。

如果在外面吃呢？一个麦当劳的汉堡 1 美元；如果是吃普通盒饭的话，只要 4~5 美元就能买得到；美国人最喜爱的手工汉堡，在 8～10 多美元不等；在一些地方有一些牛排店会把重达两磅的牛排烤至 5 成熟，血淋淋地端到你跟前——这些牛排美味无比，而且只要十几美元。在大城市的普通餐厅，一般一个人一顿饭大概会在十几美元到 30 美元之间。

如果吃的是比较贵的高级餐厅呢？位于纽约的著名米其林餐厅简·乔治（Jean George）装潢富丽堂皇，充满法式浪漫情调，是丹泽尔·华盛顿、汤姆·克鲁斯这一类明星和富有的商人青睐的餐厅。在这里吃饭，每个人买单需要 100 美元到 300 美元不等。

买名牌

美国轻奢品牌古奇（COACH）在美国本土价钱亲民，在一些大的奥特莱斯（Outlet）只要七八十美元，这样算来，在北京买 100 平方米的房，可以买五六千个古奇的包。美国品牌卡文克莱（Calvin Klein）的衣服在国内动则数百上千，在美国本土售卖并不贵，一件衬衫 60 美元，连衣裙 100 美元左右。著名的牛仔裤品牌李维斯（Levi's）在国内非常受欢迎，价格也不便宜，但在美国一条李维斯的牛仔裤在 40 美元左右，每逢大节还会打折，以至于有时十几美元就能买到一条国人心仪的牛仔裤。

家电、数码电器产品

索尼的 2015KDL55W800C 55 英寸 LED 电视在美国大型电器销售店 Best Buy 售价 1299.99 美元，折合人民币 8000 元左右。三星 UN65HU7200FXZA 65 英寸曲面 LED 电视售价 1599.99 美元。时尚耳机品牌 Beats 售价 299.99 美元。LG 的 17.5 立方英尺冰箱售价 599.99 美元。佳能 EOS 5D Mark III 数码单反售价 3099.99 美元。美国的家电产品相比起国内便宜很多，不少来美国旅游的游客除了到商场购买奢侈品之外，体积小、易携带的 3C 是他们的最爱。

说到在美国购物，不得不提的就是"黑色星期五"。所谓黑色星期五，是指美国感恩节之后的第二天（在美国，每年的感恩节是 11 月的第四个星期四）。为什么要把黑色星期五单列出来？因为在这一天，美国的商场都会疯狂打折，折扣力度惊人。由于打折商品数量有限，不少消费者会为了买到低价商品通宵达旦地排好几天队，甚至商店开门的一刻会发生踩踏事件。很多大宗家电、数码电器产品、名牌衣服甚至会降到 2~3 折。

留学

如果在美国留学怎么算？以出了名学费贵的私立大学南加大（USC）为例，

计算机专业硕士研究生需要修满27个学分毕业，按每个学分1450美元（在美国不同的学校收费不一样）来算，完成全部学分修读需要39150美元，也就是大概25万左右的人民币。如果算上生活费，以一个月450美元计算的话，2年下来需要1万美元左右。在洛杉矶租房，价钱从数百到上千不等。按照普通400美元一个月算的话，2年大概9600美金左右。如果只是算上学费、生活费，留学两年大概需要人民币45万元（书费、电话费、旅游费用等这些一般留学生会用到的费用没有计算在内）。也就是说，在北京买一套100平方米的房，差不多能供6个留学生在美国收费最贵的大学换个硕士学位。

南加州大学

美国大学有公立与私立大学之分。相对于私立大学，公立大学学生人数较多，教学设施较拥挤，提供的奖学金较少；但是公立大学的学费比私立大学要低，而且在研究经费和研究项目方面有着无可比拟的优势。美国财经杂志根据学生的总花费及学校提供的服务进行对比，得出美国性价比最高的十大公立大学。以排名榜首的北卡大学教堂山分校（University of North Carolina at Chapel Hill）为例，该校大学新生录取率为33%，毕业率为77%。每年的学费和生活费总开支大概需要39361美元，公立大学的开支算得上很是亲民。而且美国公立大学能获得美国联邦政府及州政府更多的拨款及研究经费赞助。

曾经在网上有人发问，辛苦半辈子，在国内存了差不多200万到300万元，拿这300万能够在美国过得很好么？如果手里只有这样的一笔钱，可能只能搞投资移民在美国买张绿卡。但是如果一个有相当身家、想要移民或者投资的人，问在北京买100平方米房的钱能在美国买些什么，答案真的是非常丰富多彩——

你能在规划最好、环境最优的城市里面买到一栋不错的居所，能够买到两辆顶级的豪华跑车，能够把 6 个孩子送到最贵的大学念完硕士，能够每一顿都吃上放心肉、喝上放心水，能够买到大把质量很好的名牌服饰，能够买到很多很便宜的家电产品。

逃回北上广成潮，
未来城市如何发展？

有一对在北京打拼了5年的北漂夫妻，在武汉买了一套房，当谈到他们放弃北京选择武汉的原因时，他细数了他和妻子的经济情况。他们用90万在武汉"光谷"买到不错的两居室，但是这笔钱若在北京都不够付五环的首付，就算首付之后近万元的月供他们也承受不起，而且北京户口解决不了，以后孩子的入学将是大问题。两人权衡之后，毅然决定回到自己老家发展。

对"城市病"的恐惧，乌托邦梦想的破灭，二三线城市的发展，年轻人的择业观开始有所动摇，不在少数的年轻人开始理性地放弃了北上广这样的大城市。但是也有一大批看

武汉光谷

中一线城市的发展机会和高效率的生产节奏，选择向北上广聚集。丰满的理想和骨感的现实充斥在80后、90后中间，这中间最大的问题就是房子，不管是租房还是买房，都是现在年轻人最大的压力来源之一。像在北京这样的城市，租房是一件费时费力的事情，在这里租床位、隔断是最经济的住房选择，但是其条件也是不敢恭维，要想租一栋真正意义上的房子，月薪过万是标准，其中一半月薪拱手交给房子。单是合租一个卧室，2500元不算是高价钱。而且这个数字随着房价的上涨、需求的集中、租房业务对租金的期望，逐年都在顺势而上。

"逃离北上广"曾一度登上热搜榜，就像某些媒体总结的那样，学籍的限

制，户籍的管制，幸福感的缺失，成为他们逃离一线城市的原因。但这种状况并没有形成大势，近来有不少的分析指出逃离北上广是个伪命题。

根据大数据得出，近几年春节前后，共有 4900 万人从北上广深回到全国各地，这个数据占四地人口的一半。春节过后，大约有 1070 万的人口选择放弃北上广深，逃离率约为 11%，其中北京的以 18% 的逃离率位居首位。而其他人依然选择背井离乡，义无反顾地回归到北上广深。在人口流动最旺盛的春节前后的一个月里，大约有 1994 万人口是首次涌入北上广深，所占比例为 21%，其中 2/3 是 18 到 30 岁的年轻人，而北京凭借 27% 的比例，成为人们最想前往的城市。这些数据都是以 QQ 登录地作为统计根据，样本较大，无倾向性和局限性，数据的可信性也较真实。

有个著名的实验叫"粉红色的大象"，被测试者要求不要去想象房间里是只粉红色的大象，但无一人成功。我们周边不时有人在讲大城市的消费压力、空气质量、激烈竞争，但这些都不足以阻挡一线城市散发的魅力。

当初甲壳虫乐队进军美国时接受采访，为什么一个英国乐队要到美国发展，主唱列侬说："在罗马帝国时期，哲学家和诗人都去罗马，因为罗马是当时世界的中心，我们来美国纽约，因为这里是世界的中心"。北上广作为中国的中心城市，具备着引领、辐射、集散功能。对于打拼的年轻人，这里有无限的可能，包括职业、文化、科技等方面。这里有着芳香治疗师、首席惊喜官等有趣的职位；这里最 IN 的资本运作模式叫众筹；这里几千万人有个总厨房叫网上订餐；这里有专门为讨论外星人、第二地球、歌剧、最新科技等而设的咖啡厅……这里让人向往的最大诱惑就是：林子真的很大，鸟的种类真的很多。更重要的是，你也可能变成其中的一只。

"逃离"之后的"逃回"，心理落差成为中间的催化剂。当初因为高房价、高物价、高压力逃离北上广，经过二三线城市散漫、清闲的生活洗礼之后，中间的落差使不安于现状的人无所适从。远离压力中心虽然安逸，大把的青春被挥霍，人生似乎做着一桩亏本的买卖。北上广的瓶颈给人相对平等的机会，选择留下来的人总有打破它的途径。纵观工业文明的发展史，人才和资源总是优先选择市场更开放和商业文明更发达的地区，由此财富的产出相对可观，所以，对于无处安放的青春而言，与其在安逸中挥霍，不如在汹涌中挣扎迸发。

城市的魅力和心理的落差促成"逃回北上广"的潮流，每年的毕业大军中意的就业城市也属北上广。在这股入驻中心城市的潮流中，房价成为不可避免的话题。随着股市的降温和人民币的贬值，大多数的人在猜想中国的房地产市场是否会进入下行通道，但是就 2015 年上半年的市场来看，在利好政策的刺激下，房地产市场有所回升，房价分化较明显，一线城市的房价上涨，三四线城市的房价持续下降。国家统计局数据显示，2015 年 6 月，房价环比涨幅排名的前四座城市依次为深圳（7.2%）、上海（2.4%）、北京（1.6%）和广州（1.6%）。房价上涨的变化，除了多重利好政策的出台，资本进入房地产市场是另一个推手。平安保险与绿地合作，民生投资入股阳光城，都推动房产市场的火爆。

在这样的势头下，未来的房地产市场会怎样发展？

在经济新常态下，房地产传统发展模式难以前行，"互联网＋房地产"应运而生，利用互联网的平台、信息共享的技术和跨行业融合，是房地产的发展趋势。正荣与小米、华远与360 的"1+N"、远洋与京东、方兴与腾讯的"智慧家"，这种房地产企业和互联网企业的结合，正是房地产市场顺应"互联网＋"时代来拓展生存空间的首选。未来的中心城市会以智慧家、社区为点连接形成智慧城市。

伴随互联网时代快速发展，智能科技逐渐进入寻常家。2015 年正荣提出"正荣＋"计划，立足于打造一个以体验和互动为基础的"创新型智能社区"。未来，除智能家居外，正荣还要跨界整合健康医疗、高端教育、家庭理财、社区公益等优势资源。而小米陆续推出了路由器、电视、盒子、空气净化器等智能硬件；还有智能灯泡、体重秤、插线板等家庭日常；除此之外，小米还与美的达成战略合作，间接吸纳其一整套家电产品体系。至此小米已经拥有了一个智能家居体系。

随着智能社区的建设，未来智慧城市会伴随而生。智能城市的形成，将把生活水平提高到另一个台阶，届时人们的居住环境，社区建设关系到每个人切身的利益。作为智慧城市的缩影，智慧社区利用物联网、云计算、信息智能终端等新的信息技术，实现对社区居民吃、游、购、住、行、娱、健等生活的网络化、智能化、数字化、互动化和协同化管理。

智慧城市

随着生活水平的进一步提高，人民的财富积累越来越多，随着人们对高品质、高素质的生活的追求，中国的超高净值投资者趋于成熟。有调查显示，目前中国家庭的财富中，近 80% 的资产属于房地产，人们对房地产的投资热情持续旺盛，房产对于很多中国人来说是最好的保障，其实投资海外房产更适合中国投资者。许多人在全球范围内寻找新的投资热点，对于投资者来说，海外投资的确是一个大的市场。中国投资者进军海外出现了蓬勃的势头，中国人海外落户的现象遍布全球，一是因为海外房地产商看中了中国富人强大的购买力，二是因为国人看中海外的房价、清洁空气、良好的教育质量及完善的法治环境。双方形成一种"一个愿打，一个愿挨"的现状。

作为老牌的移民目标国家，美国依然备受投资移民青睐。美国作为多年来投资者海外置业的第一选择，有其明显特征。一方面，与欧洲相比美国物价较低，平均房价不高，因此具有较大的升值空间；外来人口众多更容易融入。此外，美国对于建筑监管严格所以房屋质量上乘，房屋具有永久产权。

中国人投资海外房地产的原因不外乎相对合理的房价、风险较低、移民的便利、留学的便利等。据了解，北京五环 300 万的小区住宅，在美国相当环境及面积的独栋住宅只要北京的一半房价；国内房地产市场几近饱和，房地产的投资回报率下降，使得投资者将眼光放在了海外市场；移民也是中国的一个热门话题，随着海外各国移民政策的放松，中国富人的移民倾向愈发地明显；此外，随着留学热的升温，教育质量优越的海外也吸引着中国人置业。而愈发多的国人因为美国房地产相关制度的健全、房产权的永久性等因素，将投资眼光放在了美国的房产市场。

中美房地产行业
未来发展走势对比

在 2014 年 9 月夏季达沃斯论坛上，李克强总理首次提出要在中国掀起"大众创业"的新浪潮，形成"万众创新"的新态势。而后在首届世界互联网大会、国务院常务会议等各种场合中，"大众创业、万众创新"都是李克强总理发言的关键词。不仅如此，总理的每次考察，与当地年轻的"创客"会面都成为必不可少的环节。

在 2015 年的政府工作报告中，李克强总理表示，推动大众创业、万众创新，"既可以扩大就业、增加居民收入，又有利于促进社会纵向流动和公平正义"。

本届政府履新以来，中国经济进入"新常态"，经济增长进入"三期叠加"，政府面临着无经验可循、政府市场关系不明、创新乏力等难题。在此背景下，李克强持续推出了简政放权、创业创新、民生兜底等重磅改革措施，以简政放权的改革为市场主体释放更大空间。

"大众创业、万众创新"实际上是新一届政府在"新常态"背景下的改革手段，"把错装在政府身上的手换成市场的手。"用市场的手代替政府刺激，以便厘清政府和市场的权责，让政府和市场各司其职，发挥好各自的作用。

综上可以看出，本届政府更为尊重市场规律，不出台经济刺激措施成为"李克强经济学"的最核心要点。

在政府的新变化之外，中国经济发展也正在由投资型转向消费型。在 2009 年，中国政府为应对金融危机，实现短时间刺激中国经济增长，出台了 4 万亿的刺激计划。这一做法加快了中国经济复苏的进程，但也带来了不小的副作用，4万亿的经济刺激计划强行阻断经济自然规律，扭曲市场对资源的配置作用，在后续经济发展过程中高污染、高耗能、产能过剩等弊病渐渐显露，尤其是房地产泡沫，对经济的结构性破坏日益严重。

房子作为生活必需品有商用和民用两种用途，我国房地产行业已经热了几十年，房屋数量绰绰有余，但随着房屋由生活必需品变成"投资品"，便出现一方面有人大量占有空置房，房地产商一面叫嚷房屋"供不应求"，民众为买房把后半生提前预支出去，交给银行。高房价绑架了老百姓的消费能力。

高房价加重了城镇居民以居住为目的购房者的经济压力，套住了两代人的消费能力，削弱了对其他消费品的购买力，压缩了其他产业的市场空间。30～50岁的工薪阶层是我国城镇消费的主要群体。很显然，由于他们被房贷所困，必然要压缩购买其他消费品的支出。中国作为一个近14亿人口的大国，构成一个巨大的消费市场，房地产泡沫背景下，普通民众对其他消费品的消费能力被房地产占有，消费低迷。

在以往，经济一有风吹草动，随后政府便会出台短期的强刺激政策，而新一届的政府更加注重经济的中长期健康发展，看重市场在资源配置过程中的自然作用。中国经济正在以越来越快的速度从投资型向消费型转型，2014年中国经济增长7.4%，其中第二产业增长7.3%，第三产业增长8.1%。经济转型的动向已越来越明显。

2015年，除了继续解禁城市限购令来刺激房地产行业外，政策上没有任何大的支持。中国的房地产行业迎来寒冬，而美国的房地产行业正在迎来春天。2008年经济危机后，美国经济先后迎来几次起落，而今美国已经走出经济危机，实现了复苏。

移民经济也是拉动美国房地产经济发展的重要力量。比如美国具有世界最优的教育资源也是吸引外国留学生、移民奔赴美国，带动房地产市场需求的重点。

中国每年都有大量的学生赴美留学，并且日益呈现低龄化趋势。

美国拥有全世界最优秀的教育资源，吸引着来自全世界的留学生，拉动美国留学移民人数。2015年"世界大学学术排名"，哈佛大学第一，斯坦福大学排名第二，麻省理工学院、加州大学、剑桥大学分列三四五名。有八所美国大学入选前十名。

赴美留学高烧不退的同时，呈现出低龄化，且数字连年攀升，仅仅2015年暑假期间就有近10万中国学生赴美探路，准备留学，到目前留学生中近四成左右为低龄学生。

截至2015年7月统计数据显示，中国大陆赴美国留学生人数已经达到331371人，这占到全世界赴美国留学人数的29.2%。这些人大部分都是富二代，很多富二代、官二代留学伊始，父母就会开始谋划购买一套当地的房子，这在很大程度上支持了美国当地房地产的发展。

随着移民的增多，将会有越来越多的人投资美国房地产，可以预见，美国房地产行业将迎来一个大发展。

综合来看，美国经济强劲复苏，美国稳定的社会环境、世界发达的医疗产业、先进的诊疗技术、优质的教育资源，吸引着移民和留学生来美国发展，拉动美国房地产需求量，美国房地产势必会保持稳步发展的态势。中国房地产行业遭遇冬天，而美国房地产却进入上行轨迹。来美国投资，不失为一个好的投资选择。

卖掉北京
可以买下美国？

卖掉北京真的能买下美国？

经过几千年的努力中国人终于推翻了压在头上的"帝王"，可走了"帝王"来了"地王"。近十多年以来，中国城市房价一路"高歌猛进"，压得中国人气喘吁吁，高房价捆住了人们的手脚，控制人们的消费潜力，政府、专家高呼"中国经济必须由投资型转向消费型"，可这呼声都是空炮，被高房价绑架的大多数中国人，后半生都押给了银行，哪还有命去消费。

"卖掉北京可以买下美国"这样的惊天报道在5年前便不绝于耳，中国房地产泡沫之严重便不由言说了。以2010年的北京房价为基点，假如在2010年将北京的全部土地变卖，则可以卖到总价130万亿人民币，而2010年美国的GDP总量为97.25万亿人民币，这意味着把北京的地卖掉，获得的总收入就比美国一年的国民生产总值（GDP）还要多。

时过5年，再来看看现在卖掉北京还能不能买下美国。以2014年8月到2015年7月这12个月的平均房价来统计，北京平均房价为3.7445万元／平方米，而北京除掉山区后的平原面积为6338平方千米，以2015年北京平均房价计算，北京地皮一共可卖到的总价为237.3234万亿人民币。再来看看美国2015年GDP，根据实际汇率计算，美国2015年GDP预计为115.52万亿人民币。由此来看，时过5年，北京的地皮总价仍然超过美国全年GDP。

以上的预测没有考虑实际的市场环境，地价和GDP之间也没有实际相关性，变卖土地也并不是实际的经济产出，因此媒体常拿北京地价与美国GDP做比较，得出"卖掉北京可以买下美国"的结论，这是不科学的。虽不科学，但这样的比较却让我们看到北京的房价有多高，房地产泡沫有多严重。

中国房价为什么高？

中国自20世纪50年代中期以后建立了城乡二元分割的社会结构，导致城市化长期处于停滞状态。直到改革开放以后，中国城市化迅速推进，城乡之间的壁垒逐渐被打破。伴随城市化进程的是城市人口迅猛增加。城市化进程不断加快，城市人口数量迅速增加。而且城市家庭结构发生了明显的变化，家庭结构小型化、分散化。

据国家统计局统计："2014年中国城镇常住人口7.4916亿人，比上年末增加1805万人，乡村常住人口6.1866亿人，减少1095万人，城镇人口占总人口比重为54.77%。全国居住地和户口登记地不在同一个乡镇街道且离开户口登记地半年以上的人口（即人户分离人口）2.98亿人，比上年末增加944万人，其中流动人口为2.53亿人，比上年末增加800万人。年末全国就业人员77253万人，比上年末增加276万人，其中城镇就业人员39310万人，比上年末增加1070万人。"农村人口涌向城市，城市人口不断激增。

而像北京这种政治、经济、文化中心城市，在城市化进程中人口数量的增加更为迅猛，以近几年为例，北京2010年常住人口为1961.9万人，到2014年常住人口攀升至2151.6万人，5年时间增加了189.7万人。

城市化进程不断加快，农村人口以及从小型城市涌入大城市的迁徙性人口，带来的是巨大的房地产需求。而在另一方面，伴随着城市化进程，家庭结构趋于小型化、分散化，以往老少两代人一套房子就可以，而现在的年轻人在结婚组成新家庭后不与父母同住。这样的变化进一步扩大了房产需求，推动房价上涨。

随着房地产热，政府的土地出让金也逐年上涨，土地出让金大约要占到开发成本的15%至30%。高额的土地出让金是高房价的直接原因。这些开发成本最终也要叠算到房价中，由购房者买单。土地是不可再生的资源，是宅基地的根本，土地归国家所有，土地的买卖则由政府垄断。在土地买卖上，政府实行土地出让招拍挂牌政策，即竞拍制，竞拍过程中出价高的得土地，这种竞拍制度下，开发商为抢占一块土地，不惜出和土地真实价值相背离的价格，从而催生一个又一个的天价"地王"，高额的土地收入成为地方财政重要来源之一。面包贵不贵先要看面粉贵不贵，高额的土地成本最终会落在买房者的头上。

关于中国房价高有许多荒诞说法，但"丈母娘推动中国房价上涨"却也是不争的事实。确实，在分析中国的高房价成因时，我们都无法忽视这个因素。"有房为家"的固化观在中国一直深入人心，而"有房成婚"也是摆在80、90两代正当婚龄人面前的一道坎。适龄男青年想结婚，丈母娘一句"有房吗？没房就别想娶我女儿"，足以让其对结婚望而却步。而房地产商更是抓住这一心理，有根杆就往上爬，大肆鼓吹"你可以不买房，除非你搞定丈母娘。"让有一套房成为结婚的刚性需求，所以，中国的高房价的"始作俑者"中，丈母娘也是核心动力群。

还有一股为高房价添油加火的力量我们也不能忽视，他们不缺乏购买能力：一是大量涌入中国的外资公司和城市的原生居民。外资公司涌入内地对住房、商业用房产生需求；而城市原生居民，已经拥有住房，但出于投资和从众的心理，跟风随大流地加入了买房大军，为房价上涨助力。

巨大的房地产需求抬高的房价，催生了利润极高房地产市场，驱使更多房地产公司和外围从事其他行业而有闲置资金用于房地产开发的企业，都来分享这一大蛋糕，加剧了行业竞争，从而炒高了地价，又抬高了房价；再加之地方财政对于卖地收入的巨大依赖，地方政府显然也无意压低土地价格。这一恶性循环让房价之争愈演愈烈。

此外，中国不成熟、不稳定的金融市场也是高房价的重要原因。中国金融市场的不成熟和不稳定之处表现在，利率长期保持在很低的水平，贷款成本低；大量的民间资本和外国热钱又难以找到投资渠道。从而使得大量资本转向了投资或投机行业。

中国房地产行业的超高收益率，使房地产备受投资者青睐，大批资本进入房地产行业。纵观中国房地产产业链，从开发商土地购销与储备、开发资金的贷款、建筑承包商的流动资金贷款到购房者的信贷……其资金大部分都来自银行，房产开发商从银行贷款建房，而开发商贷款的利息成本最终也会摊在购房者的购房款中，房价无形之中又被抬高。

中国房地产虚高不下，越来越多的人选择在美国购置房产

中国房地产市场除了房价虚高、政府出台限购政策、城市环境恶化、雾霾笼罩，中国城市大中城市对购房者变现出诸多不友好的态度，美国则因经济复苏、房价稳定、最好的教育资源等利好因素，受到购房者的追逐。

调查发现，中国富人中，60% 以上表示，他们计划在未来两年增持海外资产。2015 年以来，中国的买家已经成为美国房地产市场第一大海外买家。根据美国全国房地产经纪人协会统计，中国买家投资了 286 亿美元在美国地产市场，房屋均价为 83.18 万美元。以房屋的价值来计算，中国买家占到了海外买家成交额的 27.5%。富裕、焦虑的中国人不断从国内撤出资金，投资美国房地产市场。他们全款付现、推高了美国的房价。从来没有那么多中国投资者以如此快的速度从国内转移资金。大量资金进入了美国的房地产市场，从纽约到洛杉矶，中国富人们正在疯狂买房。

由于国内诸多不确定性因素，富人们开始寻找其他地方安置自己的财富。调查发现，47% 的资产高净值个人已安排 30% 以上的资产投资海外。美国是 42% 受访者的首选目的地。中国国内股市泡沫、人民币贬值、以及围绕中国经济真实健康状况的神秘感，中国购房者瞄准美国房地产也是为了寻找安全避风港，而美国房地产是最安全的避风港之一。

中国购房者之所以喜欢美国房地产，一个重要的原因是考虑到孩子的教育。据统计，2014 年我国有 45.98 万留学生，其中有 27.4 万学生选择了美国留学，约占其中的 60%。中国也成了美国国际留学生最大的输送国，31% 的在美国际留学生来自中国。同时，留学低龄化开始成为主流，越来越多的中国家长选择让自己未成年的孩子成为小留学生。

美国的经济和优质教育资源对中国内地富人吸引力较大。逾 38% 的中国海外购房者认为，海外投资的首要原因是让子女进入好学校。许多把子女送到海外接受西方教育的父母，都在大学城购买公寓。例如，为了确保子女能上一流学校，中国购房者就涌入纽约市以东的长岛，因为这里有高质量公立学校。

而从宏观方面看，目前美国经济迎来了可能是近 150 年以来最持久的一次复苏：目前美国家庭资产净值是个人收入的 6 倍多；信用卡、汽车与其他贷款的消费者违约率处于历史最低水平；新房购买率在 2015 年 5 月升至 7 年内最高水平；在就业方面，失业率 2015 年 5 月降至 5.5%。

近年来，美国购房市场对国外购房者也接连传来利好消息。首先，贷款人放松了信贷标准，在美国获得贷款的平均信用得分降低，贷款人对于再融资申请人的条件再下降，以吸引更多借款人。其二，美国购房选择余地增多，小面积住宅更受建筑商的欢迎，越来越多的建筑公司打造出无装饰的住房，价格在 12 万至 15 万美元不等，仅为普通住宅售价的一半。其三，越来越多的新房投放市场，供应方面不再短缺，美国房价也有下降的可能性。

在中国房价居高不下的背景下，即使不能卖掉北京买下美国，但较之房产泡沫严重、空气质量恶化、人口稠密、城市规划不科学的北京乃至中国，不失时机地在房屋性价比高、教育资源丰富、经济稳定的美国购置房产，确是一个理智的选择，这也是越来越多的中国精英人士正在走的路。

第四章

华人在美国

华人在美国遇到的
第一个问题：先从晾衣服说起

中国和美国分别在东西两个半球，一个是世界上最大的发展中国家，有着无穷的发展潜力，一个是世界上最大的发达国家，拥有世界上强大的经济、科技实力。由于生活环境和意识形态的差别，两国人民的生活方式也各有不同。

晒太阳的差异

就拿晾衣服来说，晾衣服这样一个在中国司空见惯的生活场景，在美国却很少看见，尽管美国有着不错的空气和阳光资源。在中国，拿出被褥来晾晒是再平常不过的事情了，即便是在小区里也经常会看见住户们在自家的阳台上晾晒衣服的场景，而且还经常能看到人们在楼下的花园里拉上绳子晾晒衣物。

阳光中含有紫外线有利于杀菌。紫外线能破坏细菌和病毒的核酸，而且还能影响酶的活性，从而让细菌和病毒死亡或变异。而红外线又可以蒸发水分，让细菌脱水而死。所以，"晒晒更健康"的理念在中国较为普遍。但是在美国，户外晾晒衣服有可能是一种违法行为，哪怕是在自己家的后院里。那么，为什么美国不在院子里晾晒衣服呢？在美国，很多人反感将衣服晾在窗外，其中一个原因是怕影响社区环境的美观。为了小区的美化，很多人拆除了晒衣绳，否则，就有可能受到邻居的举报。此外，还有人认为户外扯绳子晾晒衣物只能出现在贫困的地区，因为贫困地区的人们买不起烘干机。为了不让人感觉自己很穷或者不让人觉得自己所在的社区很穷，他们会选择在家用烘干机将自己的衣服烘干。

另外，在美国自己的衣物，特别是内衣，暴露在众目睽睽之下是一件很不雅的事，而那些对花粉会产生过敏反应的人更是坚决不允许将自己的衣物晾晒在外面，美国人对花粉的过敏比中国人高很多。

虽然，美国人很少在外面晾衣服，但是他们却非常喜欢将自己置身阳光下。相反，在中国，只有极少数的人喜欢暴晒在太阳下。尤其是比较爱美的女生担心自己会被晒黑，出门就会撑伞。夏天顶着日光肆意地在海滩上玩耍，这种所谓的"日光浴"在中国是不常见的。而美国人特别享受晒太阳，太阳越烈、穿得越少、晒得面积越大越好。所以，我们通常会看到美国海边有很多身穿比基尼的美女。夏天，海边是美国人度假的首选。

饮食上的差异

除了对待晒太阳的态度不同外，中美两国人们在饮食上的差异也很大。

由于美国是一个移民国家，在饮食的选择上似乎不会出现太大的障碍，通常人们很容易就能在美国找到可口的中餐馆。

与纯正的中国饮食比起来，美国的饮食没有中国饮食那么讲究精细，美国人往往在乎食物获取的便捷；豪门盛宴、满汉全席，这些讲究制作时间、排场的中式饮食在美国十分罕见。美国人一日三餐都比较随便，像麦当劳、肯德基这样的快餐能在美国饮食文化中占据重要位置也不足为奇。另外，大部分的中国人习惯每天购买新鲜的食物进行烹饪。而在美国，很多人一次性购买一周的食物贮存在冰箱里，在美国，罐头、腌制食品的食用量要比中国高出多倍。

美国人的口味比较清淡，喜欢生吃，像凉拌菜、嫩肉排等都是美国人的喜爱，而中国人一般情况下更喜欢全熟的食物，且口味偏重。中国人做菜讲究色、香、味俱全。美国人则注重营养，并不在意口味如何。

美国人的早餐以面包、牛奶、鸡蛋、果汁、咖啡等为主。快餐是美国人重要的饮食方式，所以在上班期间，午餐的选择也主要以三明治、水果、汉堡、热狗等为主。而在中国，早餐人们一般都选择馒头、粥、豆浆、包子等。目前在一些比较发达的一线城市，比如北京、上海、广州等地，一些人也开始试着改变传统的早餐形式，牛奶、面包、果汁等偏西式的早餐正成为他们的新选择。午餐在中国饮食习惯中占据重要位置，通常会讲求吃饱，而且还要吃好。而在美国，一天中，晚餐才是正餐，而且还比较丰盛，有牛排、猪排、烤肉、炸鸡等，通常情况下还会配有水果、青菜、点心等。

交通出行的差异

在美国，孩子到了 16 岁就可以申请考取驾照，以至于 16 岁能拿到驾照就像举行了成人礼一样，不用再受父母的束缚，可以随意开车去自己想去的地方。驾照在美国的作用有别于中国，驾照不仅仅是一个本子，一个可以开车的标志，还可以起到充当身份证件的作用。

美国素有"汽车上的王国"之称，没有汽车寸步难行。在美国的街道上，很少见到行人，更多的是汽车，偶尔可能会看到一、两辆自行车，那也有可能是锻炼身体用的。虽然私家车很多，但是美国公共交通设施非常完善，这一点跟中国十分相似。我们常见一些公共汽车停靠在街道边，准时接乘客上下班。美国很多城市跟中国大城市一样，街道两旁有很多的停车位，特别是在商场、稍大型的商店前面都有停车场，而且也都画有停车位。

在美国，很多的证件都可以当做身份证明，比如护照、绿卡、社会安全卡等。其实世界上很多国家的身份证都大同小异，无外乎几点重要的信息：姓名、出生年月和家庭住址等。在中国，已经普及的新一代的身份证融入 IC 卡技术、防伪性能高、存储信息量大，这也为人们的出行提供了方便。当今社会，包括中国在内的许多国家在各个领域内都在建设完整的数据信息管理系统，以此方便政府管理、增强社会安全性。但是在美国却很难施行统一的标识证件。美国尽管是一个开放性的社会，但是美国的公民非常注重个人的隐私，所以在对个人信息数据的统一管理上，美国人一直持反对意见。即便是"9·11"这样极端的恐怖事件，也毫不动摇美国民众的决心。至今仍有74%的人对此持反对意见。在身份证上走不通，美国政府就在公民驾照上做文章。在美国，几乎人人都有驾照，而且在考取驾照前学员需要填写相应的个人信息。政府凭借驾照流入流出的信息，就可以知道每个人的日常活动。所以，驾照在美国不仅仅是一个能开车的凭证，而且还是更多信息的载体。

居住方面的差异

在居住方面，美国城市的居民住房，从规划到设施，从设计到布局样样都考虑周到，很全面也很舒适。通常小区建设都会兼顾到学校、商店、文体设施、公园、银行、邮政等基础设施，方便美国老百姓的居住生活。

在中国，人们重视住房的外观和结构，而在美国，房子从外表看上去或许不怎么样，但是里面的设计、家具摆设等都比较考究。一般而言，美国房屋的室内设计，会将客厅与餐厅连在一起，这样不仅厨房空间大，而且这样室内活动空间也大。在中国传统的住宅理念中，南北方、东西部的居住环境有很大的区别。在美国，东西海岸的居住环境也有较大的差别。就拿洛杉矶和纽约来说，这两个城市的较量由来已久，纽约有华尔街，洛杉矶有好莱坞。纽约给人的印象是寒冷的季节；而洛杉矶则给人更多的是阳光温暖。

纽约是美国的金融中心，生活压力较大，快节奏的生活方式成为这个城市最明显的特点。纽约人的内心自豪感特别强烈，经常以自己为纽约人自居，觉得整个美国只有纽约这边风景独好。在洛杉矶，是另外一番景象。洛杉矶的人们没有纽约人的节奏那么快，他们比较重视讲究生活的舒适。纽约人快节奏的生活在洛杉矶人看来是不懂得享受生活。用快和慢来形容纽约和洛杉矶的差异,最恰当不过。

关于医疗

一般美国家庭都有固定的家庭医生,美国人得了感冒如果去诊所就医,需要拿着自己的保险卡和驾驶执照,填写登记表。医生对待一些常见病,如感冒,会告诉患者,自己的身体才是良药,服用药品会降低身体的抵抗能力。

在美国,私人诊所在很多时候承担着人们日常的看病护理需求,美国60%的医疗服务都由私人诊所完成。美国的私人诊所分布广泛,为病人就医提供了很大的方便。如果病人的症状不良或者病情恶化,诊所的医生会介绍病人到医院住院治疗。

美国的护士在病人日常的治疗中需要承担很多责任,病人有什么问题都先由护士进行处理,如果处理不了再找医生。对于病人的病情,在美国,很多情况下医生都会如实回答,除非家人有特殊要求才选择隐瞒。相反,在中国,对于严重的病情,医生一般首选对病人进行善意的欺骗。

华人在美国的工作和生活

华人到了美国生活状况怎样？每个人都实现自己的"美国梦"了吗？这些问题是不少人（不管是移民还是没有移民）比较关心的问题。华人在美国的生活状况如何，如何解决吃饭、出行问题？下面来让我们了解一下。

《北京人在纽约》—— 一部华人在美的生活缩影

20世纪90年代，一部《北京人在纽约》的电视剧火遍了全中国，这部电视剧不仅是中国第一部境外拍摄剧，而且也是较早描写赴美淘金的中国人在美国生存状态的一部影视作品。20世纪90年代中国刮起了一股"出国风"，这部电视剧就是结合当时中国人在美国的生存状况的背景下完成的。

《北京人在纽约》电视剧的主人公王起明是北京某乐团的大提琴手，当时刮起的"出国热潮"风让王起明内心也跟着蠢蠢欲动。在王起明眼里，美国遥远而富足，他觉得在美国他会有无数发展的好机会，于是他和妻子郭燕放弃国内工作一同来到了纽约。一下飞机，他们便被亲友安排在一处贫民区的地下室居住。为了生存，王起明到一家中国餐馆打工，妻子郭燕到一家制衣厂做女工。由于郭燕聪明、能干，很快便得到了老板大卫的赏识并爱上了郭燕，还找到郭燕和王起明的住处告诉王起明，王起明没有让郭燕过上幸福的生活，而大卫本人可以让郭燕过得更好，他劝他放弃郭燕。美国艰苦的生活也让郭燕决定离开王起明跟大卫在一起。王起明非常生气，但又无可奈何，他发誓一定要混出个样子来。

郭燕在离开王起明之前给了他一份大卫客户的名单，王起明在餐馆老板阿春的帮助下也开了一家制衣厂并且借助大卫客户的名单很快发展了起来，他接来了女儿，并将全部资产投资在了房地产行业希望自己能获得更大的发展，没想到美国经济陷入周期性下降，王起明投资在房地产行业的钱全部打了水漂，王起明一下子又变得一无所有。由于郭燕把大卫工厂客户名单给了王起明，让大卫的工厂经营陷入困境，大卫一气之下把郭燕逐出家门。转了一圈，王起明和郭燕又回到了原点。肯尼迪机场仍不断地有大批的中国人走下飞机，有的人如当年的王起明一样，一下飞机就被送到了贫民区地下室的住处，看着他们充满憧憬的眼神，王起明内心万千感慨……

这部电影由于较为全面地展现了20世纪90年代中国人在美国的生存状态，一播出就引起了轰动。甚至在20多年后的今天，这部电影仍是华人在美国奋斗、生活的一个缩影。

工作在美国

华人移民到美国都会做什么工作？这个问题是每一个打算移民的人内心都要问自己的问题。美国媒体曾经公布过一组数字，在美国的华裔移民中，有80.4%的人集中在私人企业，有13.2%的华裔移民在政府机构或是由政府支付薪水的机构，有6.1%的华裔移民自己创业当老板。在这些私人企业中，华裔移民从餐厅的厨师，到计算机行业的程序员，由于自身情况的不同在美国就业情况也不尽相同。

除一部分华裔移民是在国外求学后直接进入白领阶层，也有一些华裔移民是从较低级的工种做起，有的在积累了一定资源以后从事其他行业，有的积累了一些资金后自己做生意。华裔移民在美国从事的工作中，餐厅工作排在第一名，有数据显示从事这一职业的男性占来自中国大陆男性劳动力大军的13.4%，计算机行业排在第二名，就业人数占华裔移民的8.2%，管理人员排在第三名，就业人数占华裔移民的5.1%。

第一代华人被称为"牺牲的一代"，他们在一个语言不通、环境陌生、文化背景不一样的地方生活，牺牲一些自己应有的享受而换取家人、下一代的幸福。而相比第一代华人，第二代华人由于出生在美国，又在美国长大，英语流利，对美国的适应要比父辈们好，因此在美国社会融入较好。

吃在美国

有的华人在移民前总是担心去了美国后饮食上难以适应，最后到了美国后才发现，美国的华人超市卖得东西有的比中国的超市还要齐全，从酱油老抽，到老干妈，再到火锅底料，甚至洽洽瓜子都有得卖。美国的肉类奶制品价格便宜，但是蔬菜价格较高。美国的养殖业发达，牛羊肉、鸡鸭鱼肉等价格低廉，牛奶、鸡蛋价格跟中国相比更是低出了几条街。

相比华人超市的琳琅满目，洛杉矶一些华人居住比较集中的地方的中餐馆比中国国内可能稍差，除了海底捞、小肥羊、眉州东坡等一些为数不多的中国品牌餐饮店味道能达到国内的水准外，普通的中餐厅菜的味道做得好的较少，一些餐馆环境也一般。

初到美国的华人去美国的餐厅就餐会有一个印象，那就是餐厅的服务员少。以洛杉矶的海底捞为例，在中国一家海底捞店可能需要300个员工，但是洛杉矶店只有50个。中国国内的消费者去吃海底捞排队是因为吃饭的人多，而在洛杉矶吃海底捞排队则是没有人及时收拾桌子。由于用工成本等原因，美国的餐厅消费一般比中国要高。

行在美国

美国是交通现代化程度较高的国家，有着发达的空中、地面、地下交通网络。美国有8家大航空公司和几十家地方小航空公司，大大小小的机场有1000多家。因此，在美国坐飞机就像在中国坐火车，不仅票价便宜，而且还很方便。在美国如果去一些远的地方需要坐飞机，一般的模式是开车或者打车去机场，下了飞机再打车。

由于习惯了在中国国内的出行，到美国有的华人可能一时间还有些不能适应。别看美国人口密度不高，但是车超级多，平均每个美国家庭至少有两辆车。除了较为繁华的商业街、医院、餐厅等地方能见到一些人外，一些街道上基本上看不到什么行人，只有来来往往的、大大小小的各种车辆。在美国，只要涉及出门，人们基本上都选择开车，不论是16岁以上的孩子，还是80岁以上的老人，也因此，美国获得了"汽车上的国家"的称号。美国的车多，买汽车的店也多，而且车子的价格还很便宜，一些汽车的价格约等于中国国内汽车价格的三分之一。随着高速路的增多，越来越多的人选择开车出行，为了解决长途出行遇到的吃住问题，有的人还把自家汽车改装成了流动房模样。越来越多的人选择开车出行，那么问题来了，坐火车、地铁的人就少了，实际上，美国虽然汽车、飞机多，但是火车可真不多，要想选择乘坐火车出行，从这个城市到那个城市，那么你就要费点时间了。除了纽约、芝加哥、洛杉矶、旧金山等一些一线城市之间有城际列车外，其他一些小城市有的没有开通地铁或者火车，这也是交通发达的美国在公共交通建设中的一个短板。

目前美国所有移民中，亚裔是占比较大的一块，而亚裔中华人占比最多，而且还呈逐年上升趋势，华人成了美国社会不可忽视的一部分。

美国的高薪职业

2015年有一则新闻吸引了不少人的关注。有一位美国女子在中国旅游，偶然间发现了中国的一种美食——煎饼，觉得发现了商机，回国后摆摊卖煎饼，36美元一个，没想到竟然深受人们喜欢。这不得不让人想起了2014年一则报道，在波士顿比奇街42号Avana Loft大楼二层美食街一个50平方英尺的小屋内，几个华人留学生开起了一家煎饼小店，开业第一天，煎饼就卖脱销了，三天内卖出800多个煎饼，靠着卖煎饼，给这几个留学生带来了每月上万美元的收入。

每个国家都有自己的高薪职业，美国也不例外。每位移民美国的人都希望能在尽快融入当地社会的同时能找到一份不错的职业。那么，美国都有哪些高薪职业呢？

出乎意料的美国高薪职业

美国劳工统计局每年会统计各类职位收入数据，发现一些不常见的职业收入甚至超过美国所谓的高新职业。

1. 舞台表演化妆师

化妆师的工作主要是幕后工作，根据表演者角色化不同的妆，使表演者与场景、故事更贴切。在追求高颜值的今天，颜值不仅是明星"吸粉利器"，更是民众日常需求。舞台表演化妆师作为明星出行必备，收入虽不及舞台明星，但是相比其他行业，其收入回报率是相当不错的。尤其在美国，化妆师的平均年薪甚至超过 6 万美元。不可否认，这是一个弱肉强食的行业，化妆师服务的明星越大牌得到的报酬越丰厚。像化妆大师 Pat McGrath 每年将会收入 50 万美元。其团队的成员收入也不低，有 5.8 万美金的年薪。而且，在像美国一样发达的国家，化妆师地位一般比较高，其中世界顶级化妆师还会拥有明星一样的待遇。

2. 船长、船员和领航员

作为常年水上游历人员，他们所享有的薪酬对比美国普通民众来说算得上是高薪行业。常年跑海算是一个辛苦行当，船长、船副和领航员的职业是指拥有美国海岸警卫队发放专业执照人员指挥或者监督船舶及拖船、渡船等其他水上交通工具的运营。不论是美国高级船员还是低级船员，所享有的福利待遇都比较优越，船长、船副和领航员的平均年薪为 70176 美元。以美国皇家加勒比国际邮轮船员待遇为例，船员基本年薪在 10 万美金左右，船长待遇更高。而且船员等工作福利待遇良好，是美国民众择业的一个不错选择。

3. 艺术指导

艺术指导主要分为电影艺术指导和声乐艺术指导。电影艺术指导是指运用声、光、电等特效配合导演完成影片前期、后期制作。而声乐艺术指导是指为更好的使演唱者与音乐融合，为声乐演唱者进行的乐器伴奏和音乐指导。一般情况下，艺术指导的平均年薪超过 9 万美元，其中收入占前 10% 排名的艺术指导的收入甚至超过 16 万美元。世界三大男高音帕瓦罗蒂的老师、世界著名钢琴家、作曲家、艺术指导大师罗兰多·尼克罗西更是个中翘楚。

4. 运输检查员

美国是一个十分注重安全的国家，不仅体现在信息安全方面，更直接体现在对民众安全的监督上。在其他国家，运输检查员可能是一个很平常的工作，但是在美国却是一个高薪职业。运输检查员的工作是通过检查运输过程中的相关设备和商品，确保货物和人员的安全。比如铁路运输检查员及其他运输工具的检查员等。

运输检查员因其职业分工不同，获得的报酬也因人而异，一般平均年薪是65770美元，其中收入占前10%排名的运输检查员的收入甚至超过11万美元。

5. 新闻评论员

新闻评论员与记者工作相关联，而领取的薪资却远远高于记者。不同于整天奔波在外采访新闻的记者。新闻评论员一天坐在办公室分析、解读、播报从各种渠道获得的新闻，可以说新闻评论员是记者的下游环节，平均年薪为76370美元，其中收入占前十名的广播电视新闻分析师的收入甚至超过15万美元。而广播电视新闻分析师因其所在工作单位不同、播报内容不同，所获得的报酬也是各不相同。

6. 农场主、牧场主及其他农业经理人

美国是一个农业现代化国家，且盛行家庭农场。农业实施大规模集约化经营，农业人员减少，机器化程度高。因此在美国当农民是一件相对轻松的事情，而且他们的收入也很高，甚至有的超过了城市普通白领，职业农场主的年薪甚至超过十几万美元。

7. 小学中学教育管理者

美国教育实行 13 年义务教育，由政府出钱，各级教材由各州自行准备。美国的中小学教育管理者其实就是国内所说的中小学的校长、副校长，他们主要负责对学校和学区进行全面的管理。美国中小学校长的工资水平与一般大学教授相匹敌，是一个很有"钱途"的工作。小学与中学教育管理者的平均年薪为 9 万美元，其中收入占前 10% 排名的小学与中学教育管理者的收入甚至接近 13 万美元。

华人大多从事的职业

在美国高薪职业中，华人身影也不少；然而，对大部分在美生活的华人来说，更多的是从事以下职业。

1. 计算机软件人员

这是美国目前为止最热门职业，市场需求大且应用程度高，华人和印度人在此领域成就较高。近期发布的美国大学毕业生调查报告表明：计算机工程是 2012 年以来美国大学毕业生起薪最高的专业，达 70400 美元/年，从专业大类来分，计算机科学专业排名第二，平均起薪为 59221 美元/年，国内大专文化，计算机专业来了就可以上岗培训开始工作，如果是在国内计算机专业毕业的本科大学生外加几年工作经验，就可以在美国找到一份年薪接近 10 万美元的工作。如果个人阅历丰富能在硅谷找到一份称心如意的工作，那年薪 50 万美元基本不算太难。互联网行业大佬张朝阳、李彦宏都是美国互联网行业有名的海归。

2. 护士

美国十大高薪职业之中有医生这一职业，在美国当医生是一个受人尊敬的行业，不仅收入高而且社会地位高。护士也是如此。在美国人对各职业诚实和道德标准的看法调查结果中，护士职业以 82% 的拥护比例位居首位，远高于国会议员、政坛说客。

在美国，护士十分缺乏，其中美国注册护士（RN）甚至被归类为 ScheduleA 的行业，待遇非常好，可以直接办理绿卡申请，不用申请劳工卡；一周只需上 3 天班，而且每天工作不超过 12 个小时，一般是早上七点或七点半到晚上七点或七点半。

由于日班和夜班的薪资不一样，一般不采用轮班制。前八小时为正常薪资，后四小时为加班工资，加班工资是正常工资的 1.5 倍。刚毕业的护士工资年薪是 63000 美元，有本科学位的工资为 64000 美元，学位等级每上升一级，那么对应护士年薪增加 1000 美元。

3. 餐馆厨师

中华美食举世闻名。上文所提到的煎饼果子能独占鳌头，引得美国民众大肆追捧，更何况中国历史传统的八大菜系。如果在中国只能勉强应付家常小炒的初级阶段，在美国中餐馆做帮厨几个月，即可领取每月 2800 美元的工资，且美国一般中式餐馆和国内一样，都管厨师吃住问题，花销几乎没有。这也意味着工资可净存。这对向往美国淘金赚钱的华人来说，是一个不错的选择。

4. 装修行业

美国的房子大部分都是二手房，这也意味着装修行业庞大的市场需求。对于刚去美国而又英语不熟练的华人来说，装修行业是一个不错的选择。月收入在 3000 美元左右，如果能用英语与当地人简单沟通的话，年收入在 6 万美元左右。如果能够独当一面独立带几个人组建家装团队，年收入将在 20 万美元左右。2013 年，纽约市长迈克尔·布隆伯格向中学生提了一个职业规划建议，对于学业不太出色的学生可以考虑做一个管道工。装修工人被美国民众视为蓝领，他们靠技术、经验及体力谋生吃饭。在美国，一个有经验的蓝领不比一般白领工资少。

在美国，留学生是一个独立的群体。美国高昂的生活压力、远离父母羽翼使他们在学习之余承担养活自己的压力，对于向往美国梦的淘金者，留学生没有充足时间工作，这在一定程度限制了美国留学生的兼职生涯。国际汉语教师——收入可观又扩大社交面。现在大部分留学生已经脱离了简单苦力行业的兼职，去做国际汉语教师。这样不仅可以锻炼自己的英语口语，而且能扩大自身社交，并且收入不菲，是华人留学生的不错选择。随着中国的经济发展，国际汉语教师在国外越来越受尊重。

华人最爱：
在洛杉矶感受不一样的文化体验

洛杉矶，素有"天使之城"的美称，面积1214.9平方千米，有5个县，大约1800万人口。

地中海气候条件

洛杉矶地处地中海气候带，全年气温温和，夏季会出现短暂的干燥炎热，冬季气温温和多雨。洛杉矶的昼夜温差较大，白天气温会比较高，哪怕是在冬季，气温也会在20℃左右。洛杉矶夏季气温有时会超过35℃，但是全年的平均气温最高为23.3℃，平均最低气温13℃。

地中海的这种气候优势为洛杉矶旅游业的发展提供了很好的条件。适宜的温度加上充足的光照，海滩旅游成为时尚之选。吹吹海风，冲冲海浪，晒晒阳光，感受异域风情的海滩盛宴是一件十分陶醉的事情。

金融、科技、文化交相辉映

洛杉矶是仅次于纽约的美国第二大金融中心，克希德、诺斯罗普、罗克韦尔等享誉国际的大财团在洛杉矶都设有办事处。洛杉矶的GDP曾一度排名世界第三，仅次于纽约和东京。洛杉矶是美国西部最大的都会，拥有美国最大的海港。美国石油化工、海洋、航天工业和电子工业的最大基地都坐落在洛杉矶。除此之外，由于洛杉矶拥有全美最多的科学家和工程技术人员，闻名世界的硅谷就选在了洛杉矶。因此，洛杉矶也被外界称为"科技之城"。

除了金融、科技，文化产业是洛杉矶的重要经济支柱。洛杉矶还拥有世界上知名的文化机构和著名的大学，如加州理工学院、加利福尼亚大学洛杉矶分校US NEWS、南加利福尼亚大学等。

洛杉矶的华人缘

洛杉矶是一个移民资源丰富的城市，拥有众多的移民社区。众多的移民让洛杉矶的文化充满了多样性，形成了各种各样具有鲜明民族特色为核心的小部落，以及各种独具特色的"城"。

洛杉矶居住着大量华人，有40万左右。春节是华人心中一年中最重要的节日。因此，每到春节，洛杉矶就像中国一样，变得"躁动"起来。各种庆祝活动不断，庙会、舞狮、表演，让人仿佛置身中国。

洛杉矶的唐人街是美国规模较大的华人聚集地，位于日落大道的北面，以百老汇为主轴，延伸到伯纳德街，这里早已经成为当地华人最主要的生活中心，各式各样的中式建筑，中餐馆等等成为洛杉矶唐人街独特的风景。

美国考古工作者曾在南加州发掘出了许多中国文物，南加州曾经是一座规模庞大、发展繁荣的华人城。美国的考古工作者认为，19世纪末就有不少中国人因淘金热来到美国，而洛杉矶就是当时那些华人在美国的主要聚集地。洛杉矶的另一个名字"罗省"，就是早期广东华人对洛杉矶的粤语叫法。洛杉矶与华人很早就有了交集。也因此，洛杉矶的唐人街是美国较早发展的唐人街之一。

除了华人移民外，其他国家的移民也给洛杉矶增添了别样的风情。来自各个国家的各种"街"，能让你不去这个国家就能领略到这个国家的特色。每年3月，巴西街都要举行狂欢节，巴西街上到处可见跳着桑巴舞的巴西裔美国人，他们的舞蹈总是能吸引大量游人参与进来。

浓厚的体育文化

在洛杉矶，除了感受不同国家的民族文化外，还能感受到浓浓的体育文化。目前为止，洛杉矶举办过两届夏季奥运会，这在世界上是很少见的。

洛杉矶举办夏季奥运会，第一次是在1932年。当时一共有37个国家的选手来参加洛杉矶夏季奥运会。在这届夏季奥运会上，来自中国的运动员首次亮相奥运会。第二次是在1984年，在这届奥运会上，来自中国的运动员许海峰获得了男子手枪慢射比赛金牌，实现了中国参加奥运会金牌"零的突破"。

提到美国，不得不提篮球，美国的美职篮（NBA）球赛上，其中洛杉矶湖人队的表现让人不能忽视。据数据统计，截止2014~2015赛季，湖人队已经56次进入季后赛，并且获得过31次西部冠军，16次获得NBA总冠军。当家球星科比更是不少球迷心中的人气偶像。

棒球是美国的国球，可以说是美国的一项国民竞技，到美国的人一定要看一场棒球赛。在美国，很多地区都有自己的棒球队，洛杉矶也不例外。洛杉矶道奇是洛杉矶一支由职业球员组成的、规模较大的联盟球队，这个球队曾在棒球比赛中6次夺得全美冠军。

除了篮球、棒球，足球在美国也是受大众喜欢的体育运动。洛杉矶银河队MLS是美国大联盟的一支知名足球队。2007年"万人迷"贝克汉姆的加盟，为洛杉矶足球队带来了超高的人气，同时也让球队的实力显著提升，并在小贝的带领下球队夺得多次冠军。

娱乐王国：令人向往的好莱坞

除了体育氛围，洛杉矶的娱乐气息让每位来到这里的人身陷其中，不能自拔。好莱坞是美国加利福尼亚州洛杉矶市地名，因为地址位置比较优越，较多电影公司设立在此，其中不乏美国著名的电影公司，像环球影片公司、哥伦比亚影业公司等。因此，好莱坞成为美国电影和娱乐明星的"代名词"。

自 1911 年好莱坞第一家电影公司成立至今，好莱坞已经发展成为美国乃至世界的电影中心。这里云集了来自世界各地的导演、编剧、明星以及一些擅长电影特技的人才。恢宏的场面、逼真的效果、炫酷的画面，让好莱坞的电影工业成了美国电影业发展的代表。每位演员都以进入好莱坞为荣，而一旦进入了好莱坞就象征着明星的大牌地位和不断涌来的片约和收入。好莱坞有不少年代久远的电影院，这些电影院一般会成为电影首映典礼的场所，奥斯卡颁奖典礼在这里举办也是常事。好莱坞的名气和影响力，每年都吸引着大量游客来这里参观。

　　好莱坞除了那些科幻、动作大片，迪士尼公司动画片里的那些经典形象，如唐老鸭、米老鼠、白雪公主等让人难以忘怀，成了不少人童年的记忆。1955年，美国动画大师沃尔特·迪士尼在洛杉矶创办了第一座迪士尼游乐园。从此，迪士尼乐园开始风靡世界，相继在全美乃至全世界陆续建立起很多的迪士尼乐园，并带来了巨大的经济效益。迪士尼公园是世界上成立较早的主题公园，动物王国、米奇卡通城、梦幻乐园等 8 个主题公园，每年都会吸引大批的游客前来游玩。

　　迪士尼游乐园内有名的中央大街上，停放着各种各样的、美丽优雅的老式马车和典雅仿古的店铺和餐厅，走在大街上还会遇见很多装扮成唐老鸭、米老鼠的人，当然，游客也可以穿着衣服扮演各种卡通形象，迪士尼不仅是孩子们游玩的天堂，而且也是成年人找回童年记忆的地方。

　　洛杉矶的娱乐业非常发达，但这并不影响其深厚的文化底蕴。洛杉矶有当代艺术作品第二大交易市场。从众多的艺术馆、博物馆中洛杉矶深厚的文化底蕴可见一斑：洛杉矶县立艺术博物馆、美洲印第安人西南博物馆、美籍日本人国家博物馆、洛杉矶自然史博物馆、盖提·维拉博物馆、活页博物馆、诺顿西蒙艺术博物馆、好莱坞娱乐博物馆、史格博文化中心、拉丁美洲艺术博物馆、加利福尼亚美国非裔博物馆等。

　　洛杉矶有着独特的文化，是美国文化的缩影，旅游圣地，彻夜不眠的夜生活，文化深厚的历史博物馆，到美国不到洛杉矶可以说是一大遗憾。

入乡随俗，
华人在美国如何建地下室

2015年1月的一天，北京德胜门内大街发生路面塌陷，同时波及周边房屋发生倒塌。经调查这起事故是因为徐州某人大代表，在没有相关规划、审批和施工手续的情况下私挖深度近18米的5层地下室所致。由于出事地点和当事人身份的敏感，这起事件一经曝光便被大众所关注，甚至这位曾经的人大代表竟被戏称为"德胜门打洞哥"，可能连他自己都没有想到会在网络上迅速爆红。

事实上，这本是一次不该发生的事故，据相关人士介绍，在北京，低密度住宅区、四合院内私挖地下室已经不是个别现象，在楼房小区内私挖地下室的情况也时有出现，这严重威胁了公共安全。

近些年，中国类似的事件屡见不鲜：因居民私挖地下室而导致的安全事件频频被爆，尤其以北京为甚。究其根本原因，就是因为是房价太高。房价连年高企，地面生活成本日益加大，这迫使或诱导"拥有"一片土地的人们将徇私之手伸向地下。私挖地下室之所以盛行，其中一个很重要的原因是"公地悲剧"：国人买房其实买的只是地上建筑物的使用权，土地永远归国家所有，购房者只拥有70年的使用权。由此，"消费者"得出的逻辑自然是地下室不挖白不挖，多出的面积等于占了"公家"的便宜。那么，在大洋彼岸的美国，那里房屋的地下室是什么情况？会不会也发生类似的事情呢？

为什么美国房屋不会私挖地下室

第一，法律法规相对完善

美国在建筑方面的法律法规相当完善，特别是针对已经建成的建筑，如果业主进行非法改建会被处以非常严厉的处罚。除此，业主有关房屋的任何改扩建都要经过四邻的同意。所以美国极少发生房屋坍塌事件，更别说是由私挖地下室造成街道坍塌了。像北京那样因私挖地下室导致邻居房屋、甚至市政大街垮塌的奇事简直闻所未闻。

第二，施工过程严谨规范

美国对于怎么挖掘地下室有相当严格的规定，对工程施工的图纸审核和工程监控也有完善精细的监管机制；从设计到用料都要到当地市政部门进行审批，审批通过之后还要请专业的施工队进行操作，才能进行地下室的挖掘建设等工程。

第三，阳台、地下室不算面积

在国内买房子的时候买房者都会被告知有多少建筑面积有多少使用面积，使用面积一般远小于建筑面积，那是因为除了购房者居住的房屋之外，走廊、通道作为公共面积也会被均摊到住户的建筑面积中。而在美国进行房产交易的时候，阳台和地下室都是不算在面积里的。而且美国人买房是永久产权，地上地下都永久归业主所有，即便你家院子的地下发现了石油，政府也不会来收回土地。所以，房主即便挖出更多面积也丝毫没有占了便宜的感觉，因此也就不存在私挖偷建的动机。

第四，美国人的住宅"平常心"

美国没有户籍制度，迁居没有限制。统计数据显示，一个美国家庭一般7年左右时间就会搬一次家。子女上学、寻找就业机会、离婚、体验新的风土人情都可以成为搬家的理由。而且由于美国本身就是移民国家，美国民众也没有中国传统文化中的重土安迁、叶落归根等情结。对于绝大部分美国家庭来说，地下室固然可以为生活带来很多便捷，但因为短暂居住而冒着违法的风险，花费大量时间精力私挖一个地下室实在得不偿失。

美国房屋的地下室什么样子

美国东部地区在冬季比较寒冷，因为人口密度大，所以土地价值高。人们为了扩大居住空间，增加房屋的使用面积和本身价值，修筑地下室成为普遍选择。在美国中部平原地区，每年来自墨西哥的暖流和加拿大的寒流很容易在此汇聚形成龙卷风，不仅数量多，而且强度大。因此，很多美国居民会基于安全、避难等考虑也会给自家房屋修筑地下室。

美国的住宅房屋一般都是方方正正，横平竖直。内部空间简洁实用，并且大多带有地下室，主要用来安置采暖，制冷等设备，除此还包括洗衣机和烘干设备等。也有的家庭出于自身喜好和需要把地下室设计成健身房，家庭舞厅，小酒吧，书房，家庭影院，游戏室或客房等。只要建筑设计和装修布置得当，地下室也能成为温暖舒适的安乐窝。当然，地下室还有一个重要功能就是做储物间，对于相对封闭和固定的空间来说，堆放杂物和储藏最适合不过了。

美国住宅的环境绿化一向出众，在房屋周围，无论土地面积多少，到处都可见精心修整的花草树木。有面子肯定就有里子，事实上，美国房屋的地下室无论设计、建造还是装修，也都相当讲究。美国的住宅除砖石结构的房屋外，多采用轻型木结构，地下室的基础结构一般为混凝土浇筑（主要是下部基础和墙体），上部墙体和地板大多为木结构。这样的房屋结构主要是取决于对应地震等自然灾害而

特意设置的，造价并不比混凝土便宜多少，但建筑周期要相对较短。

地下室装修中的注意事项

在美国购买新房子，首先要考虑的问题就是要不要让建筑商帮助完成房屋地下室的装修工程，当然，这和购房者的经济能力直接挂钩。一般说来，让建筑商帮助完成地下室的装修工程，可以为购房者节省大量的时间和精力。因为有资质的专业团队会系统科学地考虑整个地下室和上层房屋的布局和管道连接，例如空调系统设置等问题。当然，这也意味着购房费用的增加。

在此，重点介绍一下建筑商之外的自己装修和请人装修。自己动手固然可以体验自己动手的乐趣，但装修毕竟是一项规模较大的工程，其中需要付出相当的体力和耐心，必要的施工经验和专业设备同样不可或缺。在请人装修中，大多分两种情况：向当地房管部门申请装修施工许可或者偷偷地非法装修。后者自然可以少花很多装修费用，但一旦被查处，也会面临罚款，违建被拆等很多问题，同时在卖房子时也会有诸多牵扯，毕竟美国社会的法制体系相比中国要成熟完备很多。

整个地下室的装修如果完全按照法规标准进行申报，大概包括3～4个阶段的分开检查，每一阶段都要经过房管部门的严格检查后才能进行下一步施工，其中包括检查线路结构、防火设计、空调系统、报警系统等部分。这在一定程度上好像确实影响了"一气呵成"的工程进度，其中哪怕有一样不合格，都不能通过相关部门的质检安全认证。其实，这种近乎繁琐苛刻的严谨正是西方文化的一部分，对房东而言，对居住安全的严格设计和施工正是对房主权益的最好保护。需要指出的是，在房主提交有关部门检查的"装修计划图"中，具体包括地下室墙体、门窗的结构尺寸，房间用途，以及是否附带特殊功能设施（如壁炉）等内容。因为在地下室整体装修完成后会有很多内置和外挂管线，而这些管线会占有一定程度的地下室空间，所以在装修之前要对地下室的室内净高有准确测量。此外，如果是自己承担配电工作，还要据此规划设计并单独提交一份计划书。

在地下室的配套装修中，通风装置和防火装置是重中之重，地下室的每个房间都要最少留有一个通风口（整个地下室只有一个空调口肯定通不过检查）。为预防可能出现的火灾等突发情况，一些房间可能要预设"出路窗"，对此要征求建筑检查人员的意见。在防火方面还有很多其他需要注意的细节，如地下室在和上部连接处一定要有石棉包扎，在电路引线过程中，要尽力确保线路与外部环境保持相当的安全距离等。

渗漏和湿气对装修好的地下室是很大的威胁。因此在装修之前，要先确认地下室是否返潮，并判明潮气来自外面渗透还是室内的湿气冷凝，然后有针对地进行处理。为保证地下室内部的空气干燥和不泄漏，还需用特殊的填缝材料对地下室所有框架结构处的缝隙进行封堵。

此外，还要特别需要注意一个问题：地下室的顶部是否全封闭。一般说来，封闭式的构造容易建造，但如果日后在使用过程中因管道问题需要调整，封闭的顶部会成为麻烦，为此，很多人在装修时采用活动的顶部设计。事无巨细才能未雨绸缪，装修过程中的很多工程用料都和房屋所在地的环境有关。比如房屋是否处于洪水区就直接决定了地下室装修中选取何种地面材料和支撑架构（木质或者金属）等问题。如果房屋处在洪水区，因为涉及防水等问题，地下室不适宜铺地毯，而建议采用地砖等材料，同时还要考虑安装相应的抽水设备和卫生设备。当然，漂亮舒适的环境一般都会对应相等的预算和花费，这一点因人而异。

在施工过程中，房主最好和施工方事先谈好施工时间和进度，因为装修人员很可能会以等待房管部门检查为由拖延工期。此外，在装修用料等方面也最好调理明晰，约定在先，以免除后续很多因为质量价格等问题而产生的不必要牵扯。

地下室装修好以后，在使用过程还有一些事项需要注意：因为所处环境和地表建筑相比比较特殊，因此不可避免的会有一些对人体有害的气体挥发出来，比如氡气，这是一种无色无味的气体，对应的办法就是尽量对地下室环境做到干燥通风，有条件的也可以买一个小型的空气指标测试装置定期检测，毕竟心中有数才心安。

洛杉矶著名房地产经纪

成薇

荣获无数国际大奖

第五章

美国的豪宅和名宅

中国买家推动美国豪宅购买潮

近年来，海外购房团纷纷涌入美国房地产市场，据美国房地产经纪人协会的统计数据显示，在 2014 年 4 月至 2015 年 3 月这一年时间里，海外购房者总共购买了价值 1040 亿美元的美国房产，而中国人为这个数字贡献了 290 亿美元，这说明中国人成为美国房地产市场三分之一的消费力量，从地域来看中国购房者在美国购房的城市主要集中在房价昂贵的纽约、加州、洛杉矶等地，且美国豪宅的主要买家中中国消费者占到了绝大比例。

2015 年中国 GDP 增速跌破 7%，中国经济进入新常态，但房地产市场的泡沫却仍在扩大。根据国家统计局的统计数据显示，与 2012 年相比，中国各大城市房价普遍上涨，而一线城市房价上涨幅度惊人，上涨幅度均在 20% 以上，其中北京上涨 20.6%，上海上涨 20.4%，广州上涨 20.2%，深圳上涨 20.1%，其他城市房价也均有不同的大幅上涨。而美国房市正处于平稳复苏时期，加之美国良好安定的生活环境、发达的医疗、科技、教育水平，都吸引了中国购房者走出国门在美国买房。1500 万美元及更高价格的豪宅成为最受来自全世界富豪尤其是中国富豪的欢迎。

以比弗利山庄为例，比弗利山庄号称是全球最尊贵的住宅区，是洛杉矶市的城中之城，这里居住着众多的好莱坞明星、NBA 球星，以及来自全世界的名人大咖。由于受海外富豪的追捧，比弗利山庄的超级豪宅价格比 2006 的高峰上涨了 19.6%，但这里的房市依然异常火爆，来自亚洲、中东和欧洲的买家致使比弗利山庄 2015 年的业务量已经超过去年同期的 76%。在 2012 年就有一对来自中国的年轻富豪夫妇花费3450万美元在比弗利山庄买下一座占地3.6万平方英尺（1平方英尺＝0.093平方米）的法式豪宅。

据统计资料显示，2015年美国高端房产的海外咨询量增加了45%，成批量的中国富豪希望在美国的洛杉矶、纽约、加州等地购买高端房产。而在未来中国拥有百万美元资产的中国富豪将至少增加75%，中国百万美元富豪在2020年将达到230万人次，而到那时在美国购置房产尤其是豪华房产的中国人还将激增。

不仅中国的个体消费者偏爱美国房产，中国的一些多金企业对美国豪宅也十分钟爱，美国作为世界的经济中心和科技中心，越来越多的中国企业希望能在美国买下一栋大厦，设立分支机构，提升企业世界范围内的身段。

早在2013年就有三家中国知名企业在美国买下"顶级豪宅"。复星国际以7.25亿美元的价格与摩根大通银行签订协议购买了位于美国纽约市Liberty大街16–48号的第一大通曼哈顿广场；中国地产大亨SOHO中国的掌门人之一张欣联合巴西一富豪以7亿美元的价格购买了位于纽约的被誉为"皇冠上的明珠"的通用大厦40%的股权；除此之外在2014年另一中国土豪企业安邦保险以19.5亿美元购买了希尔顿旗下最负盛名的纽约华尔道夫酒店，该酒店地处曼哈顿核心街区，是纽约的地标建筑。

在未来，随着大规模的中国中产阶级持续成长起来，海外购房尤其是美国购房市场上中国购房者还会持续激增。根据最新的统计数据，2015年中国海外房产市场投资总额达到300亿美元，而这是2014年的2倍，是2009年的50倍；而中国的富裕阶层人数在2015年已经达到1528万人，与此同时，中国的私人可投资资产总额将达到1145.2万亿元。富裕阶层的崛起和可用于投资的资金总额的快速成长，海外房产投资势必火爆。在未来，将会有越来越多的中国私人买主、地产公司、金融企业将世界各地的豪宅和地标性建筑收入囊中。

从白宫到比弗利山庄

古今中外，"住宅"除了满足人们的日常生活和栖居外，还有一个重要作用：它是人们生活方式、身份、财富乃至阶层的象征。一般说来，高档住宅主要体现在房产对资源的占有上，具体包括地理位置，房屋质量，建筑规模以及售价等因素。

近些年，随着中国经济的快速崛起，新富阶层积累了大量财富，于是大批装修豪华的"名宅、豪宅"如雨后春笋般大量出现。但人们同时也发现，尽管其中的大部分建设金碧辉煌，但缺少鲜明的建筑特色和人文底蕴却是不争的事实。如果我们以动态时空的概念综合考量，则可看出，真正的名宅或者豪宅大多与房产所属人的人生阅历，经济实力和个性审美有关，而背后起支撑作用的，则是不可复制的自然资源和历史人文等特质。

美国第一名宅

提起美国的名宅与豪宅，排名第一的无疑当属位于首都华盛顿的总统府邸——白宫（The White House）。这是一幢隶属美国国家公园管理局，具有新古典主义风格的白色砂岩建筑。作为美国总统日常的居住和办公地点，"白宫"象征着美国政府。

白宫始建于1792年，1800年完工，基址是由美国首任总统，开国元勋乔治·华盛顿亲自选定。但前人栽树后人乘凉，首位入住的主人却是美国的第二任总统约翰·亚当斯。白宫占地面积7.3万多平方米，主体分主楼和东、西两翼，从上至下共3层（底层、一楼、二楼），其中底层的椭圆形

比弗利山庄

外交接待大厅，是总统接待外国元首和使节的地方。整座建筑融合了18世纪末英国乡间别墅和当时流行的意大利欧式造型设计完成；最初的定位是坚固耐用、宽敞典雅，在风格上引领时代，拒绝奢华，决不能建成宫殿。因为只有这样，才能和居住者——美国总统、国家公仆的角色相一致。

随着时间的推移，在其后的历史进程中，因为战火，这座建筑曾遭受过一定程度的破坏，为了美观，在之后的修复中整座建筑被统一为白色，并于1901年由时任的美国总统西奥多·罗斯福正式命名为"白宫"。"白宫"固然是唯一的，但如果抛开单纯的政治因素，在美国西海岸的富人聚居区，也存在着大量的名宅豪宅，其中最著名的莫过于洛杉矶的比华利山庄（Beverly Hills）。

全世界最尊贵的社区

比弗利山又被译作比华利山，位于美国西海岸城市洛杉矶市的机场西面，实际上是洛杉矶市内的一个城中城：民选市长、警察、消防等等市政部门一应俱全。以当地的著名的日落大道为界，大部分居民住在南面相对平坦的区域——比华利山的平地区；而北面，尤其处在丘陵地带的住宅，价格则相对要昂贵很多，那里即是传说中的比华利山庄。

将比弗利山庄称为全球富豪心中的应许之地毫不过分。它毗邻太平洋海面，位于洛杉矶盆地边缘，建筑物居高而建；属地中海气候，四季清爽宜人。最早是由19世纪60年代的商业地产开发而来，期间一直缓慢发展。直至1920年一名

电影演员在此兴建庄园，由此逐渐受到附近好莱坞青年男女们的青睐，于是大家纷纷大兴土木，移居此地。

以著名演员兼电视制作人马克·沃尔伯格为例，他曾经标价1300万美元出售其在比弗利山庄的一处房产。据称，这处房产除了拥有占地一千多平方米的主楼外，还包括宾客楼、健身房、拳击台、人工泳池和果岭等众多附属设施。更有甚者，一位全球知名的报业大亨曾花费1.65亿美元购买了一处坐落在比华利山上的豪宅，整套房产由三层楼组成，包括29间卧室和众多装修华丽的浴室，此外还有一个电影院和3个游泳池，奢华程度可见一斑，而类似的例子在比华利山庄不胜枚举。

除了拥有"全世界最尊贵社区"的美称，比弗利山庄一直以来都以神秘、奢华而著称。不夸张地说，在某种意义上，这里是世界名利的代表——叱咤风云的商界大佬，美艳风姿的好莱坞影星，耀眼多金的NBA健将，甚至多情乖张的全球知名艺术家，大多在此置业。迈克尔·杰克逊、贝克汉姆、布拉德·皮特、成龙、奥尼尔……各路名人都曾在此汇聚或者定居。正是这点，每年大量来自世界各地的观光客都会蜂拥至此，像寻找人间仙境一样慕名探访，流连于这里的大街小巷。

与电影同名的日落大道（Sunset Blvd）是洛杉矶的一条著名风景线，沿此驱车不远即从比华利山庄来到鼎鼎大名的好莱坞，好莱坞山上巨大的"Hollywood"地标清晰可见。在那里放目远眺，整座洛杉矶城一览无余，尽收眼底。尤其到了夜晚，凉风习习，万千灯火彼此掩映，远处时常会飘来忽远忽近的曼妙歌声，让人不禁感慨，这是一座造梦之城，天使之城。也正是基于这层地理位置上的优势关系，每年好莱坞的"奥斯卡颁奖季"，都会使比华利山庄成为世界关注的焦点；各式各样的派对活动，引得各路大牌明星在走红毯之余纷纷来此，闪耀，光芒成为这里的代名词。

购物天堂

比弗利山面积不大，因而居住人口并不算多。除了豪宅聚居区，比弗利山庄还是购物者的天堂，世界流行的时尚中心——威尔榭大道，罗迪欧大道集中了大量的商业百货和来自世界各地的名牌精品——LV、Gucci、Cartier、Tiffiny、Fendy、Christian、Diro 应有尽有；电影《风月俏佳人》即是以此为背景进行拍摄；内含 180 多家专卖店的比华利购物中心一直是名媛贵妇们的最爱；各式风情的餐厅、古董店、首饰店更是将奢华购物的氛围推向高潮。几乎所有大名鼎鼎的名牌珠宝和服饰都能在这里被找到。在这里人们流传这样一句名言"买东西别问价钱，问了就表示你买不起"。

最大的财富是隐私

中国的豪宅讲究黄金地段，当然这在很大程度上也是出于对投资的考虑。但在美国，人们除了地段更在意社区环境。在洛杉矶，豪宅的流通在很大程度上存在于特定固有的圈子。比如著名主持人瑞安·西克雷斯特的一套位于比弗利山庄的房产，就是从影星艾伦·德鲁尼斯手中买来的。这些名流最看重的，同时也认为最有价值的是对个人信息的保护。为此，比华利山庄的豪宅一般都身处宁静清幽的环境，这是为了迎合名人大佬们对生活私密的要求而特别规划设计的。当地的很多房子正面都没有窗户，但在房屋背面却可居高临下囊括所有风景。每当晨曦或者落日，阳光笼罩下，娇美的鲜花，青嫩的草坪，健茂的树荫，与一栋栋风格迥异的房舍完美融合，艺术的建筑在平地或山丘上错落有致、依次排开，一切都充满祥和，仿佛时间都要静止。奢华是隐匿的，在特定人群看来，最大的财富是自己的隐私。一名当地专门从事豪宅房产交易的中介人士称：为了有效避免被外人窥探，比华利山庄的豪宅一般都配设定制完善的安全警卫系统，尤其是那些拥有私人车道的房子最受追捧。

豪邻间的街坊事

虽然身处世界知名的顶级社区，但街坊邻居间的纠纷事从来都免不了。班尼迪克特峡谷是比弗华山庄的一处豪华住宅区，曾经有一位名叫阿卜杜勒阿齐兹的阿拉伯王子（据说最受沙特国王宠爱）计划在这里修建自己的筑梦豪宅。知情人士称整体建筑共包括申请 22 个建筑许可证，具体涉及 3965 平方米的主别墅、2538 平方米的子别墅、410 平方米的客用别墅、495 平方米的员工住宅、77 平方米的游泳池、252 平方米的警卫室……占地面积总计约 7897 平方米。

此举立时遭到了邻居们的反对。大家认为建设规模过于庞大，由此带来的长期施工和建筑体量的不平等，会使自己原本平静的生活会被打破。为了表达抗议，大家以一名亿万富翁的妻子为首雇用了当地的律师团进行维权，同时还建立专门网站联名抗议，并且发动请愿签名等活动，先后有超过 1100 名居民表达不满。同样，沙特王子也不甘示弱，随即聘请洛杉矶最顶级的律师进行应对。

这件事之所以会引起轩然大波，很大程度上是因为当事者的身份特殊。沙特王子的豪宅旁边同样聚集的都是知名人士：北面是金融家罗恩·伯克尔和大卫·格芬（好莱坞曾经的"梦工厂三巨头"之一）的别墅；南面和东面则分别住着摇滚巨星布鲁斯·斯普林斯汀和脱口秀主持人杰·林诺；左边紧挨着的是迪士尼公司前总裁迈克·奥维兹的白色别墅（内置私人博物馆）……毫无疑问，一旦这名沙特王子开始修屋造房，浩大的工程必将打破平静，对周围的即有环境产生影响，这自然引起周边居民的不满。

虽然豪宅主人通过自己的发言人对外保证会把施工干扰降到

位于比弗利山庄的豪宅

最低，但在人们看来，这是要在安宁的小区里建设一座城堡。大家担心，规模庞大的建设会带来"数以千计的施工车辆，震耳欲聋的噪音，令人窒息的灰尘和数量众多的栅栏、围墙，这些会对当地社区的环境造成不可挽回的永久破坏"。在法律博弈的档口，反对者雇佣的律师则进一步指出，沙特王子的豪宅在申请建筑许可证等方面可能存在问题，但豪宅当事者拒绝对此出示全部的建筑方案图。

随着纠纷升级和律师介入，当地的检察机关开始着手调查该起事件，但结果显示，这座任性多金的沙特王府并不存在违建现象。出于多方面考虑，沙特王子最终还是选择了部分和解：他决定将整座建筑的占地面积缩减至 5574 平方米；除缩减主别墅规模外，放弃了原计划建造的子别墅和员工住宅。但即便如此，周边挑剔的豪邻们仍不完全满意。而事实上，类似的大规模豪宅在比华利山庄并不鲜见。

从白宫到比弗利山庄，只是美国豪宅和名宅的一个缩影，作为美国房产的代表，它们的存在已经超越了物质，成为美国精神内涵的一部分。

乔布斯故居：
房子也是一种精神

说起乔布斯，恐怕无人不知无人不晓，作为苹果的灵魂人物，1985年时任美国总统里根授予他国家级技术勋章；《时代》周刊于1997年将他评为封面人物；2007年《财富》杂志评选他为年度最伟大的商人；2009年又被评为美国十年最佳CEO；时代周刊年度风云人物等。正是在他的不断创新探索之下苹果公司才成为世界上最强大的互联网公司之一，最高市值超过7000亿美金的苹果帝国也是基于他一手打下的坚实基础，虽然其辞世距今已经数年，然而时至今日仍有很多果粉前来他生前的居住地吊唁缅怀，以表达对这位引领一个时代的企业巨匠的哀思。

生前作为大名鼎鼎的苹果公司创始人，苹果手机的鼻祖，乔布斯的智能手机让全人类坐享智能时代的加速到来，每当我们谈论起乔布斯的时候也都会提及他的科技发明，他的天才成就，以及乔布斯生前的种种趣闻。

除了天生叛逆，私生子应该是对于乔布斯最初的标签，乔布斯的生母在当时还只是一名未毕业的大学在校生，而生父则是一个来自叙利亚的中东移民。但因为家庭的原因，这桩跨国恋遭到了激烈反对，乔布斯的母亲不得不在乔布斯出生后把他送人。在人们的想象中，科技大佬在生活上一般也都应该是科技狂人。就像微软创始人比尔·盖茨那样，按照自己的想象把自己的家中所有设施都用高科技手段武装起来。然而事实上，乔布斯的故居至今看起来仍然像他的古怪性格一样，以一种常人无法理解的状态伫立在那里。

从比尔·盖茨的智能豪宅说起

尽管比尔·盖茨已经从微软退休多年，但他拥有的资产仍然在世界上数一数二，多年来世界首富的位置也很少缺席，在建造自己的住宅上，可谓毫不吝啬（动用近亿美元，耗时 6 年建成的豪宅，可谓是一座智能化的宫殿）。比尔·盖茨给自己的豪宅取名"世外桃源 2.0"足见其奢华程度，这个世外桃源就位于美国航空重镇西雅图的华盛顿湖畔，距离市区不到半小时车程。从建筑层面上讲，这里简直就是个风水宝地，别墅区占地 6.6 万平方英尺，前有活水，背靠大山，是个招财纳宝的聚福之地，甚至这样的结构还有安保方面的考虑，属于易守难攻的地形。别墅风格是典型的"西北太平洋岸别墅"的风格，期间的树木茂密，可谓气象万千。

如果仅仅是奢华那怎么能够衬托出科技大佬的气派和身份呢？在设施建设上，比尔·盖茨可谓挖空心思。有人调侃，在客厅放什么东西可以显示出这个人的品位和财力，像比尔·盖茨这样的超级富豪应该放什么才能突出他的品位呢？假山喷泉那是暴发户的水平，鱼缸鸟笼是中产阶层玩剩下的，比尔·盖茨干脆弄了个水族馆放在客厅里做背景，这还不算完，他竟然还在里面饲养了鲸鲨、海豚等，这可都是属于濒危动物，仅仅有钱都不一定能够买来。买来了也不一定能够饲养好，因为这些海洋生物对生存环境要求很苛刻，稍不注意就可能死在水族馆中，但这并没有难倒科技达人比尔·盖茨，他将整个水族馆做成了一个循环系统，从大海弄来海水供应水族馆。

比尔·盖茨豪宅的豪不仅体现在大手笔花钱上，最主要的还是他的智能系统，别墅内外靠一根根通讯光纤通过 Windows NT 操作系统相连接。别墅内的所有设施都可以实现联网，就算不在家中，也可以通过智能终端远程操控家中的设施，调节浴室水温、照明系统、温湿度等等这些都可以轻松实现。就连百年老树的浇水也可以根据需要定期定量通过传感器传输数据智能浇灌。

盖茨的豪宅还是绿色生态建筑的经典，同周围环境完美融合；就连墙壁的相框都是可触摸的电子屏幕，可以进行操作；超大游泳池；智能音响系统；运动健身器材和设施；超级厨房、图书馆、家庭影院、豪华车库等等。这里的一切都彰显着符合比尔·盖茨科技娇子身份和世界富豪的地位。

明星富豪们的豪宅

在美国但凡明星几乎都有一套价值不菲的豪宅，无论是曾经的流行歌曲天王迈克尔·杰克逊的超级豪宅梦幻庄园还是 NBA 球星科比·布莱恩特、詹姆斯、乔丹等等的千万豪宅，就连新生代明星贾斯汀比伯也拥有一栋独栋别墅奢华而私密。

拿詹姆斯的豪宅来说，据传价值也在千万美金左右，是一个三层楼的建筑，同时还配套有灯光网球场和水上公园等设施，整个房子的配套设施相当完善，中央空调系统、灯光照明系统、娱乐系统都是智能化的，原本热火总经理打算将自己拥有的一座价值 5000 万美金的豪宅转让给詹姆斯，然而他并没有接受，因为詹姆斯更喜欢后院正对比斯坎湾的那个房子。

有情怀有故事的老房子

这些明星们的豪宅可谓一个比一个阔气，一个比一个昂贵，这也就同乔布斯老爷子形成了鲜明的对比，同比尔·盖茨一样作为科技巨头，同样创造了人类智能的神话，同样坐拥亿万家财，但房屋购置上有着天壤之别。

乔布斯的传奇从其生前一直到今天仍被人们津津乐道，那标志性的黑色 T 恤，短短的胡须，令人印象深刻的发布会，无一不是乔老爷的经典，按说这样一位科技达人应该有与之相配的豪宅，就算不是豪宅也应该有像样点的住宅，可在其生前居住的地方，我们却看不到半点奢华，甚至有点苍凉的破落感，如果没有以上背景你一定以为自己是走错了地方。

乔布斯的故居位于旧金山硅谷地区的帕洛阿托市瓦沃勒街 2101 号。从外表上看，这座建筑的风格是英式的红砖结构，外墙上是密密麻麻的蔷薇。早在1984年时任苹果CEO的史蒂夫·乔布斯就买下了这座拥有30个房间，14个卧室，占地面积17250平方英尺，乍一听上去，似乎真的有点豪宅的味道，然而当时这个房子已经十分破败，因为乔布斯购买时这个房子已经有十几年时间无人居住和打扫了，有人形容当时这里简直就是"鬼屋"，除此之外，这个房子的年龄也是相当久远。该豪宅建于1925年，距购买时也有60多年历史，是西班牙殖民地时期遗留下来的产物，当时的主人是在当地颇有名气的丹尼尔·考恩·杰克林。

刚开始购买这栋豪宅时，乔布斯的想法是将这个房子铲平，然后兴建一座按照自己意图设计建造的真正意义上现代化的豪宅，至少不会比比尔·盖茨差太多，然而事与愿违，这个大有来头的豪宅作为历史文物不允许私自拆除，乔布斯只好作罢，其实现在想来不一定是乔布斯不能拆，而是感觉到这个房子同自己的个性十分相符，风格也很相近，与其拆了重建还不如原原本本的保留下来。如今虽然乔布斯已经不在了，然而这附近却成了中国互联网大佬争相追捧的热土，据说小米董事长雷军的新房子就在这附近的一个街区，同乔布斯做邻居俨然成了一种风尚。

之所以人们愿意在这附近购买房子，一方面是因为这里是世界上科技最发达的地区，另一方面就是因为有科技教父乔布斯的故居在此。正是在这里乔布斯完成了其后半生主要的科技成就，后来的iPhone、iPad、iMac等，甚至乔布斯还曾设想iCar的设计理念，然而这一切都随着乔布斯离去而变成谜团，就像当初的达·芬奇一样，留给后人的只能是想象。

乔布斯以惊人的想象力在主持苹果产品开发的同时，建立了几近完美的产品线（团队汇聚全球顶级的设计师，工程师，营销精英等大批人才）。"创造、颠覆"，由个人魅力引发的群体精神信条使苹果公司在产品开发和企业经营方面取得了前所未有的辉煌。据此，乔布斯的豪宅与其说称作住宅，精神家园则显得更为贴切。从购入到去世，乔布斯一直居住于此，无论是工作还是生活，乔布斯在这里度过了人生中最重要的30年，在这期间，乔布斯将智慧不断的应用于

乔布斯在展示苹果手机

推动智能计算机和可移动设备的研发上，从无人看好到做成上市公司，从理念冲突辞职再创业，到东山再起完全掌控苹果公司，乔布斯用惊人的生命时速不断完成一个又一个科技超越。时至今日，果粉拿到崭新的苹果手机时第一个想到的人仍然是乔布斯。中国的很多人甚至将雷军调侃为"雷布斯"，可见人们对于乔布斯的苹果手机的认可度远超国内的追随者们。

对于这样一位出色的企业家，美国总统奥巴马为表达敬意曾评价道："乔布斯是美国最伟大的创新领袖之一，他拥有非凡的勇气去创造与众不同的事物，并以大无畏的精神改变着这个世界。同时，他的卓越能力也让他成了能够改变这个世界的人。"

从精神的传承上讲，乔布斯的豪宅正是传递出一种薪火相传，世代相续的情怀，今天我们缅怀乔布斯更多是从这一层面上。这样的豪宅我们不必苛责他是否真的豪华，真的阔气，因为这些都不重要，重要的是我们能够从中领悟到乔布斯那种大隐之风，情怀之奢。这不是喊几句口号就能够装出来的，更不是模仿能够学来的。从这一点看，苹果手机的灵感与情怀也许正是来源于乔布斯这个有点像古董的豪宅。

就像励志褚橙的宣传语一样："人生总有起落，精神终可传承"。一些诸如乔布斯故居的美国房产，早已经成为一种精神的存在，激励着人们不断向前。

美国人买不买学区房？

随着中国经济的不断上升以及全球化的加速，中国人海外置业和移民的热潮逐年升温，而美国则成为最佳选择之一，在这股热潮中，以留学为目的占有很大的比例。对于热衷购置学区房的中国父母来讲，在美国还存不存在学区房？经过资料了解，虽然美国家长并没有太多像"不能让孩子输在起跑线上"这样的思想，美国的学区房状况也没有中国这般火热，但美国人也购置学区房是实实在在存在的事儿。除此美国的学区房和中国的学区房也存在着很大的不同。

什么是美国的学区房？

在中国，"学区房"异常火热，一般最贵的房产非学区房莫属；而在美国，"学区房"则是一个大概念，它常常与美国家庭选择学区、接受普通教育的特性有着非常大的关系。

美国社区有着明显的界限，富人住富人区，穷人则只能待在穷人区，中产阶级多是集中居住。所以，美国人买房子会着重考虑社区环境、治安和学区。而居住在美国的华人，在购买住房决策上则非常

美国的学校

看重学区房。

美国的法律规定：所有居住在某个所属校区的孩子，都享有接受免费教育的权利。因为美国有公立学校和私立学校之分，私立学校往往是宗教或私人办的，收费会高些。但孩子入学基本遵循就近原则，当然由于教学质量的问题，有好学校的地区自然更有吸引力，也就形成了美国特色的学区房。一般情况下，人们所指的学区房是指公立学校附近的居民区。

在美国的学区房中，如中国一样，存在着入学困难的事，只是没有那么严重。以洛杉矶地区为例，市区的教育不如郊区，但是，市内好的公立学校存在着入学困难的问题，入学需要排队，郊区公立好学校的入学相对简单，基本不需要排队。所以，将孩子送往洛杉矶留学中国家庭往往在教育相对较好的学区买房子，带孩子来的访问学者很多也会因此住在郊区。

美国学区房主要存在于高中

虽然中国和美国都存在学区房的问题，但是这两个国家的学区房存在着很大的不同。

中国的学区房应该可以从父母的婚房算起。比较有前瞻性的结婚男女从打算购房开始，就在为未来孩子教育的问题做打算，所以周边有无教育设施会作为购房的考虑因素。在中国，购买学区房已经不单纯买的是居住的功能，买的是孩子的入学名额，买学区房就等于买入学名额。中国同样采取就近原则入学，但是入学的制度不如美国的完善。中国的学区房从小学就要开始算起，由此才可保证孩子的教育入口顺利，而美国的学区房仅仅存在于高中。

美国孩子对于选择大学的情况和中国一样。美国的中小学主要以培养孩子的兴趣为主，学习的环境和任务都相对轻松，而决定孩子未来的跳跃性的学习阶段和所上哪所大学都取决于高中阶段，所以在高中阶段，美国的孩子和中国的孩子的状况并没有什么不同。所以好的教学环境和师资配置成为美国家长为孩子选择学校的重要因素，因此，美国对学区房的定位只精确于高中。

美国在大学的周边也存在一些学区房，这些都是公寓形式，多作为学生的租用房。美国大学的宿舍与中国的学生宿舍相比，宿舍费用要比中国高出好几倍，而且数量极其有限，因此许多美国学生会选择在校外租房，这也是中国人进来在海外投资的目的，为孩子的留学打好基础。

美国学区房与学校的关系

公立学校的教育支出与周边学区房的房产税成正比例。房产税高的学区房，学校获得的教育资金就多，由此可以分配更多的资金购买教育设施，聘请优秀的师资力量，而学生获得的教育质量就好，从而形成一种循环，学区房的房产税与教育支出就形成马太效应。

就美国的制度而言，美国的税收是从哪来的到哪去。在美国，有房子就有房产税，每个政府每年都会公布房产税的分配，每个地方的中等以上的房产税都会用于公立学校，用于维修学校、教育器材、师资配置等支出。所以美国学区房的房产税最后都是投入到本学区房所在的学校。

美国买学区不靠户籍

美国在购买学区房方面，不像中国一样实行户籍制度，户籍制度并不能左右房价。入学只看你的居住地，而同你在该地区有没有房产则没有必然关系，哪怕你不是美国公民。

什么是好学区？

在美国什么叫"好学区"呢？我们首先要从美国的学区划分开始了解。美国的普通教育和中国的教育的学年不一样，中国的年限是从小学到高中的12年，但是美国的是从学前班到高中的 13 年义务教育。

具体到"好学区",就要和同一学区的居民素质挂钩了。好的学区所涵盖的城市中多为中产阶级家庭,而富人的孩子多就读于私立学校,穷人没有足够能力考虑学区房的事情。中产阶级家庭比较重视子女教育,进入名牌大学的机会也会大很多,因此经济基础和社会地位也是选择居住区的关键因素之一。

如何选择好学区

越来越多的国人将投资海外的学区房,一是达到投资目的,二是解决子女上学问题,让子女移至海外接受教育,随孩子一起带到国外的学区房概念不曾淡漠。我们对于房子的概念就是落地生根的家,所以对于准备在一个地方长期居住的中国家长而言,选一个好的学区房是一件重要的事。

首先是社区的治安问题,我们知道美国的治安一直是个社会问题,所以这是选择学区房首要考虑的因素,查询你属意的学区房的犯罪率是一件必要的事。

生活便利性也是不可或缺的重要因素,衣食住行的便利性对于初到美国的人来讲,会使生活顺利很多。这种便利性包括购物、休闲、交通等各个方面。

好的自然环境应该是好的学区房的标配,这也是衡量学区房好坏的重要标准。古时有孟母三迁,为的就是给孟子一个好的成长环境。好的自然环境对于孩子的健康、学习都至关重要。若房子周边有公园、山景可供孩子舒展身心,这是最好的选择了。

在同一片地区生活的人们有较高的素质会带来很多教育的便利性,而且这个社区的文化和教育水平通常会比较出色。为了子女而迁居美国的华人聚集的地方往往是好学区,尤其是在新兴区,因此,这可以当做借鉴和参考。

从梦幻庄园出售
看中外明星房产投资

2015年6月,曾经属于"流行音乐之王"迈克尔·杰克逊的超级豪宅梦幻庄园正式上市出售,售价定为1亿美元。迈克尔·杰克逊当年花费1950万美元买下这处豪宅,在里面生活了15年。

这座2700英亩(1英亩=0.004平方千米)、共有22栋建筑的豪华府邸离加州圣芭芭拉40英里(1英里=1.609千米)远,主屋坐落在两个湖泊之间,面积1.2万平方英尺。主屋旁有一个四卧室的客房,稍远还有一个两卧室的客房。庄园里还有带亭台的游泳池、烧烤区、篮球场和网球场,以及一座50个座位的电影院。这样的配置,真是对得起"梦幻"两字。

在美国,有很多像迈克尔·杰克逊这样的富豪,为了住得好一掷千金。

NBA湖人队球星科比·布莱恩特曾经以611.65万美元出售了纽波特海湾一栋豪宅。这套地中海风格的房屋共812平方米,配备了4间卧室、5个浴室,还有游泳池、温泉、美发沙龙、电影院、图书馆、办公室体育馆和室外厨房。科比这套房屋的高价出售,创下了该地区房产成交价格的新纪录。科比本赛季的薪资高达3045万美元,是NBA第一高薪,飞侠

美国的豪宅

本人也拥有多处房产，纽波特海滩是加州奥兰治县的一座城市，这里集中了全美最富裕的人群，其中收入超过 20 万美元的家庭超过 25%，平均房屋售价都超过了 100 万美元。而对于身家上亿的科比来说，在这里购置数套房产的确不算什么。

贝克汉姆夫妇 2013 年购置的新豪宅花费了 4000 万英镑，此后还花费 500 万英镑进行了装修。这栋新豪宅有 4 层，里面除了为辣妹维多利亚配备了衣帽间、美发间、美甲间和化妆间外，还专门有两个房间用来存放辣妹的鞋子。在豪宅中，维多利亚还安装了一套高级音响系统，这样她就

美国的豪宅

可以通过手机或者平板电脑来控制在任何一个房间播放自己喜欢的音乐。第二层一共有 3 间卧室，每间卧室都有连带的浴室，在每个浴室里，还配置了防水等离子电视。底下的一层配备了学习间、健身房、按摩房、接待室和一个供孩子们使用的小花园。3 楼除了每间卧室都有浴室外，甚至还配备了小型酒吧。地下车库巨大，足够贝克汉姆放置多辆超级跑车。

贾斯汀·比伯在加州的"玻璃屋"豪宅价值 1200 万美金，是一栋独栋别墅奢华私密，外观为全玻璃设计风格，有 6 间卧室和 7 间浴室，共 6500 平方英尺的居住空间。别墅后面有一个帆船造型的温泉泳池，以及可容纳 7 辆车的车库和封闭的安全性电梯。

影星成龙在世界各地都有豪宅，2008 年他在北京投资 4000 万元人民币购买的豪宅，高档华丽程度直逼豪华饭店。据悉，成龙在北京东直门内 NAGA 上院的豪宅价值上亿元，总面积 1200 平方米。成龙在美国好莱坞明星的聚居地比弗利山的另一豪宅，占地 3 万平方英尺，价值 670 万美元，房子里面除了 5 个独

立大套房外，还有大厅、客厅、饭厅、家庭娱乐室、按摩泳池及恒温酒窖等设备。

那英在2006年搬进了北京东四环国宾道崭新高档美式休闲别墅社区内的一幢别墅。这是那英豪掷3000多万元买下、目前北京最顶级的豪华别墅，面积超过1100平方米。别墅有四层，还专设了冥想室等多功能室。那英是娱乐圈出了名的"楼后"，手下房产多达7处。

"飞人"刘翔在上海斥资4600多万元人民币购入了一套300多平方米的豪宅，位于苏州河畔，能够俯瞰浦东外貌。据悉，在这套豪宅之前，刘翔个人名下在上海已经拥有最少两处住宅和一栋别墅，全部位于普陀区。在2008年到2009年间，尽管受到奥运会退赛的影响，刘翔收入有所下降，但他依然在位于上海普陀区的某楼盘购置了一套价值1450万元的独立别墅，这也是他在上海个人名下的第三套房产。而这一次，刘翔退役之后入手的豪宅也将创下他在上海购房的最贵纪录。

由此可见，国内外明星都偏爱于投资房产，房产作为硬通货在市场上具有强大的号召力，在经济不稳定的时期更是具有高保值的特点，因此投资房产成为明星的一大重要投资选择。

第六章
美国房地产市场的特点

美国土地制度

美国拥有广阔的土地面积，美国选择如何进行土地管理和制定何种标准的土地制度，不仅与美国民众的购房生活密切相关，也关乎着整个美国社会的民主进程。

在辽阔的陆地面积当中生活着数以亿计的美国民众，他们在此繁衍生息，世世代代享有着对这片土地的无限使用权限，然而事实并非如此。

美国土地产权制度

多数人认为美国的土地是私有制，这并不够准确，美国是公私兼有的多元化土地制度。在美国的国土面积的构成中，私有土地为59%，公有土地为39%，剩余2%为专门辟给原土著居民的印第安人保留地。在39%的公有土地中，联邦政府拥有32%，其余7%为州及地方政府所有。

美国的城镇

美国包括联邦政府在内的各级政府均拥有各自的土地，因此在土地所有权、使用权、收益权上也均处于独立地位，不存在任意占有和调配的情况。联邦政府所有土地主要包括军事用地、联邦政府及联邦派出政府机关用地。当不同级别政府之间存在土地需求时，也必须要通过买卖、租赁等有偿方式取得。

美国社会对超过一半国土面积的私有土地非常重视，并颁布各项法律保护私有土地的所有权。在美国法律所允许的范围内，土地的价格由市场所决定，并且各种所有制形式的土地可以自由买卖、出租。美国的土地产权不仅在宏观上保证了不因各级政府间的利益纠葛损害民众的土地产权权益，更在微观上给予美国民众最大化的土地产权授权。

除此之外，在美国，无论是私有土地还是国有土地都实行的有偿使用制度更强化了土地买卖自由。在宪法和各州法律允许的条件下，土地可以自由买卖、出租和抵押。土地买卖价格，则由交易双方或估价公司根据当时市场上的土地价格进行估值，由交易双方协商，并完成交易。私有土地的交易只需要交易双方自愿签订协议，并向政府缴纳足够的税金进行登记即可；政府也仅仅只是通过登记收费和规划的方式进行引导。

与世界上其他国家相比，美国的土地制度是非常自由的。土地所有权分为地下权、地面权、地上空间权。其中，地下权，包括地下资源开采权；地上空间权，即建筑物的空间、大小、形状和形状。这与中国购房者只有空间权完全不同，并且在美国地下权、地面权、地上空间权可以分别转让，这就保证了美国民众土地使用产权的最大化。

美国土地税收制度

在私有土地占据多数的美国社会里面，政府不能参与土地买卖而是通过土地税收来实现财政收入，达到调节市场促进土地资源的集约化利用的目的。在美国，土地税收也是主要的财政来源，地方政府70%的公共财政收入都来源于土地保有税（即房产税）。

征收房地产税是一项取之于民用之于民的财政举措，房地产税主要是满足地方政府的教育和其他公共设施的投资。在美国，房产税的第一大用途就是对公共设施进行改建和绿化，包括学校、图书馆和社区公园等；第二大用途则是对公共服务进行改进，包括社区垃圾回收等。另外还有一些地方政府会将部分房产税金推入债券市场进行资金筹集，用于大型公共设施的改建。

美国实行联邦政府、州政府和地方政府的三级分税制。联邦和州政府都拥有税收立法权，而地方政府只能在税法的约束下进行征收，征收的不动产税被统一归在财产税下。美国的50个州目前都进行不动产税的征收，但每个州和地方政府征收的税率却有不同，大约在0.3%到2.9%之间。美国的土地税收制度从法律制定到执行都相当严格，从根本上保证了房产拥有者的权益，通过政府财政的平衡保证整个美国社会良好秩序的维持。

美国土地征用制度

世界各国均根据各国土地制度形成了各具特色的土地征用制度。在土地的征用方面，美国则是根据最公平的原则进行补偿。这种补偿方式，不仅按照土地征收时的价值进行补偿，而且会根据土地未来的最佳开发价值进行补偿，即是土地的升值潜力也会被考虑在补偿范围内。

美国政府对土地的征用权分为两种。第一种是无偿征用，被称为警察权，政府只有在保护公众健康、安全、伦理以及福利而需要征用土地时才能行使警察权，这种征用方式的使用十分有限，并受到严格的法律制约。第二种是有偿征用，即征用土地必须满足遵守法律、公平补偿和公共使用这三个条件。

当然，无论是运用哪种土地方式实行土地征用权，在民主的美国社会里面，征用都不可能是无偿的。同时，在征用土地时，必须要经过严格的法律审核，否则民众绝不买单。

1. 征用土地要经过正当的法律程序

美国的联邦、州、县政府拥有土地征用权，联邦政府依据宪法进行征地；州政府则依据各州的建制法中的规定进行征地，只要州政府没有将土地征用权让渡给联邦政府，州政府就可以在本州征地。

除政府可以征地以外，在美国从事公益事业建设或经营的法人也可以进行征地。但事实上在美国征地更像是另一种意义上的买地。美国以私有制为核心的土地制度决定了政府在进行土地征用时，必须要按照市场的价值给予土地所有者以公平的补偿。

根据联邦宪法的规定，土地征用必须通过正当的法律程序，政府需要召开听证会并发出公告，同时还要通过严格的司法程序。在土地的征用程序中，土地审核人员会对需要征用的土地进行实地调查，同时将调查报告提交给负责征地的机构；征地机构委派高级研究员审核调查报告并确定补偿价格，最后向土地所有者进行报价。在价格产生分歧的情况下，双方可进行谈判。

2. 要给予被土地所有者合理的补偿

在美国成立初期土地还未商品化的时候，政府征用土地是不会给予土地所有者补偿的。直到美国过渡到完全商品化社会之后，土地征用才开始有偿化。

联邦宪法规定，只有在出于公共目的，并且给予公正补偿的情况下，政府等机构才有权进行征地。所有权不归政府所有的土地，政府需要通过购买和租赁来取得。同时，在不同等级的政府机构之间，土地也同样需要通过购买或者交换的方式取得。联邦政府对州政府和地方政府所有的土地在征地补偿方面，根据美国财产法，征用土地的政府和有权征用土地的机构不仅要以市场价格来进行补偿，还要考虑土地在未来的增值，补偿土地可能产生的未来价值。如果征用土地对邻近的土地所有者造成损失，也需要一并给予补偿。

正是因为美国征地补偿的公平原则，不仅考虑土地的现有市场价值，还要考虑其未来开发的增值空间，这就不可避免地给土地投机者留下了机会。除此之外，美国还采用农地差别税率法，来防止农地转作其他用途。政府会根据人口数量拟定需要保留的农业用地面积，然后组织政府和社会团体购买这些土地，再将土地转售给农民耕种，通过这样的方式就确保了农业用地面积。

在美国征地过程中，特殊情况下，政府可以启动紧急征地程序。比如在征用土地时，因为补偿金以及一些其他事由无法取得土地所有者的同意，而整个项目又急于使用这块土地，那么有权征地的政府和机构可以向法院申请紧急占用土地，事后再商定补偿的金额，也可由法院公平地裁定补偿金额；如果政府出于公共利益而占地，而支付了过多的补偿金，也可以向法院申请裁决，要求退还一定金额的补偿金。

3. 征用土地必须出于公共使用目的

美国政府只有在出于公共目的的情况下，比如建设公共公园、学校才可以征用私有土地，政府想要将土地交给项目建设者进行使用，必须先根据法律程序取得土地使用权。依据美国的联邦法律，政府征用的土地只能用于建设政府办公用房、公共道路、公共公园、车站、军事设施等。除此之外，政府不能储备土地，更不能参与到私有土地市场竞争之中。政府长期闲置土地只能以拍卖等方式进行出售。当然，在政府出于经济建设和社会公共或公益建设需要征用土地时，土地所有者不可伺机抬价，必须按照当时的土地市场价格将土地出卖给政府使用。

政府出于公共征地目的之外，还存在一种追加征用土地法情况。例如，在征用土地进行高速公路建设的时候，不仅需要高速公路用地，还需要加油站、停车场等配套设施的用地。因为高速公路与配套设施之间有非常密切的联系，因此这些配套设施用地就能够用追加征地法去征得。另外，为保护道路行车安全，在道路沿线建立缓冲地带追加征用狭长土地；为保护水源，在水库四周多征得缓冲地带都是合理的。从某种意义上将，政府追加征用的这些土地同样是用于公共设施建设，所以从法律上讲，政府对这些土地的征用是享有一定的权益的。

美国房地产中介的发展

如果你在出国之前就查好了各种资料，凭借互联网上得来的信息就"拿起背包，说走就走"，那么你可能要小心了。事实上，往往等你到了实际目的地，你就会幡然醒悟："网上得来终觉浅"，现实中还是有很多自己不懂的地方。从出生的那一刻起，就决定了人类不可能独自生活，就算是鲁滨孙在孤岛上漂流，依然需要"星期五"的陪伴才能够坚持下来，《荒岛余生》里的男主人公因为过于孤独，也一度陷入崩溃的状态。

信息不对称的世界：中介诞生

社会的发展之所以越来越快了，是因为前辈们的经验被流传了下来，后人站在前辈建立起的帝国上再出发，自然起点高、发展快。正所谓"如果说我比别人看得更远些，那是因为我站在了巨人的肩上"，信息的不断沉淀和经验的代代相传，让这个社会的发展愈发迅猛。现在每天的发展速度已经远远超过以前一年、甚至一百年、一千年的发展速度。网络被推广到了个人，信息成为决定社会发展速度中的重要一环。

但是，从人类诞生的那一刻起，信息长期处于不对称状态。在原始社会时代，人们需要听从部落首长的命令，因为他是整个部落最具有经验、知道信息和知识最多的人，而他的信息和知识，在很大程度上可以帮助整个部落的生存和发展；在战乱纷飞的年代，信息更是决定战争胜负的关键因素，一支军队如果在战争开始之前就知道了当地的地理、天气、对方的军队情况等信息，那么这支军队取得胜利的可能性将非常大。

历史演变，岁月变迁，但是时至今日，信息不对称的现状依然存在。在传统经济时代，一切交易源于信息不对称，人们通过信息不对称来赚取差价，从而获得利润。而到了互联网时代，随着信息大爆炸的发生，人们获取信息的渠道、来源都得到了极大的丰富，每个人都可以在网上找到诸多信息，只要指尖在键盘上轻轻地敲打几下，就会有大量的信息出现在屏幕上，这时候信息看似正在向着对称方向发展。但是到了移动互联网时代，信息又开始变得不对称起来。随着智能移动设备的兴起，设备之间的差异反而成了信息不对称的一个帮凶。当有了智能手机之后，人们从 PC 端上网的时间越来越短，智能手机已经能够解决大部分需要在电脑上操作的功能。正因为如此，手机成了人们生活中不可缺少的一部分。但智能手机的差异也制约着人们获取信息的来源和速度，也因此导致了信息不对称的发生。

正是因为各种各样的信息不对称，服务于各行各业、掌握双方供需资源的中介因此诞生了。中介的出现就是为了解决信息不对称这一问题。通过中介，产业的上游与下游才有可能进行沟通；通过中介，个人也才有可能和企业进行交易；通过中介，社会才能够在一定程度上实现信息对称。

美国房地产中介的起源

在各种不对称的信息资源中，买房、卖房着之间的信息"代沟"尤为显著，基于此，社会中就衍生出了大批的房地产中介。尤其在美国，房地产中介似乎无处不在，在众多的房地产中介人长期的自我规范中形成美国社会交口称赞的众多知名房产经纪人。

美国的房地产中介制度由来已久，最早的房地产中介制度的原型就是介绍看房，这种发展模式很像我国盛唐时期的"牙记"这一职业。在美国最初的经济发展的繁荣时期，资本主义经济得到迅速发展，各地区之间的人们贸易往来日渐频繁，人员流动突破地域限制。对于外出经商的人来说，如果长期的滞留某地住旅馆将会是一件很不划算的事情，两地往返奔波更不切实际，于是人们就出现了买房子和租房子的需求。有需求的地方就有商机，从事房子买卖介绍的中间人应运而生了。

房子买卖的中介掌握大部分的房源信息，房子的买卖和租赁通过他们的运作能够很快地获得成功，于是越来越多的急

美国房地产中介的展示橱窗

于买房、卖房、租房的人们纷涌而来，将交易的具体信息和具体要求告知中间者，形成买卖市场。长此以往，这就极大地促进了房地产中介的发展。

伴随着美国经济的发展，房地产运营市场化规模的不断扩大和房地产交易数量的增加，参与房地产买卖、租赁人数也在不断增加，为紧随市场需求，房地产中介的人数就在不断地扩大当中。随着房地产中介人数的不断扩充和长期的市场经验积累，逐渐形成了规模较大的房地产中介行业，其中一些为大家所熟悉、公认的行业规则被大家所认可，此时美国房地产中介制度的雏形已经基本形成。

美国房地产中介制度的"雏形"

美国较早的房地产中介多是以夫妻店为主。这种模式的存在能够极大地发挥人脉资源的优势，几家关系较好的中介人串联起来，利用自己掌握的买卖资源进行对接，然后根据行业规矩确定分红。

中介公司纷纷建立或加入联盟，这样联盟一旦建立，很多的房地产中介公司就会很快地找到客户所需的房源，也是基于这样的原因，大型房地产愿意加入其中。

大型房地产中介公司的加入，为这个系统注入了强大的信息基因。随后有大公司发起的公盘制度开始盛行，这种制度使每个公司拥有自己独立的公盘系统，

在这样的系统当中，房产中介人能够迅速地实现房产资源的对接和买卖交易。

尽管现在的美国没有形成一个全国统一性的房地产中介的公盘系统，但是，公盘制度的建立已经树立起房地产中介的基本模型。美国的房地产中介制度进入规模化、标准化的市场运营时期。

房地产中介品牌化的构筑

在强大的市场需求面前，美国的房地产中介已通过多年开展，逐渐摸索到了市场规律，形成了可一套完成的市场认可体系，相比中国的尚不成熟的房地产中介制度，美国的房地产中介公司更加注重品牌效益，甚至单独的房产经纪人都可以作为一种品牌标识，成为大众追逐的热门人物。

对于美国民众来说，他们的生活中可以没有LV、爱马仕等众多的名牌相伴，但进行房地产买卖和租赁却不能缺少一位知名度较高的房地产中介人员。房地产中介的品牌化已经成为美国社会的一大商业现象。

在美国，无论是大型房地产中介公司还是小中介公司，都非常注重自己的品牌知名度以及服务的专业度。他们拥有既定的市场定位和市场范围，在自己既定的市场范围内服务自己的目标客户。通过一整套老练、规范的行业系统规划，美国的房地产中介公司的从业人员拥有较高的从业水平，通过与客户的长期交流，他们之间的关系相处得很好，中介服务人员的品牌号召力成为美国房地产中介发展的推动力。

自由的房产经纪人

基于美国人固有的思想文化的传统，很多的房产经纪人并不像中国这样守在公司里，接待客户。上面提到，美国的房产经纪人拥有品牌化标识，这就决定了他们拥有更多的自我发挥空间，常常成为行业当中或者是公司当中的"活招牌"，这就给很多的房产经纪人创造了自由发挥的空间。

在美国，房地产中介人员的学历素质有着非常高的标准，房产中介从业人员的个人素质相当高，加上行业的准入门槛较高，使得的这一行业常常汇聚大批的美国社会精英人士。在他们的努力拼搏下，大多数都成了行业中的知名人士。他们的良好口碑一旦树立，自我品牌一旦形成就会拥有更多的自由空间和主动权。相比之下，中国的房地产中介执业资格制度虽然是有，但是执行的并不好，绝大多数的从业人员并没有执照。而美国的经纪人不仅必须执照上岗，而且大都拥有大学学历，甚至是学位。

所以，在美国很多的房产经纪人在入行不久，具备实力之后就会出来单打独斗，成立自己的工作室。如果你初到美国想要购买房产或者是置业投资，可千万不能小看那些房地产经纪人，这其中就有很多在行业当中从业多年，深谙房地产市场的市场变化规律，掌握丰富的房地产投资技巧，与他们进行交流和合作，必定会受益终生。

美国房地产中介的规范化运作

在形成知名度较高的市场化房地产中介品牌和汇聚了高素质的房产经纪人之后，房地产中介公司有必要形成中介服务的规范化流程。

首先，在美国做房地产中介必须要执照上岗。就像中国的会计师和教师一样，美国的房地产中介人员实施考试发牌准则，从业人员必须在取得房地产牌照之后才有资格从事房地产经营活动。美国的整个社会对中介行业的普遍认可度很高，大家缴纳佣金和退还佣金的相当容易。从这一点上来说，美国的房地产中介制度在一定程度上规范的行业行为，相比之下，中国的房地产中介的从业人员的业务水平就有待提高和规范化管理了，这也是中国的房屋买卖、租赁当中常常出现各种问题的根源。从业人员素质的高低对中介行业的社会地位是有绝对的关系的，中国的房地产中介从业人员的准入资格管理并不严格，即使没有执照也可以带着顾客上门看房。

在美国，只有获得执照的人才可能成为房地产生意人，如果没有执照就强行上岗那就明显违反了有关规定。另外，在美国成为一个房地产中介人是一个相当有不错的职业，并不像在中国一样，社会认可度偏低。

据有关数据显示，美国 90% 的房产生意人都有大学学历，甚至很多人还有私家助理。美国的房地产中介不仅学历高，而且年收入也相当可观。在美国房地产市场蓬勃发展的时期，美国房地产中介人员的收入也相当可观，一些具有丰富经验的中介收入甚至比大学老师和医生都高得多。

其次，美国房地产中介金钱份额分配较为合理。最初，美国房地产中介的佣金金额分配并不是市场化的，而是由美国政府来决定的。后来随着这项规定的弊端显现，很多房地产公司的服务方向和服务类别受到限制，房地产佣金的份额逐渐市场化，通过多年的发展，形成了美国的房产中介佣金收取的根本规则即收取房价的 6%。

不过，根据出售房地产的类型和具体位置，佣金份额也会做出相应的调整。通常情况下，新开的楼盘佣金率较高，能达到 6% ~ 10% 左右，而大型商业地产的佣金则相对较低，仅为 3% ~ 6%。而美国常见的独立住所的佣金率则为 3% ~ 8%。一般当交易完成之后房地产公司按照相应的佣金率收取佣钱，按照不同公司的规定，房地产中介人员再从中抽取 50% ~ 90% 左右的分成。

美国的房地产中介制度一路走来已经形成了比较完善的体系，在这一体系当中房屋买卖和租赁的操作流程得到有效的规划，大中小型的房地产公司形成良好的竞争与合作关系，利用现有的科技网络更好地应对市场需求，这其中扮演重要角色的房地产经纪人在具备较强的从业能力之后成为人们前来美国置业投资必不可少的"智囊团"。美国的房地产中介制度在美国经济的强势引导之下正在成为全球效仿的典范，也正成为保障海外投资者投资安全的天然屏障。

为什么
一定要找房产中介

房地产中介作为商业社会中必不可少的一种元素，它的存在成功地减少了打扰客户、诈骗房主和房地产无序竞争等不良状况的发生。尽管房地产中介在中国社会中扮演着可有可无的角色，但是在美国，房地产中介却实实在在地影响着美国人民的生活，成为美国人一生当中必不可少的一部分。找房子、租房子、买房子都离不开房产中介从中的斡旋，尤其是对于海外置业投资者来说，寻找一个可靠的房地产中介公司可以轻松地取得购房贷款或者其他便利优惠条件，从近些年中国人房地产投资热情上来看，想要在房地产投资上找对方向，就必须要在美国找到一个值得信赖的房地产中介公司，亲自体验一下美国房地产中介制度的完善性和便利性。

实际上美国的房地产中介制度由来已久，经过漫长的发展已经成为一种较为完善的社会制度，为社会大众所认可、应用。在资本经济迅速发展的重要时段，房地产中介行业也正在如火如荼地进行新一轮的超越式发展。

远渡重洋，最快的适应方式

当你跨过太平洋远渡到美国，第一次置身于一个陌生国度。怎样才能最快地跟上当地人的节奏？

如果只是单纯的旅行，通过手机地图和一些旅游软件可以根据自己的情况制定相应的路线，也能对旅行目的地有更多的了解，从而达到更好的效果。但是如果是要融入一个新的国度里，查再多的信息、了解再多的攻略，也不如在当地实实在在地居住一段时间。但是如果每件事都要自己去体验的话，所花费的人力、物力、财力是相当巨大的，这也违背了如今轻资产、轻投入的互联网思维，这时候，中介就成了消费者的一个不错的选择。中介依托于多年的市场经验和本地化的专业服务，可以更快地让消费者适应陌生环境，而且可以提供针对不同地区和个人的独特体验和服务，让消费者能够享受家一样的感觉。

无处不在、无所不能的中介

现在，中介更多地成了房地产的代名词。对于大部分的个人租户来说，因为租房信息，相对来说比较闭塞，而且区域性特别明显，因此，每个地区的中介就成了消费者必须要面对的一个环节。买房子也是一样，中介的信息和经验，对于消费者来说至关重要。

中介的出现是这个社会发展中，非常重要的一环，中介的存在促进了整个社会的发展，消除了部分因为信息不对称所带来的障碍。就像在古代，当人们需要从事某项活动的时候，又不知道具体的情况，这时候中介就可以为这些人提供服务，从而促进这一事件的发生。

其实，中介存在于各行各业。教师是学生和知识之间的中介，出租车司机要通过中介公司进行运营，大学生找兼职需要中介，各大手机分销商其实也是中介，出国中介、留学中介、二手车买卖中介、婚姻中介等等，中介无处不在。

每一类中介里面又可以分为很多种，以租房中介为例，可以分为纯房产中介和托管型中介，纯房产中介是最初的发展形态，这类中介一般属于信息型房产中介，他们只是简单地将房东和租房者之间进行连接的桥梁，通过对房东信息的搜集和发布，来吸引租房者进行租房，中介负责对接房东和租户。在这一过程中，中介只收取一定的中介费，并不负责其他管理事务。

不同中介类型有不同的优缺点，纯中介因为占有大量的信息，对于租户来说可以节省找房子的时间，通过对现有信息的筛选便于缩小自己的查找范围；并且在之后的租房过程中直接与房东进行交易，安全性更有保障。而托管型中介则可以让房东彻底从管理事务中脱离出来，只要将房子租给中介之后，自己就可以坐收金山银山；而对于消费者来说，虽然一般情况下中介都会对现有的房子进行装修，配置标准化，可以保证一定质量的环境。

而托管型中介就像是代理商一样，全权负责租房过程中的大小事务，这类中介通过向房东将房子租下，此后再将房子租给租户，在中介完成和房东的租房手续之后，接下来的事情房东就可放手，房东只需与中介对接，收取出租费，至于中介的租房情况如何由中介自己负责。

必不可少的房产中介

在美国，房产中介必不可少。美国的房产交易中85%都是二手房买卖，新房只占很小一部分，而且新增用房数量规模也比较小。所以在美国如果不通过房产中介，买卖房屋就变得非常困难。正是由于购房者与业主之间存在"共需"，房地产中介便适时出现了。在中介的斡旋下，买卖双方才建立了彼此的信任，保证交易顺利进行。同时在房地产中介的高效率的办公节奏下，形成了日渐完善的业务体系，以往繁杂、冗长的交易方法和过户程序经过房地产中介的精心处理，为买卖双方节省了不必要的时间和精力浪费。在拥有中介的房地产业务办理中，房地产中介的所扮演的保姆角色为业务双方提供了尽可能的便捷服务，试想一下，在"时间就是金钱"的年代里，如果没有中介代理的出现，在时间观念渐强的社会里面所产生的资源浪费将是不可估量的。

美国房产中介为你带来什么？

不论你在美国待多久，如果要在美国买房，中介是必不可少的一个角色。房产中介不仅可以让你快速找到属于自己的房子，还能提供专业的服务，解决各种问题。

美国的房产中介具有哪些特点？可以为消费者带来什么？

专业的知识。房产中介因为长期扎根于专业领域，对于房地产有些多年的积累，具备专业的知识。买什么样的房子、哪个地段、什么样的风格、适合哪类人群居住等，这些问题在房产中介那里都可以得到专业的回答。

良好的体验。买房子是一件苦差事，不仅因为选择困难，中间的各种奔波也足以让人憔悴。要是再遇上些特殊情况，买房的美好愿景甚至有可能落空。而房产中介的存在，凭借专业的服务人员和多年的专业知识，能够给消费者带来良好的体验。在去看房子的时候，可以受到房产中介的接待；在确定购买房子的时候，繁琐的程序也可以交给房产中介来处理。消费者可以安静地享受买房的乐趣。

准确的信息。隔行如隔山，一个行业有一个行业的特点，房地产行业因为地域性特征明显，如果不是本地人的话，很难知道准确的信息。对于不同的人群有不同的消费层次和目标，因此消费者在选择购房的时候一般会先从自己的经济条件进行考量哪里有适合自己的房子。还有，附近的配套设施如何、交通环境怎样等问题，房产中介都可以给出准确的信息。

完善的程序。购买房子对于每个人来说都是一项重大的决定，从前期的准备、中间的选择、到最后的购买是一个相对复杂的过程，无论是购买一手房还是二手房，中间都需要经过不少的程序，需要办理诸多手续，花费不少精力。而房产中介有着完善的购买程序和流程，不仅可以随时解答消费者的各种疑问，还能够一次性办理各种手续，不需要消费者操心。

节省大量的时间。中介的出现其实在很大程度上解决了信息不对称的问题，消费者也可以通过自身的经历来弥补信息的不足，但是到最后可能会浪费大量的时间。如果没有中介，消费者在找房子的时候就需要亲自到现场去观看，有的房源信息比较陈旧，可能会导致消费者白跑一趟的结果出现，还有的可能因为手续问题来回折腾。房产中介最大的作用就是帮助消费者节省大量的时间，消费者只要把自己的目标和相关材料准备好，房产中介就可以帮助消费者处理中间的各种问题。

当然，在选择房产中介的时候也要有所选择，对于那些正规的、口碑较好的、屡次获奖的房产中介更让人放心。

选好房产中介

一个好的房产中介本身就是一个品牌。消费者在购买商品的时候，一般会倾向于品牌产品，房产中介也一样，好的房产中介在多年的市场沉淀中已经积累了一定的口碑，专业的服务水准和良好的客户体验都会让好的房产中介脱颖而出，选择口碑好的品牌中介可以让消费者享受更好的服务。

在买房的时候选择房产中介，可以让自己省心省力，但是如何选择好的房产中介其实也是一个大问题。房产中介的选择其实就是对自己未来房子的一个信心，就像挑选商品一样，有一定标准，也需要根据实际情况来定。

尽量找有多年操盘经验的房产专家，他们不仅有着专业的知识，而且对于消费者的个性化服务也能够进行量身打造，不仅可以最大限度地满足消费者的需求，也能够从未来的角度为消费者考虑更长远的事情。

好的房产中介还能够成为消费者的良师益友，在业务上可以给予消费者以指导，完成交易之后依然可以进行跟踪服务，甚至和消费者成为在往后生活中十分重要的朋友。

美国的房地产中介是每一个选择来到美国进行房屋购买和置业投资的引路者，他们的存在真正地为海外置业者解决了初到美国时的窘况，帮助他们用最少的资本投入换取更大的美国房地产投资回报。

美国人都喜欢买什么样的房子

据全美房地产经济上协会报告显示，2015年7月份美国的二手房销量环比增长2%，打破2007年2月以来的记录，销量达到559万套，与2014年同期相比，增长10.3%。此前公布的新房销量环比增长5.4%，达50.7万套；年化达120.6万户，创8年新高。这一切数据表明美国经济的持续扩张，带动美国房地产市场的迅速回升，美国社会即将重回买房、卖房的交易热潮。那么在美国，普遍意义上美国人喜欢何种类型的房子呢？

炙手可热的学区房

在美国，建设年限10年以内的房屋都属于新房，项目所在地一般是新区，新区房价虽低，但配套却远远不及二手房区。因此在房屋买卖中二手房为主，新房买卖只占很少一部分。在占据多数的二手房中，选择入住学区房始终是美国社会不变的潮流。

在美国，孩子享受美国政府提供的13年义务教育非常简单，只需要提供居住房子的水电费清单和孩子疫苗接种情况即可。如果房子不属于学区房，那么学校有权拒绝孩子入学。美国政府为孩子提供的13年免费义务教育，并且提供所有的书本教材，家长只需要为孩子支付书包文具的费用。甚至一些家庭状况不佳，也可向学校申请免去1美元的午餐费。

如果很不幸，居住的房子住址属于教育不算良好的学区，那么只有选择私立学校。这对于拥有孩子数量较多的家庭来说，将是一笔不小的开支。美国私立学校一般规模较小，坚持"小而精"的特色办学。与公立学校相比，私立学校的老师比例较高，学生能得到更多老师更多的关注和辅导；与之相对应的是，在私立学校，除了要承担更为高昂的学费、教材费、校服、午餐费等费用，更要为学校每年各种名目的捐款赞助费用买单。

所以，在大部分美国人购买房子时，更多的是偏好学区地段较好的房子，虽然房价相对较高，但是相对而言更为保值。等孩子长大进入大学后，学区房可以轻松转手卖出去，去下一个自己喜欢的城市，开始潇洒的新生活。

地段离工作单位要近

美国作为世界经济强国，美国人民一直追求工作与家庭的平衡状态。他们对房子的住址要求更多地体现在房子地段上，美国人没有所谓的都市概念，他们选择房子时首先考虑的是距离工作单位的远近，一般选择 10 千米范围内的房子，这样在上下班的同时还可以接送孩子上学。以纽约市 High Line 公园旁边的居民公寓为例，小区周边都是商铺用的铺面、饭店、酒吧等商铺，方便居民生活、交友、娱乐，是广大年轻白领的选择。小区公寓楼层较高且建筑密度大，人口密度大，年轻人更倾向于不买车，选择地铁、自行车或者 Uber 出行。

但是，选择距离工作单位近的住房就必须为此付出高昂的代价。以旧金山为例，城市市中心以商务办公区为主。这里一般是商务大厦和办公写字楼，市中心一般是城市交通枢纽，四通八达的地铁从此向四周郊区蔓延。Millennium Tower 作为旧金山最高居民楼，在此居住的人们可以轻松享受上班、逛街、娱乐的乐趣。但是此处的房价相当昂贵，房子差不多 500 美元左右，一般人难以承受。

不管是国内外，与工作单位的远近是人们对购房不可避免要考虑的一个因素。总结而来就是：离商务办公越近的居民楼，房价就越高，且越受居民喜爱。

安全、便捷的社区服务

美国是一个注重个人隐私安全的国家，居民在挑选房屋时社区的安全性能被提上了日程。美国人对自己所在小区的治安环境极为关注，他们甚至可以在闲暇时间造访 crimereports.com 网站，浏览特定地区免费的最新犯罪地图和犯罪报告，并花点时间与社区的资源警官进行沟通，全面真实了解小区的治安现状。

除去安全因素，他们还会考虑房屋所处的社区的配套设施是否完善、周围的娱乐设施是否健全、购物是否方便、找工作是否便利等因素。附近是否有超市可供购买生活用品，是否有餐馆，是否有购物中心，吃喝玩乐是否方便等相关的生活配套设施也是美国人是否选择在此定居的一个考虑因素。

社区文化

在崇尚文化建设的国度里，社区文化是美国人选择房屋的一个重要影响因素。在美国，社区是在一定位置内，具有心理认同并一起工作实现共同目标的群体。在美国社区的文化会影响居民生活点点滴滴，社区的每一位居住人员都有权利表达自己意愿，并签署社区居住条例，当居委会做出重大决策时，居民可以通过三种方式进行表决：服从；不服从搬走；说服全体居民进行投票，如果大部分人支持，那么居委会重新更改决定；否则就得服从居委会决定。社区居民注重居民之间互动情感培养，希望社区居委会的参与机制，激励社区居民参与社区建设，更好的服务社区。

除了对购房整体选择上提出要求之外，美国人通常也会对房子的内部构造有着自己的想法和判断，以此来决定是否购买。

采光必须好

受美国气候和美国文化的影响，美国人民不注重南北朝向的问题，更多的是关注房子本身的采光问题。因此美国的房屋大多采用东西朝向。由于大部分的公寓采用重中央冷暖系统，冬暖夏凉。全地板采暖让人体受热从脚心开始，非常舒适，尤其能够促进血液循环，让老人、孩子以及女性感到更温暖。并且美国人用烘干机，不需要用阳光晒衣服。所以美国的房屋楼层不高，大都采用木质结构，外部包装。不但能够有效提高空间利用率，而且增强了保暖功能。同时，木质材料能够提供相比于其他材料更丰富的装饰效果。加拿大的木材资源丰富，物美价廉，而美国临近加拿大，这是先天的优势。

住宅空间规划要合理

美国住宅紧跟着设计的新趋势进行内部设计，在保证空间流动感的同时兼顾赏心悦目的视觉感。与国内的专业设计住宅的建筑师不同，美国住宅建筑师有着更高的专业度，更加注重将居民的需求与市场潮流相结合。美国住宅设计师结合当下美国人对房屋大空间的需求，对美国住宅进行了合理布局。

美国尊重个人隐私，这一点在选择住宅时更是表现得更加明显，不仅对家庭的个人空间的需求增大，而且一户的房子面积也都比较大，不仅仅是要双层，而且需要三室二厅一厨，并且还要有一个小花园。同时美国民众对花园的设计、打理更是充满个人风格。美国人民相当喜爱对花园的打理，相比较而言，华人对自家花园的打理稍逊一筹，更是出现了美国人民实在看不下去华人对花园弃之不理的态度，主动提出代为打理花园的请求。

美国居民在追求住房舒适的同时，更对居住自然环境提出要求。他们希望通过美丽花园，以及更多的住房空间吸引更多朋友的到来。

多种建筑风格

美国人民除了对房子选择受上述软性因素的影响外，房主也会根据房屋本身的设计风格做出选择。美国房屋的建筑风格主要有如下几种：

殖民风格

这类房屋的特点是陡峭的屋顶，华丽的装饰（限于高档房屋），含铅玻璃小窗扉以及巨大的中央烟囱。整个风格采用对称设计，是全美最受欢迎的风格之一。现有市场上最受欢迎的殖民风格建筑位于弗吉尼亚州，市面上有 25348 所殖民风格住宅，售价中值为 344450 美元。这些殖民风格的房子颇受买家欢迎，对于他们来说殖民风格代表的就是一栋三层的楼房。

殖民风格的住宅

乡村别墅

这种风格的房屋拥有整洁的外观，材质以木材为主，通常是美国富人居住的地方，往往依山傍水高出地平面一段距离，装修也会比较好，中产阶级也有能力买得起乡村别墅。

乡村别墅风格的住宅

工匠风格

这种建筑风格，通常会设计比较宽阔的悬挑、两边的不对称、以砖石、木材、石材混合利用，设计精巧，从外观上看会比较庄严。在华盛顿地区分布比较广泛。

工匠风格的住宅

都铎风格

　　这种样式的房屋是在 20 世纪初流行开来的，样子特别像英国的庄园建筑，充满英格兰情调。英国庄园风格的基础上融合美国现代精神，开创独具风格，目前纽约州分布较多。

都铎风格的住宅

第七章

怎么在美国买房

美国买房的步骤和手续

2015 年以来，美国房地产市场复苏势头强劲，新屋开工数量和房价指数持续走高，美国房地产市场已经呈现出了回升的态势。其中，美国著名的房屋贷款融资机构房利美股价持续攀升，股价上涨超过 30% 就是最好的证明。可以说，这正是中国新兴的富裕阶层海外投资的一个大好机会。越来越多的中国人奔赴美国购买房产，在当下成为一种时尚。那么，赴美国投资房地产需要具备什么条件？买房时又要经历哪些步骤，办理哪些手续呢？

明确买房的区域和类型

首先，对于买房者来说，无论你向往热情奔放的东海岸还是优雅自然的西海岸，明确买房的区域和类型是必不可少的。

在美国，不同城市和社区的房屋价格各不相同，尤其以社区进行的划分，价格差别明显。一般说，靠近学校的优质学区房，地处商圈，或者靠近大海，视野、风景极佳的房屋都是人们热捧的对象，当然价格也会高出很多。而新开发的城市，房屋价格则相对便宜。

房屋种类大致分为独立屋和公寓两种，按价格差别一般可分为高中低几种类型：20 万美元以下多为低档住房；超过 20 万美元，低于 50 万美元的为中档住房；而在 100 万美元以上的则定位于高档房产。在购买房产的过程中，可选择的范围固然很广，但关键在于户主在选择房产之前一定要明确自己的实际需求，无论是投资还是自住，一定要有针对地做足功课，避免盲目跟风或者一味求大求全。如果是自住，首先需要考虑的自然是居住环境，若是投资则要先把个人喜好放到一边，偏重着眼于投资回报率。

选择靠谱的经纪人

顾客在买房的过程中，最好先选择一个合法注册的房产经纪人作为自己的购房指南，由经纪人帮助你看房、选房。这不仅可以帮助户主节省大量时间和精力，在购房过程中的还能充分应对涉及房产交易的各种法律法规。

在美国各个城市都有很多房产经纪人（大部分房屋都是通过房产中介进行买卖）。他们在房地产领域有非常专业的经验，出色的房产经纪人不仅在房地产领域拥有非常专业的经验，在涉及生活的其他方面也有较为广泛的信息来源，他们可以帮助买主，以高效率找到高性价比的房产。按照惯例，经纪人为买主提供的服务基本是免费的，整个房屋交易所产生的经纪人佣金则由卖方承担。

预审贷款

出于自身经济状况的考虑，很多人往往会选择贷款买房，而在美国没有工作经历的买主要想凭一己之力申请购房贷款可谓是难上加难，寻找房地产中介将会是一个不错的选择。买主可以通过经纪人或者中介公司凭借一定的资质从若干华资银行获得贷款。当然，如果是一次付清房款则不必如此周折。

申请贷款的过程中，美国房产经纪人会根据房屋购买者填写的经济状况表向相应的银行贷款机构做出说明，以此来获得相应机构的贷款预审批准书，这份贷款预审批准书也被称之为贷款资格审核证明，用于判断贷款人购买房产的价格上限。房屋购买者填写的经济状况表和贷款预审批准书则是报价合同的附件之一。

预审贷款的过程中，贷款人可以"货比三家"，从而为你选择合适的贷款公司做出明智的选择。

选房看房

买主与经纪人在初步确定合作后,经纪人会根据买主的实际情况和要求帮助寻找适合的房子。当然,如果买主自己有中意的,也可自己先开车去查看房屋环境,进行初选,然后再约经纪人带路去考察内部细节。

房产的价格当然是买主最关心的,关于这点买房者可以参考房屋周边的成交均价(以过去三个月为准),房产的待售时间等;其中房产的成交价分正常买卖和银行拍卖两种,通常银行拍卖的价格要低一部分。最好的房产当然是学区房,便宜的可以购买公寓,即国内的高层住宅,当然,如果是临海景观房,一般配套设施都很完善,价格也不会太低。

成薇(Cathy Cheng)荣登 REMAX 销售百强第一名

签署合同

买主在选定合意的房屋后，经纪人根据市场的实际情况帮助买家确定价格，同时准备报价合同。世界上的商品买卖都存在讨价还价，如果卖方拒绝买主的报价，双方还可以进一步磋商，直至达成协议。美国的房产市场比较成熟，关于房屋的各类信息均属公开，因而买主在购买决策时不必因为陌生而产生过多的顾忌，当然货比三家还是必要的。要充分信任自己所选的房产中介，此外，胆大心细就看自己的智慧了。

如果买卖双方同意交易，下一步即可准备签署房屋交易合同，此时买主需要支付一定数额的订金。买主支付的这部分订金将会存入帮助其完成交易的中介公司，即公证产权公司。这类公司的存在将有效帮助买卖双方履行合同、降低风险、减少交易环节。在支付一定数额的订金之后，房屋购买者可以在购房合同中选择增加若干条款，以确保自己在取消合同时拿回订金，维护权益。

总结来说，这一阶段由买主填写房屋报价合同，如果报价合同被卖方接收并签字，买主需支付订金。此时意味着买卖双方达成协议，合同生效，双方进入下一步具体的操作程序。

检查房屋

在初步确立购房合同后，如果购房合同为有条件履行合同，买主可以聘请专业的验屋人员对房产进行检验，当然，自己也要亲自验房。假如买主没有时间，则可以向相关经纪人寻求帮助，由他们帮忙推荐专业的、具备相关资质执照的专业检查师，进行房屋检查。在经纪人的把关下，给出相应的检查结果，明确买卖双方的责任，一旦房屋检查结果不达标（不满意），房屋购买者可以要求卖家进行房屋维修，或者停止交易。

在加州除了房屋检查，常做的还包括白蚁检查和必要的修理等。在规定的有效期内（7～15天），房屋购买者可以检查过程中发现的问题为由取消合同或者要求房屋出售者进行维修。在审阅房屋各项检查结果及公证托管书无误后，签章确认。

产权核实及购买保险

确定产权是必不可少的步骤之一。产权公司根据买卖双方提供的资料进行产权核实，对房屋产权是否存在瑕疵或者风险提出意见，如果在核实过程中没有发现影响房屋过户的问题，则通知买卖双方进行下一步的操作。

但是，产权核实并不是万无一失的。买方在产权公司确定无误后，也要购买产权保险，以便将来出现产权纠纷时获得相应的补偿。加州法律还规定买房时必须购买火险（火灾保险）。

付款交接

在确定房屋没有任何问题后就可以最后付款了。按照合同约定的时间，买卖双方前往产权公司办理交付标的，买方付款（款项支付至公证托管公司账户），售方签署产权文件，就相关文件等资料进行交接。

除了上文提到的贷款，一部分的买主会选择利用现金直接进行购买，按照每人每年的汇款额度为5万美元的额度，所以，房屋购买者可以利用很多人汇款的方式，完成现金购买的愿望。

结款过户

付款交接完成之后，相应的产权公司对双方交纳、接受的款项进行划拨，并将形成的房屋产权文件交由当地政府，进行备案盖章，产权公司将具有法律效力的产权文件交给房屋购买者，完成整个交易。

买主在过户时需备好相关有效证件（在此赘述一点，购买美国房产对于国人来说，中国护照和合法的来美签证自是必不可少的），同时还需支付一定的过户费。买主在几周内会收到正式的房契，这样买房的各种手续宣告完成，房产正式归买方所有。

值得一提的是，在美国南加州进行买房时，只需到加州土地管理局成立的地产公证处过户即可，这一过程所产生费用的1%，则由买卖双方对半承担。

乔迁之喜

过户完成的最后一步是钥匙交接，恭喜买主，您现在可以搬家了！不过，在过户搬家的前4、5天，买主还需联系当地的水电气公司，就自己的情况作介绍，然后问清要做的事，确认房屋的水电气是否已转到买主名下。有的公司可能会要求买主提供水电等仪表的数字，有的公司则会自己去读仪表。

此外，为了确保搬家过程的一切顺利，房屋的电话、电视、互联网等服务一般要提前10~20天预约，搬家公司或租车公司也最好提前两周进行预约。

备注：

1.在美国购买房产可作为一种投资手段，但需要注意，外国人并不能够凭借在美置业投资，获得美国国籍。也就是说，单一买房不等于完全移民。

2.在美国，对房屋的闲置并不是一种理智的做法，既是一种资源的浪费，也不利于房屋的养护。房屋购买者可以在适当情况下委托相应的房产经纪进行对外出租，以此获得额外的收益。

3.在确定买房后，最好选择房价公开透明的中介机构进行代理，不要轻信据说不要佣金的许诺，因为后者很可能是代理的新楼盘或者自己已经把房产买下，然后再转手卖出，而这其中的加价大大超出正规中介机构收取的佣金。毕竟天下没有免费的午餐。

美国房产税
及其产权文化

2015年3月1日，中国《不动产登记暂行条例》开始实施，伴随着对《条例》的议论，房产税的征收再次进入人们的视野。《条例》的实施意味着中国房产税的征收提上议事日程。

在中国大陆，由于征收房产税是一个新事物，大家对于莫名其妙地支付从未花过的钱总是非常抵触，而且由于土地的公有制、房屋产权只有70年，有很多人认为征收房产税并不合理。尽管对于房产税的征收具体情况还未确定，但人们的抱怨声已此起彼伏。

然而在美国，房产税的征收已经有两百多年的历史了，住房交税是天经地义的事情。美利坚合众国建立之初，房产税的征收就被写到了各州的法律条文上，如果美国民众不缴房产税，后果是非常严重的。与中国大陆不同的是，美国的土地和房产都是私有的，而且是永久产权；不用担心被强拆，所以对交房产税这件事，美国人的反抗情绪并不高。

无房不税

美国无房不税。房产税是地方政府的重要收入来源，安保、消防、教育、医疗等公共服务费用来源很大一部分都有赖于房产税，所以漏缴或不缴房产税是很严重的违法行为，政府甚至有权没收并拍卖房产。

对于房产税怎么征收，不同的州有不同的规定，有的按季度交，有的按月交，在加州是每年需要交两次。每个县政府都有专门的交地税网站，在全球都可以方便缴纳。不少初到美国的购房者，由于不清楚或不重视房产税的缴纳，在现金付清房款之后以为就可以一劳永逸安心居住了，却不知税是跟着房子的，世世代代可以居住于此，相应的世世代代都要交税。每年都不乏初到美国购房的人买完房空置很久以后兴高采烈的打算搬到自己的新屋居住，却发现房子已经因为欠缴房产税被政府拍卖了，里面早已住上了别的家庭。如果你家的房子正好座落在两个州的交界线上，那就需要分别到两个州的交税网站缴纳房产税，如果只在一个州缴纳了房产税而忘了缴另一个州的税的话，一觉醒来你会发现房屋有一半已经不属于你的了。

美国纽约上州就有一名女子，她买的房屋坐落在纽约上州与康涅狄格州的交界线上，而她贷款的银行由于疏忽只向康州政府缴纳了房产税而忘记了向纽约上州交税。两年之后，该女子才知道自己房屋的一半竟然已经被政府拍卖并被自己的邻居以 275 美元的超低价格拍走了。当她去跟邻居交涉时，邻居竟然向她索要高达 15 万美元的巨款才肯将土地偿还。

虽然在美国买房子都要缴纳房产税，但其实房产税额度并不高，对于有稳定收入的房主来说都不会造成多么沉重的负担。同时，缴纳房产税对于美国民众来说也并不算是真正意义上的花费。

由于征收的税费会全部取之于民用之于民，征收方为房产所在地税务部门，在政府公开的政务财务账单上，民众能够清楚明白地知道自己交的每一分房产税都花在了与自己息息相关的社区改造、教育改革等民生事业上，所以对于房产税的开支也基本没有人抱怨，这种情况下当然也基本没人会刻意偷逃房产税。一般来说，高额的房产税也全部是取之于民。用之于民，大部分应用于当地社区的公共环境和治安治理的条件改善。除了为地方政府提供资金，征收房产税还有一个重要目的，就是抑制投机，并尽可能稳定房价（房地产泡沫不仅占用过多的社会资源，且用于开发的投入资金所生的是静态不动产，无法形成类似工厂那种持续不断地产出）。

科学的房产税

在美国，房产税的征收标准由纳税人房产的房屋价值和房产所在的土地价值两部分组成。税务部门每年会对房产价值进行评估，如果纳税人对评估持有异议，可以在半年内申请重新评估。

相比国内，美国在纳税机制上还有很多科学理性的设计值得借鉴，如在纳税人缴纳的所得税中，房产税和因拥有房产而产生的其他费用可以抵扣所得税。例如，纳税人每年的收入为 50000 美元，每年需交房产税 5000 美元，则其每年需要交纳的所得税征收税基为 50000 美元 – 5000 美元 =45000 美元；若纳税人的所在房屋为贷款购买，则纳税人因还贷而产生的利息也可抵扣所得税，如纳税人因房贷月供 2000 美元，其中利息为 1000 美元，则纳税人可以抵扣的所得税税额为（2000 美元 – 1000 美元）× 12 个月 =12000 美元。

需要指出的是，美国所得税由联邦政府征收，税金主要用于国家机器的运转，这同房产税的征收者"当地政府"不同。正是综合了上述抵扣缴纳的税费设计，使得税费的征收在平衡各方不同主体的同时有效降低了纳税人的负担。新税旧税只取其一，税费用途明确清晰。

在中国大陆由于土地国家所有，严格意义上，人们买到的房子仅是 70 年的使用权；而在美国，土地私有，只要手续合法，且正常缴纳房产税，政府或他人都无权对房主的房产进行干涉。在此，房产税是针对真正的"土地资源"进行征收，而非纳税人购买的"房屋商品"。这在税费的征收性质和纳税人的财产权益上与中国大陆有明确的差别。

骄傲的产权文化

随着中国城市化进程的快速推进，市政改造、商业地产开发等活动遍地开花。近些年，国民对自身权益的保护意识逐渐觉醒，而中国也早在 2007 年就颁布了《物权法》，同时还有一系列政策法规对民众权益进行保护。但不可否认，开发商在拆迁过程中基本处于强势地位,而普通民众因弱势常常只能处于被动的地位,且一再成为社会热议的焦点,这是令人尴尬的。

如何破解商业利益与个人权益的关系,在地产开发建设与社会和谐稳定间怎样尽可能保持平衡?成为摆在中国社会面前的一道难题。

在美国,在同样的行业和领域,很少发生特别激烈的恶性事件,即使偶有例外,也会迅速得到社会各界的广泛热论和监督,最后在各方力量积极参与和尽可能公平透明的情况下解决问题。更重要的是,对相关法规的补充调整会紧随其后——民众和各级政府会根据最新情况,以挑剔乃至苛刻的态度重新审视之前制定的法规,从修正到执行,真正落实平等和法制的精神。这不能不值得我们学习和借鉴。

20世纪90年代末,美国康涅狄格州的新伦敦市为振兴发展,决定对城市的某个地段进行开发,但遭遇两个"钉子户"的阻挠。在协商未果的情况下,新伦敦市的市政府拿起法律武器与两个钉子户开始了法庭诉讼,官司一直打到最高法院。最终,市政府以微弱优势赢得了有利于自己的裁决。此举在全美各地掀起轩然大波,很多人都表示反对,并担心这会成为政府日后滥用公权的先例。民众的反对最终引起了联邦的重视。2006年,布什总统发布行政令,明确规定联邦政府必须出于对公众福利的考虑才有权征地。随后,美国几十个州的州政府也纷纷出台立法,对政府在征地过程中的具体职责做出明确说明和限定。一次"强拆"拆出几十部专题立法,这堪称立法史上的奇迹。在这一过程中,除了普通民众主人翁意识的表现外,政府对民众抗议的尊重与配合,尤其令人印象深刻。

普通民众的利益之所以能够得到充分尊重和保护,除了西方社会重视保护私有财产的文化传统外,还在于政府的公平执法,而实现这些的前提,是政府一般不介入商业用途的地产开发——土地征用,房屋拆迁补偿等问题,被认为是开发商和地产被征人之间的商业行为,一般由双方自行协商解决。当然,这并不代表政府对其中可能存在的纠纷不作为。相反,政府对涉及开发拆迁等环节有明确详细的规定:除严禁政府官员从中牟利外,还要求征迁双方自愿平等,禁止以强欺弱或无理纠缠等不合理现象发生。

当然出于道路、学校、医院等公益建设的需要，美国政府也会以公众代表的身份介入土地征收。但即便如此，各级政府在行使征地权时，也要严格遵守宪法和法律的相关规定："在没有取得公正赔偿的前提下，私人财产不得被充公；各州在未经法律的正当程序下不得擅自剥夺私人财产"。针对"钉子户"必须通过正当的法律程序，而不能强行私拆——尊重私权，公正赔偿等原则被贯彻执行。

2007年在美国的西雅图，有开发商计划就一处地带进行地产开发，在征迁过程中涉及一名86岁高龄的老太伊迪丝·曼斯菲尔德，开发商以高达百万美元的补偿价格希望得到当事人的同意进行拆迁（超出市值数倍）。但伊迪丝不为所动，因为老人恋旧，且已习惯了固有的生活。开发商无奈，只得修改图纸，空出原本属于老人的住处。整个过程没有丝毫出现诉讼，抗议等行为，伊迪丝还因此成了当地的英雄。令人欣喜的是，该地产项目的负责人在得知老人孤身一人的情况后，还积极照顾老人的生活，双方最后甚至成了朋友，直到2008年老人去世。

事后据媒体披露，伊迪丝在自己的遗嘱中将房产遗赠给该名负责人，以感谢他在地产开发过程中对自己表现出的友谊。今天，高大的商业地产环抱民居，在当地已成为一道独特的风景，向过往游人静静讲述着一段曾经真实发生过的和谐故事。

这就是美国的民主精神。它们用至高无上的法律对每位房屋拥有者的纳税义务进行规定，同时也用法律的利剑誓死捍卫着公民对房屋的所有权。这里是购房者栖息的港湾。

外国人在美国拥有房屋都要交哪些税？

美国作为一个移民国家，凭借开放、兼容的文化底蕴吸引着海外人士的向往。如今每年涌进美国社会的外来人群数不胜数，其中大部分并没有获得美国绿卡，这部分人在美国社会就是名副其实的外国人。

在美国，外国人主要包括外籍人士和非居民外籍人士两种。由非美国公民和美国国籍人士构成外籍人士，而非居民外籍人士则由没有美国绿卡或者不符合长期居住条例的外籍人士。

在美国哪几类人需要交税？

在美国，纳税人需要把自己在全世界的收入对美国政府进行报税。

1. 持绿卡者，归化的美籍公民和普通的美国公民都是美国的纳税人，都承担美国的纳税义务；

2. 在美国居留的外国人，只要一年在美国停留的时间超过183天即半年，就会自动成为美国的纳税人；

3. 3年之内在美国居住过，且在该年度在美居住超过31天以上，那么当年在美的居住时间加上前一年度居住时间的三分之一，再加上三年内的第一年居住时间的六分之一，三者相加超过183天的人，会成为美国的纳税人。

4. 以下情况则不被计算在没居住时间之内：与美国接壤的墨西哥和加拿大居民过境工作；外国船员短暂停留；由于身体健康原因暂时无法离开美国或留美学生的前5年。

外国人交税的好处，可方便子女继承遗产，如果联名一个美国当地人开户缴税还可以获得一些美国公民才可以享受的权利。

外国人房地产收入税

在美国，外国人购买房地产和出租是不受限制的，但所得收入要缴税，所缴纳比例与普通美国人基本一样，只不过需要多填一张 1040NR 表格。

虽然税率一样，但外国人无法享受到两项扣税的优惠政策：

个人免税额。现行美国税法规定，美国纳税人可以享受每人 3700 美元的个人免税额度，家中如果有"受抚养人"(dependent)，额度还可以增加，但外国人只能享用一个个人免税额，除非是墨西哥、加拿大和韩国的公民。

标准扣税额。美国公民纳税人可以使用至少 5800 元的标准扣税额，然而外国人则不能使用标准扣税额，只能使用逐项扣税。

所以，虽然外国人的收入税率和美国人没什么区别，但实际收入税金要高于美国公民。

遗产税

在美国，每个居民和公民都有遗产免税额，如果留下的遗产市值不超过该额度，则不需要缴纳遗产税。在美国有产业的外国人逝世后，除了在美国的银行存款不算之外，其他股票、债券、房产都算作遗产，并只享有 6 万元的免税额，所纳的遗产税相比起本土美国人要高出不少。

不动产税

在美国，需要每年交 2 次不动产税，截止日期分别是 4 月 10 日和 12 月 10 日。无论是美国公民、绿卡持有者还是外籍人士，都需要缴纳不动产税。一般而言，不动产所有人每年所交的税大概是房价的 1%～1.5%。如果不在美国本土，可以上政府网站用信用卡缴款，或者委托海外房地产管理公司代缴。

房屋的日常养护费用

如果在美国买房用于投资，则每个月的投资收入需要交纳个人所得税，买了房子之后，每年要交纳一定额度的房产税。房产税每个州有不同的税率，平均在房屋价格的1%～1.5%，需要交纳的房产税金额就是房屋价值乘以当地房产税率。如果买的是公寓房，则还需要每个月交纳物业管理费用，费用额度根据社区标准而不同。

美国的房屋

在美国买房子必须购买房屋保险，否则一旦发生火灾、漏水等事故的时候，房屋财产就会受到极大损失，房屋保险价值从几百到几万美元都有，一般为房屋价格的0.4%左右。在一些容易发生地震、洪水或飓风的地方需要额外缴纳附加的保险。

美国政府规定房屋主人必须定时对房屋情况进行巡查、维修、清洁、剪草等养护工作，如果被发现没有做这些工作就将面临严重的处罚。由于美国的劳动力成本非常贵，请一个水管工到家里通一个水管都需要花费数百美元，所以一般美国家庭都会选择自己承担这些维护工作。国内的投资者将房屋买下来之无论是用于投资或是房屋常年闲置，都可以委托专业的中介代理机构对房屋进行维护。

外国人卖屋税费

当外国人不想继续拥有在美国购买的房屋时，可以选择把房卖掉，与国内一样，这时需要缴纳一定额度的税费。

美国税法中的外国人投资房地产税例叫做 Foreign Investment in Real Estate Tax Act of 1980(或简称FIRPTA)规定，外国人出售房屋时的增值收入不是税率比较低的"长期资金增值"(Long Term Capital Gain)，而是作为普通收入，都要按税率计算税金。

中国人如何在美国贷款买房？

在中国，由于很多地方购房有户籍限制，导致很多有投资需求的人没有办法买到正规的商品房。而在美国买房不仅美国民众没有户籍限制之说，甚至外国人同样可以没有限制地在美国购房置业。近年来，不时有中国人到美国大笔购房投资的新闻曝出，甚至马云、雷军等大佬也有这样的举动，那么中国人到美国买房时是否可以申请贷款呢？如果可以的话贷款又该如何申请？

众所周知美国是移民国家，对外来人口一直怀有相对包容的态度。除了美国人之外，中国人照样可以在美国买房，甚至银行对于外国人也是开放的。这意味着中国人如果想在美国买房，完全可以使用贷款。不过，自次贷危机以后，美国银行缩紧了对房屋贷款的发放，因此想要在美国贷款买房都要经历非常严苛的贷款审批流程。

一般中国人到美国买房都会向当地的许多华资银行递交贷款需求。其中华美银行、国泰银行、汇丰银行等都是当地知名银行，贷款的首选。当然除了银行之外，美国也存在许多专业的放贷机构，这些放贷机构的贷款条件不尽相同，但华人购房者是他们重要的目标客户。房产购买者进行贷款买房时选择贷款机构的重要一条标准就是寻找那些专门提供国外置产贷款的公司进行贷款买房。

贷款买房初识

美国的借贷程序和其他国家差别很大，选择贷款的比例是首先要考虑的因素。一般情况下，抵押贷款借贷款项所占的比例应不高于房屋购买价的70%。

选择在美国买房，就必须要提前两个月做好准备，在就近的美国银行进行开户，并存入一定金额的款项，并以此为依据形成抵押贷款放贷机构处的个人身份证明。

抵押贷款作为在美置业者购房常见的贷款方式，与人们的房地产交易生活息息相关。利用抵押贷款，置业者可以在美国购买居民住房、商业地产以及其他的房地产项目。

由于部分外籍人士在美国或多或少面临着失业历史、信誉历史、绿卡或社会安全卡，没有任何信贷报告的证明文件，没有任何收入证明文件，没有原籍国颁发的护照，没有资产证明文件等一系列的窘境，所以与当地的美国人相比，在购房贷款首付款上所要交纳的金额就会略多，首付款的比例与你所选择的贷款机构（银行）、社会信用情况、个人收入等相关。

贷款类型的选择

选择在美国进行贷款买房首先要考虑的就是确定购房贷款的类型。

第一个有明显区别的选择是利率：可调利率贷款和固定利率贷款。

在国内贷款买房时，利率标准是随着基准利率的调整而变化的，还款金额也会随之调整。而在美国贷款买房则可以自行选择可调利率贷款或者是固定利率贷款。

可调利率贷款与国内买房相同，是指购房贷款的利率随着国家基准借贷利率的变化而变化。在美国，美联储决定国家基准利率是否浮动，而美国独立的抵押贷款房贷机构则有权决定贷款利率调整的时间和一定范围内的百分点。美联储官方网站上对于利率调整的细节有详细的阐释，投资者如果想要仔细了解可以登录http://www.federalreserve.gov/ 进行查询。

当然在美国买房还可以考略选择固定贷款利率，所谓固定贷款指的是以起始利率为准，在整个贷款周期内贷款的利率是固定不变的。固定利率贷款比较适用于有长期贷款需求的人，以及喜欢事情尽量少地产生变化，始终在自己掌控之中的人。

考虑贷款期限

当你确定了贷款类型，贷款期限问题也会伴随而来。

假如你选择的贷款期限长，那么相应的月供就会低，而支付的总的利息就会越多，反之，则相反。关于贷款期限的问题需要买主根据自身经济实力进行权衡，选择一个适合自己的贷款期限。

美国的购房贷款类型多样，贷款期限也不尽相同。其中5年、7年、10年、15年、20年甚至长达40年的贷款应有尽有，其中以30年的最常见。

确定首付额度

首付额度对于购房者来说是必须要考虑的问题。出于市场竞争的考虑，各个房贷机构的首付额度差异显著，购房者可以根据自己的实际条件进行选择，不过一般情况下，外国人在美国买房都需要支付房屋售价的30%作为首付款。次贷危机之前有在很多要求首付额度非常低的放贷机构，但2008年以后这种放贷机构就不太常见了。

获取预先资格

当贷款类型、贷款期限和首付额度确定后，就要与合适的放贷机构协商，申请贷款的预先资格。预先资格就是在与借贷机构首次接触之后，正式进行接待流程之前，对贷款申请人身份的核实。预先审核是为了初步搞清楚贷款申请人是否有资格获得贷款，以及能够获得多少贷款额度。申请人也可以通过这个步骤了解到放贷机构是否愿意为自己提供贷款。申请人向房地产经纪人提交自己的个人信息（收入状况、个人财产等）是进行预先资格审核必不可少的步骤。放贷机构将按照从自己的出贷标准来决定贷款人所能承受的贷款额度。

预先资格审核中，借款者千万不要存在侥幸心理。如果放贷机构发现贷款申请人隐瞒自己的真实情况，或者恶意骗取贷款，放贷机构就有权收回已发放的贷款，或者强行收回用此笔贷款所购买的房屋。为了保障贷款能够如实收回，放贷机构对申请人的审核主要包括以下几个方面：

借款人的收入报告

借款人的身份证明材料

借款人的资产统计

借款人的信用状况

申请人身份审核程序通过之后，放贷机构对其想要购买的房产进行审查，由放贷机构的持证评估员前往现场进行评定，根据房屋的性能、状况以及区域市场的价格为基础，出具房产价格评估报告。房产的价值必须与申请贷款的额度对等。

一旦完成鉴定，房贷公司按照程序进行房产审查，查询房屋的产权情况，核实房产历史，确定借款人对整个房屋历史的认可。接下来的流程就是签署合同文件了，签署合同的过程必须是在美国或者在美国大使馆内进行的，签署合同时要由公证人员验证借款人的身份，同时借款人需要缴纳一应鉴定、审核的费用。

签署合同的步骤完成之后，在美国贷款买房的手续就算完成了。

附录：
加州购房合同条款说明

第一段：出价

第一段要求填写买主的姓名及其他任何将成为屋主的姓名。在这段中也要写明房产的地址，愿意出的价钱和买主希望何时"交屋"，换言之，买主何时愿意付款拥有此屋。

第二段：财务安排

第二段解释买主将怎么样付款。大部分的买主在事前付些"订金"。"第三方信托公司"是指一种不受买主或卖主影响的中立公司，他们会为买主保管订金。在这一段时间里买主也可标明是否需要贷款，（如果需要贷款，要贷多少金额）；或者买主是否将以其他已有款项购屋。

第三段：买卖完成与交屋

第三段说明买主何时会搬进住屋，卖主何时应该迁出。如果目前仍有房客居住，则需注明现有房客将怎样安置，并可在此段注明买主何时可以取得钥匙。

第四段：费用分担与支付

第四段写出买主或卖主谁将付那些买卖房屋的手续费。例如：房地产附近的环境（房子是否位在容易发生地震，火灾，和水灾的地区）报告费，产权保险费，代书公司手续费，地价税，或其他政府费用。

第五段：法定的报备声明（包括含铅油漆的告知）以及取消合约的权力

第五段注明法律所规定卖主必须书面告知买主的一些事项。例如：房屋的油漆是否含铅，房子是否在地震带或是容易发生火灾和水灾的地区，和卖方所知房屋有问题的地方。一般来说，买主如果不喜欢任何一项声明，买主有数天的时间可以考虑取消合约，并取回全部的订金。

第六段：独立产权公寓 / 拟定单位开发报备声明

第六段指出当房屋受到某些规定的管辖时，卖主必须提供买主额外的资料。例如：如果房子是独立产权公寓或其他屋主共用游泳池或会议室等这类的已定条文约定。

第七段：影响房屋的状况

第七段说明交屋时，房屋应是买主在签合同时的状态。卖主不需整修任何已经损坏的东西。可是卖主必须要告诉买主任何卖主已知有损坏的部分，并应负责修复双方已签约后才损坏的任何部分。这一段也提醒买主，买主有权"检验"欲购房屋。如果检查后有不满的地方，买主可以取消合同，或者他或她可以要求卖主整修。虽然卖主不必修复全部的问题，如果买主提出要求后卖主拒绝整修，买主有权取消合同，并取回订金。

第八段：随屋附卖的物品及非附属品

第八段讲明买房子时，有哪些附属品。例如：地毯（不是小地毯）、水管、电视天线、冷暖气系统（不包括窗式机种）。如果是通常不包括在售屋之内的附属品，例如：墙上的字画或家具，而买主想要一起购买的话，买主都可以在此注明。

第九段：买主检查房屋现状以及影响房屋的事项

第九段给予买主在特定一段时间内检验房屋的权力。检查一切买主所重视的房屋状况是买主的责任。买主可以自己检验，或雇用职业房屋检验人员帮助买主。

第十段：整修

写明卖方如果同意负责修理，他们必须在交屋前完工，买主也有机会在交屋前检查，整修是否令买主满意。

第十一段：检视房屋若有损失时买主赔偿与卖主保障

买主承诺万一买主或是买主雇用的检验人员损坏了房屋，买主需赔偿卖主的损失。

第十二段：产权及所有权

为卖主解释保障权益的一些报单。例如：卖主如果不拥有全部的产权，或是别人有权使用部分的地产（例如：电话或瓦斯公司或邻居）；这也可以保障某些模棱两可的状况，例如：未经核查或难以确认实际界限的地产。请记住，围墙和自然界限，例如树木或灌木不一定种在界限上。

第十三段：买主自己房屋的出售

仅适用于买主需要先卖掉自己房屋，才能购买此间房屋的情况。

第十四段：时限；设定条件的去除；取消权

给予买主 17 天的期限检验房屋和审阅卖主必须给买主的文件。过了这段时间，买主必须拿掉但书，或取消购屋合同。

虽然买主不一定需要，但他或她可以向卖主提出要求，修理自己不接受的项目。卖主并不是一定要作任何修复。如果买主与卖主无法达成协议，买主仍然有权取消合同，并拿回订金。

如果买主在 17 天内没有以书面方式拿掉但书，或取消合同，或履行一些合同上的义务，卖主有权取消合同。但在卖主取消合同之前，卖主必须给买主书面通知，告诉买主如果不修改但书或履行合同上的义务，卖主将取消合同。在取消合同前，卖主必须给买主至少 24 小时的时间回应。

第十五段：交屋现况的最后核验

给买主在交屋之前，最后一次检验房屋的机会，并确定卖主已完成所同意整修的部分。

第十六段：买主不能履行时的最大损失

第十六段与损失有关。通常，如果买主没有足够的理由却取消合同，卖方可以告买主赔偿损失。如果买主在这段文字前签名，然后买主假若无故取消合同，虽然卖方仍然可以告买主，但是一般来说，买主损失的最大金额就是所付的订金。

第十七段：解决歧见

第十七段有多项功能。这是买方和卖方同意，买方和卖方同意调解的任何争议或诉求，让买卖双方消除歧见的做法，帮助双方解决地产经纪人无法解决的问。

如果买方和卖方在这段下方签名，就表示如果纠纷不能解决时，双方同意不上法庭，而选择由"仲裁人"来解决。仲裁人不是法官，但有权威决定买卖双方谁是谁非及其他事项，包括买卖双方金钱上的纠纷。在这一段中，买方也同意以仲裁方式解决和经纪人在交易过程中的纠纷。

第十八段：房地产税等费用的比率分配

买方和卖方同意某些费用和定期支出，如果在定期交费限期前完成房屋买卖的交易，双方将按比率分配付费。

第十九段：预扣税

买方和卖方会按税法某些规定签妥所需文件，加州和联邦的法律先扣下售价的部分款项，将费用寄往税捐机关。当有需要先扣下部分款项时，常常都是交由代书公司处理。某些减免可能适用，但必须保留记录。

第二十段：经纪人网络查询服务 (MLS)

授权经纪人将买卖及条件通过 MLS 来查询相关房源。MLS 有一份名单，列出买方社区附近待售的房地产，经纪人可用来为买方找寻最适合买方需求的房屋。

第二十一段：公平住屋机会

写明经纪人和买卖双方不可在买卖房屋的过程，有任何歧视的非法行为。

第二十二段：律师费

列举如果必须有诉讼或仲裁时，败诉的一方必须支付胜诉一方的律师费用。

第二十三段：其他专家服务的选择

虽然经纪人提供买房和卖方检验房屋，或其他可以帮助双方购买或出售地产的专业人员名单，但是双方可以自行选择，不需接受经纪人的建议。

第二十四段：把握时效，口说无凭，整个合约变更以书面为主

提醒买房和卖方在协商议价过程中的口头承诺，通常无法律保障，除非这些口头承诺在合约中书写列举出来。

第二十五段：包括附加文件在内的其他条款及条件

买方可以在此写出合约未印出的其他附加条件。

第二十六段：定义

定义合约列出的名词字汇。

第二十七段：经纪人

第二十七段有多项功能。首先，让买主知道自己的经纪人也可能直接或经由属下代理人间接与其他买方合作。其次，让买方知道在这次买卖房屋的过程中，买方的经纪人是否也同时代表卖方。同时，也让卖方知道代表卖方的经纪人也可能试图直接销售其他卖方登记在经纪人名下，或间接销售其他卖方登记在属下代理人名下的其他的房屋。

第二十八段：买卖双方给予第三方信托公司的指示

第二十八段是给第三方信托公司的指示，并且告诉买方和卖方代书公司将会要求双方签更多的文件。最后，指示第三方信托公司在买卖完成时，付费给经纪人。

第二十九段：买主付给经纪人的佣金

第二十九段写明在另一份书面文件中买主同意付给房地产经纪人的佣金。

第三十段：出价的条款及条件

让卖主知道买主将出价购买该房屋。

第三十一段：出价的有效期限

本段指定有权代表买主收取卖主接受合同的人士。除非经由委任状的授权外，否则收取接受合同的授权没有权责接受或签署合同的变更。

第三十二段：卖主付给经纪人的费用

本段写明任何卖方同意付给地产经纪人的费用。

第三十三段：接受出价

本段可让卖方接受买主的出价或还价。还价是指卖方希望改变买主在买方条件中列举的某些要求,但是已经同意买主其他的要求。例如,卖方可能同意买主提出的全部条件,但是,也提出比买方开价较高的卖价。如果卖主正式写出还价单， 则合同不再对双方具任何法律效力,除非买方在还价单上签字,并交还给卖方或卖方经纪人,而且确实由卖方或卖方经纪人在限定时间内查收。在第三十三段下方为卖方签名,并书写姓名和卖方希望重要文件寄回的收信地址。

在卖主签名栏的下方，是地产买卖双方经纪人的签名的格子。

签字表示双方经纪人明了他们所代表的买卖双方，并注明是否买方已付了订金。在此处也注明分摊佣金的任何协议。

第三方信托公司签收

最后一页下方一栏，是第三方信托公司注明收到定金的数额和所收到的所有文件。并且也指出买方和卖方合约生效的时间。合约生效日期相当重要，因为是用来计算合约上各项时间的依据。

第八章

网络时代如何晒房子

图片、影像、全媒体

随着移动互联网的发展，各种社交软件的出现，人们的生活场景和工作细节不仅能够很快的被及时记录下来，并作为自己向外展示的一种重要手段，时不时地对外"曝光"，人们的生活开始在对外炫耀中显得更加丰富多彩。现在人们炫耀的一种常见手段就是把自己拿得出手的东西放在网上晒一晒，"晒"字已经融入到了人们生活的方方面面，晒钱、晒娃、晒父母等，"晒"已经成为很多人隐形炫耀和自我释放的一种途径。

在经济快速发展的今天，拥有一套房子成为很多人毕生所求的一个梦，尤其是对于现在的"蚁居一族"来说，在大城市里拥有一套属于自己的房子更显得弥足珍贵，房子不单单是居住的场所，更像是征服一座城市的战利品，那么，作为当代人安身立命，征服城市的一个重要场所和标志，房子理所应当成为"晒"的硬通货。

我们居住的场所事实上也能够迅速地成为吸引眼球的点睛之笔，但如何在信息大爆炸的今天把自己的房子迅速晒出亮点，则是一种功力。房子当中独特的建筑、宽敞的阳台、清新的环境、绿化的草地等角落都是吸引视线的所在，同样也是你向外炫耀的资本。拍张照片，发段视频，将你的住房印记放置网上，加以传播，很快你的房子就可以变成家喻户晓的景观，若是这样还不足以表现你房子的真正价值和美感所在，那接下来就需要你认真负责的将把自己的感悟融入房子当中，配上一段颇有心得、彰显情怀的话语，转发到朋友圈，其结果会引得无数网友围观，为你点赞，也有可能让你的生活成为别人钦羡的对象。

如何晒房子是一门真正的学问，晒得好，你的生活将会充满喝彩与无限激情；晒得不好，容易遭致朋友的鄙视甚至拉黑。那么，在互联网时代该如何"晒"房子呢？

图片，房主感情的寄托

无论是住在繁华的城市街区，还是僻静的乡间田野，你无时无刻不在与周围的环境发生着关系，在这些环境当中总有一处打动着你，也感染着其他人，斑驳婆娑的疏影、随风撩动的窗帘、隔窗照入的阳光将你的房子装点得分外迷人。这所房子记录你平凡生活的点点滴滴，将你生活中所发生的故事刻在成长日记当中，被收藏、被安放。

你无处不在地成为生活点点滴滴的记录者和参与者，然而时间无情，再美好的瞬间也不会为你停步驻留，于是就需要用图片来讲光辉的岁月，将时间变为永久的记忆。在这个与你时刻保持亲密互动、发生关系的房子里，不时有精彩的故事发生。图片也就成为你留念精彩瞬间的最佳选择，也是你对外晒房子的必要手段，用图片说话，能够用美景填补语言的匮乏，用欲说还休的方式将所述之事表达得淋漓尽致。

有经验的人们会发现，微信朋友圈里那些转发量很高的信息，不仅仅是因为其极具吸引人的标题，精辟的内容，配上大量的精选、高清的图片也是其点击量迅速增长的重要原因，大量的高清图片能够把文章的内容装点的更加绚丽多彩，用图文并茂的方式将读者引入自己的媒体圈子当中。

俗话说："红花还需绿叶配"，添加"高颜值"的图片确实能为其增彩不少，不仅微信如此，在互联网上任何一种有效的传播方式都少不了图片的功劳，晒房子也该如此。

在多姿多彩的生活状态下，有时匮乏的语言很难表达出我们内心所想，但图片的表达能力往往更能将场景描绘的惟妙惟肖。当我们眼中房子的美景深深打动你时，你就会有一种将瞬间留住的憧憬和迫切与别人分享的冲动，这个时候，拍照将是你的本能选择。

运用图片晒房子你可以有两个选择。第一种是直接、粗暴地将房子中可圈可点的角落、高颜值的风景拍下来，然后在你的朋友圈进行转发，让他们清清楚楚地看一看你生活的地方有多舒适、多惬意，把那些还在为买房奔波劳碌的人们甩出一条街，只留下无限的羡慕、嫉妒、恨。但用这种方法晒房子的人们必须要掌握一定的拍照技巧，否则你的图片有可能会因为颜值不高而无人问津。首先，一台像素足够高的相机是必备的，只有这样拍出来的照片清晰度才能够足够高。其次，如何拍照也是你必须要知道的技巧。客厅的整体外观照在整所房子的图片中显得尤为重要，因为透过客厅照片，人们能够看出整套房子的格局，于是找好角度，向下倾斜找出全景，按下快门就成功了，卧室、厨房和卫生间的图片拍摄也是同理。

从本质上讲他们是很追求生活品质的，于是厨房的拍摄就需要这一门技术活了，为了不让你的厨房看起来窄小，在拍摄时就需要你细细揣摩了，用平时自拍的方式镜头向下 30～45 度的俯拍，从而让你的厨房空间显得更加宽阔。至于房子的户型和整个小区的布局情况，就需要你高难度的进行高空操作拍摄鸟瞰图了。还有一点值得警惕的是千万要背光拍摄，否则拍出来的图片将会让人难以适从。

另外一种晒房图片相较第一种就显得有些委婉，让人易于接受。用这种方法晒房子就是将自己作为照片的小主体，把自己在这所房子当中的生活轨迹通过照片记录下来，以虚化的房子作为背景，将自己放置其中，配上一些此时此刻的所思所想或者是引人深思的心灵鸡汤，让关注你的人喜欢上你的人格，之后迷恋上你的住所，这就达到了"醉翁之意不在酒"的晒房目的。

影像，让房子动起来

比起用图片晒房子的静态效果，影像晒房子能够更好地将房子的动与静进行有效的结合。互联网大数据时代，各种各样的信息充斥着人们的生活，很多人对文字性的报告或者修饰的面目全非的图片已经产生审美疲劳和信任危机，在这样的情况下，小小的一段影像视频往往对于网友来说更具有说服力和可信性。

在互联网时代，视频传播的速度和影响力是十分广泛的。往往一段幽默、有吐槽点的视频会在短时间里引爆潮流，成为人们茶余饭后的热谈，而拍一段有关房子的视频，放在网上，呈现给广大网友，那么，你无需多言，有关房子的一些特点都会尽数在这段视频上显示出来，广大网友自会自发对你的房子做出评价，甚至还会进行人肉搜索，说不定你还能沾房子的光，火上一把。

影像晒房子的最大好处就是将房子进行动态化的展示。这种展示能够便捷的将近百平方米或超过百平方米的房子浓缩在几分钟的小视频当中，清晰全面的展示房子的全貌，从餐桌上的一盏烛台到小区外的纷扰人群，将这所房子无死角的在大众眼中全面铺开。不仅如此在房主认为骄傲的房间角落里，还可以应主人的需求进行放大特写，用影像视频来拍下房子，展示房子的全貌，不仅将"晒"字一次发挥的淋漓尽致，更让所晒之物具备了更高的可信度。

著名华语歌手，亚洲歌坛天后孙燕姿从2011年5月结婚以来，在相当长的时间里从媒体视线里销声匿迹。直到2012年中旬在微博中上传了一段视频，让人们对这位歌坛天后再度投放目光。

那么孙燕姿究竟上传了怎样的一段视频，引发了众粉丝的一致追捧？其实很简单，孙燕姿只是将自己家的一间婴儿房拍成一段小视频，然后放在了网上晒了晒。这间小小婴儿房的内景被晒到网上后，网友仿佛能够看到当时这位准妈妈对即将到来的新生命的期待，也看到了走出明星光环后的她，对生活、对家庭的常情。这样的晒法，不仅晒出了房子的内景，更晒出房子主人独有的情怀与境界。

多媒体，为你绘声绘色的描述

随着技术的进步，各种多媒体技术日趋成熟，并应用于各种行业，人们的生活也受此影响展现出新的面貌。在微博、微信、社交网络日渐普及的今天，网友利用多媒体技术晒房子也是一门必不可少的绝技。

智能化、人性化的生活方式成为当今人们的普遍追求。在我们晒房子的过程中，如果用图片和影像将房子向广大网友进行推送，恐怕一时间难以进入人们的视线，网友更喜欢具有表现张力和形象丰富的东西吸引他们的视线，我们绞尽脑汁拍摄的图片和影像往往难入法眼。于是，集视频、投影、录像等于一身的多媒体技术已然成为我们晒房子的重要技术手段。

房主利用多媒体技术，可以对自己即将要晒的房子进行写实性的拍摄、对景点画面和要晒的重点进行剪辑，对影像或图片本身根据拍摄者自己的意愿适时进行声音、文本、图像的添加和虚化。不仅如此，利用多媒体技术还可以将你的房子进行富有想象力的创作，将朴实无华的房子演绎出宇宙洪荒式的住所。房主不仅要在房子的拍摄中多动脑筋，在后期的传播中为了有更好的晒房效果，大可将大段的房子视频录像在屏幕上闪回，或者利用多媒体技术扩大影像空间，分散网友的视线范围，如此一来，房子本身的一些缺点和不足之处就不会被网友轻易发现，相反还会产生放大房子优势的效果。

缺陷暴露法

购买房子对于大部分人来说都是一件大事，因此对房子的选择也是再三挑剔。在看房子的过程中，自然免不了需要面对房产经纪人滔滔不绝的诱惑和诸多的溢美之词，我们或许会质疑这些房主话中的真假，大多数人的防备心理过剩，更不会轻易相信别人，对于买房子或者是晒房子的人来说，一味地说好话不见得能取信于人，消费者往往会通过自己的实地观察找出这些房子的天生不足，然后兴致缺缺的到下一站看房。如今，消费者对个性的追求和以自我为中心的理念加深，"王婆卖瓜，自卖自夸"的时代一去不复返。相反，房产经纪人主动用缺陷暴露法将自己的房子"晒"出来，更容易获得大家的一致点赞。

过分夸大自己房子的优点或者是将房子当中的一些固有缺陷进行掩盖在生活当中十分常见，不少房产经纪人在面对客户时都会绞尽脑汁试图说服人们购买自己所介绍的房子。长期以来，众多的房产经纪人总结出一系列卖房子的秘诀，什么单刀直入法、家庭策略成交法、富兰克林成交法等，但这些成交方法无不围绕着房子本身的优点极力推崇，而结果往往差强人意，房产经纪人的惯用方法在互联网时代逐渐失效。

网络时代，信息极度发达，地球村的到来，让村落中的一草一木都能够清晰的通过互联网和现代先进的科技进行一一地展示，图片、影像和全媒体传播都成为人们浏览世界的媒介，通过这种媒介，大到世界，小到房子，人们都能够清晰地看到其真实面目，并了解事物的真面目，社会大众变得越来越有真知灼见，能够洞察事物的细枝末节，那些被掩盖的缺陷，能够被及时的发现。

可以说，互联网时代消费者变聪明了，以往向人们推送房子的做法难有成效，在人们通过自己的观察洞悉房子的真实面目后，再多的赞美之词都不会起作用，相反还会给人留下不真诚的印象。房产经纪人倒不如反其道而行，主动运用缺陷暴露法，将房子的缺陷适度暴露在阳光下，先行一步向前来看房的人们清楚房子自身的不足之处，然后让他们自己进行选择是否决定购买，以真诚的服务赢得顾客的信赖。

缺陷提前暴露，博取消费者芳心

房子对于很多的家庭和个人来说，都是一件十分重要的事，是家庭衣食住行中重要的组成部分，因此人们在选房子时常常谨慎行事，珍之重之。正常情况下，人在和陌生人打交道时处于一种矛盾的心理状态，一方面戒备心最强，出于好胜心理，对于别人所说的溢美之词常常难以信服；另一方面，一旦遇上陌生人的示弱，又会马上抱有12分的同情，将苛刻放到最低限度，从而也为陌生人的靠近创造条件。

在与房产经纪人看房时，大多数人的心理状态都是试图找到不足之处，反复斟酌，然后进行比较，看看哪个房子对自己的价值最大，在这样的消费者心理状态下，卖房子的人就需要进行一场迂回战术，通过介绍房子的缺点，打动消费者。

当然这种缺陷暴露法不是简单粗暴地告诉前来看房的人诸如房子格局小、规划不合理、隔音效果差等等，而是对看房人进行委婉的提醒，有意识的告诉他们房子的哪里存在问题，有哪些值得注意的地方。这样一来，人们就会从心里对你形成信任，不自觉地对你亲近几分，对你接下来的话深信不疑，无形之中用你的真诚打动了顾客。在顾客看来你不仅仅是一个与他发生利益关系的经纪人，而更像是一个真诚的朋友，真正的向他提供各种建议，给予他最忠实的见解，在拥有信任的前提下，买卖双方更容易达成一致的意见。

在电视剧《大丈夫》中，离婚后生活陷入困境的顾晓岩在重新走入社会后，选择的第一份工作就是房产经纪人。有一次向顾客介绍房子时，顾晓岩不顾同行同事的阻挠，告知顾客这间房子固有的一些缺陷，前来看房的年轻夫妇，本来没有看出房子的不足，经过她的提醒才恍然觉悟，不过接下来顾晓岩将房子的价格优势摆在顾客面前，然后告诉他们尽管房子有一些小小的不足，但完全可以通过自己对房子的布置和家具的摆放，来弥补这些不足，为此顾晓岩还为这对夫妇提了几点建议。如此真诚的服务和坦诚的对待，让顾晓岩很快地就拿下了签单，这样的售房方法不仅为她带来开门红，更让她在今后的销售过程当中顺风顺水。

"金无足赤，人无完人"，没有人苛求一切事物完美到极致，但是主动运用缺陷暴露法却能够用真诚换来消费者的信任。互联网时代用缺陷暴露法晒房子并不是像人们所想的那样"见光死"，而很有可能成为房子的另一种新生。

你的缺陷，我眼中的亮点

卖房子暴露缺陷，并不为奇。每个人眼中的风景不同，每个人欣赏世界的角度也不同，你眼中的缺陷，常常在别人眼中却是亮点或者另做它用。

很多的房产经纪人受到过专业的知识培训和长期的看房经验，理性胜于感性。而现在很多顾客购物时的感性思维常常占据主导，他们在判断一件事情或者在购物选择上常常会根据自己的喜好进行选择，在选房子时，常人眼中的缺点在他们眼中常常是受用之处，这就是所谓的"各花入各眼"。

可还记得春晚小品上蔡明所扮演的娃娃音售楼小姐？处处存在安全隐患的楼房让顾客频频找上门，但是有一位特例，当得知所售房子的房顶漏雨时，这位顾客身先士卒，有明显存在缺陷，甚至无法住人的房子为何能够得到这位顾客的认定？原因在于，这位顾客是倒腾海鲜的商人，他正需要这样漏雨的房子以便时刻补充新鲜、充足的水源。尽管这个故事有些夸张，但却揭露了现实当中的确有随性买房之人，在常人眼中的缺陷房，到了特定的消费者眼中就成了掌中宝，变得爱不释手。

无论是我们晒房子，还是房产经纪人在向外卖房子，恰到好处的缺陷暴露法都会让你的房子从表面上看上去是一种遗憾，但是仔细观察却会发现你无意当中透露的缺陷正好将你房子更大的优点显示出来。比如当你抱怨："啊，房子的阳台好小"，这就暗含着你的房子有可能客厅或者卧室的面积很大，从这一点上来看，小空间的阳台所带来的不足远远比不上大面积的客厅或卧室所带给人们的诱惑力，因此你所展示的房子缺陷实际上并不只是缺陷，而是更大意义上的优点暴露。每个人欣赏美的视角不同，观点不同，常常在我们眼中房子的不足之处，在其他人眼中却是有一定的价值所在。比如我们认为房子的面积切割不合理，客厅面积过大，主卧空间不足等缺点让我们的个人空间感不足，但是这样的缺陷对很多善于交际、注重客厅文化的人来说都是不错的房屋选择，于是，自然而然成为别人眼中的亮点。

张弛有度，适可而止

　　尽管缺陷暴露法可能让你的房子在无意当中尽显精彩之处，但是人们在使用缺陷暴露法时要张弛有度，掌握分寸的进行缺陷暴露。网络时代，人们晒房子最主要的目的就是将其作为自身资本的附加进行炫耀，如果晒得不好，明显就会有损你的价值认可度。因此，不管你的缺陷如何暴露，都要紧紧围绕其真正的价值体现来进行，通过缺陷暴露的方法，巧妙的扬长避短、以退为进，体现房子的真正价值所在，能够获得围观者的羡慕才是真正的目的。

　　中国的住宅十分讲究风水一说，如果你的房子对着楼梯口就会有散财的隐患，在很多人看来会是一件很不吉利的事情，也是很多买房人的忌讳，但是房主可以通过自己有意无意的介绍，以积极的姿态面对这样的事情，胸怀坦荡的接受现实，晒照、晒视频……都可以。久而久之，围观者就会产生"原来你不知道或者本不足为奇"的态度。为了尽快地得到人们对所晒房子的认可，你可以在晒房子的时候将这些缺陷加以修饰，比如拍一张夏天打开门后，通风散热的照片；或者透过小小的楼梯窗户，观看一方天地的照片，面对如此情景，很多的人就会有感而发，情感一旦汇聚，很多人就会自然而然的忽略照片背后所隐藏的，关于房子占地所带来的风水问题，更看重照片中所体现的现实的实际价值。

用缺陷暴露法晒房子要掌握分寸，要张弛有度，要适可而止。一味的暴露缺陷，会使你的房子毫无价值可言，而一味的隐藏缺点，遮盖劣势，就会陷入欺骗的怪圈。因此用缺陷暴露法晒房子，就是要明智地选择用委婉的方法告知消费者房子的缺陷，却又不失时机地传递出某种讯息，有时候缺陷也是另一种风景的讯息。这样，在体现房子价值的基础之上，实现了你晒房子的最终目的。

在移动互联网时代，大家处在一个信息相对公开、透明的的社会当中，仅仅依靠隐瞒的方式来展现房子价值的方式是万万不可取的，一味地展现房子的优点，也容易招来别人的冷眼旁观。而使用缺陷暴露法从心理上更能够俘获更多人的关注。通过暴露缺陷，人们看到内心真诚的你，然后对你所行之事就会更加信任。通过张弛有度的缺陷暴露和缺陷处理方法，不仅能够将你房子的缺陷适时地加以粉饰，有时更会产生意想不到的效果。

微信营销

微信营销作为网络时代一种重要的营销方式，在现代企业的产品推广、传播和销售中占据着重要的作用，尤其是在互联网经济日渐崛起的今天，网络传播逐渐取代传统传播媒介，微信营销方式和手段不断升级，成为一种新的品牌推广工具和平台。

随着这种营销方式的逐渐兴起，其应用的范围和领域正在不断扩大，微信网络社交产品正在从单纯的社交媒介向销售平台全面发展，各种各样的产品开始在微信上进行售卖，微信俨然成为一种虚拟的交易市场，各种微商层出不穷。在这样的网络时代，网友晒房子的方法多种多样，当然少不了微信的参与和应用。利用微信这一平台，网友的房子可以不以时间和地点的限制，随时引来网友的围观；房产经纪人也可以通过微信营销，吸引大量死忠粉。

微信作为一种快速兴起的社交工具，其本身低成本、使用方便的特点带动了微信营销的高达到率、高曝光率、高精准率的优势，微信交流的双方能够在线实现良好的互动，同时，个人又能够通过朋友圈信息分享形成并维护一种朋友关系，朋友圈成为一个迅速崛起的社交应用和分享基地。所以，要想晒出有逼格的、引起广泛反响的房子，了解微信营销的真正价值和掌握微信营销的运营方法是你必不可少的一种技能。了解微信的基本运营原理和商业法则也是能够更好地帮助你实现网络晒房的一种独门秘诀。

零成本粉丝经济

微信创造了一种营销理念：先有粉丝后有经济。这种理念的产生来自于微信的特点，微信本身作为一款社交工具产品，是人与人之间交流沟通的一种现代网络工具，微信上的朋友大多是与你有着生活或者工作上的往来，对你的人生观、价值观有一定认同感，在这样的基础之上，你们之间才会有共同的话题，朋友圈的人才会就你所发表的意见或者推荐的产品形成一定的信任，对你所晒的东西进行关注，否则就会陷入无人问津的困境当中。即使你的房子再好，没有共同语言，恐怕也难以对你的房子产生认同感，点赞、转发更是天方夜谭。

无论是利用微信晒东西，还是利用微信进行产品销售，首先要保证的就是要吸引大批的粉丝前来捧场，在拥有大量粉丝的前提下，一旦你发布某条消息，就会引来大批粉丝前来围观和尖叫，这就是为什么明星会有如此大的社会号召力的原因。很多明星都有一个微信或者微博大号，底下有千千万万个粉丝实时对他们的动态进行关注，一旦发布某条消息，就会产生"蝴蝶效应"，分分钟引发"海啸"。

借助于微信裂变式的传播，会产生广泛的社会回馈。这种通过朋友圈进行的传播是无任何成本可言的，只是在对信息发布者感到稀奇的基础之上进行的自发式传播，一传十，十传百，零成本传播方式将会把越来越多的人拉入到传播队伍当中。你所晒的房子不出一天的时间就有可能变得家喻户晓，这种低碳、环保、零成本的传播方式是任何传播媒介所无法比拟的。

在微信营销中，粉丝起着不可估量的作用。先有粉丝，再有经济，这让微信营销者们为增加粉丝量而绞尽脑汁。无数企业和个人经过长期的实践总结，摸索出了诸多路径，但是其中不乏一些歪门邪道之术。那么，究竟怎样才能增加微信粉丝，创造出真正的营销价值？

颜值、情怀和人品

颜值也是微信营销者的秘诀。在这个看脸的时代，微信营销者以颜值作为畅游朋友圈的神器，轻轻松松销售产品。常见的一些高颜值营销者大多存在于美容护肤品行业，尤其是微信卖面膜者居多，但这只是颜值表现的一种方式，事实上做微信营销，颜值法的应用十分广泛。首先是卖者自身的颜值，爱美之心人皆有之，一般颜值高的人本身就存在一定的忠实粉丝，被大家奉为女神，所以在产品推荐上就会有一定的号召力和优势，这些人在朋友圈卖东西能够轻轻松松的迎来围观者，有围观的地方就有商机，接下来的生意也就不难做了。不过颜值不高的人们也完全不必就此丧失信心，自己的相貌一时之间难以改变，但是可以在产品的后期展示上略胜一筹。重视产品包装，提高产品颜值也能让你玩转朋友圈，分分钟秒杀所谓的女神。

在微信当中晒房子，首先要将你的房子打造成为一处高颜值的住宅用地。用图片、影像和多媒体将你的房子从多角度进行拍摄，利用现代摄影、摄像技术将房子最美的一角表现出来，将最美的风景展示在大众的面前。清晨早起、午后小憩、夕阳西下的房间美景都会为你的房子添加色彩，让房子变得魅力无限。将这些美景图片放置到网上，自然就会吸引众多人的关注，纷纷表示对你住所的各种羡慕和赞扬，明明一所平凡、普通的住所，也会被你晒出别有趣味的人间仙境，高颜值的赋予让你的房子能够短时间里迅速吸引别人的眼球。推广宣传做到位了，未来的销售当然不在话下。

"世界这么大，我想去走走"这样一句颇有情怀的言论一经发表就引起了众人的评论与推崇，由此可见，情怀一词在现代社会已然成为80、90后的兴奋点，一场说走就走的旅行成为时下热潮。参与微信营销的人实际上有点像意见领袖，这个意见领袖的思想与观念一定要能够触动多数人的脑神经，他所倡导的情怀要能够引起别人的共鸣，意见领袖会在自己的朋友圈或者是圈子之外产生一定的号召力，为人们所喜爱，起到涨粉效果。在这样的基础之上，你的产品自然就找到了市场销路。

在微信上晒房子也要晒出房主的情怀来。在现代人看来，有什么样的情怀就会塑造怎样的生活理念和做人品格，情怀已经不再单单指一个人对未来生活的一种追求和态度，已经融入到了现代生活的点点滴滴当中。就拿微信晒房子来说，晒的不仅仅是一所房子，而是你的生活态度。如果想让你的房子得到大家的一致点赞，就要不遗余力的用你的情怀来召唤大家，让他们在对你本人产生认可的同时，对你的房子也产生兴趣和爱好。

任何对人的评价都要从人品下手，微信营销也不例外。此前一名微信协会人员就曾说："做微信营销，首先要做人品，人品都不好，谁会来买你的产品"。这样的话不无道理。很多人借助微信平台向外销售产品，其中很大一部分都是在向朋友圈的人推荐，这样的营销方式是考验你人品的时候。试想一下，如果你的朋友圈中有人在向你推荐一款产品，你首先要考虑的是这个人可信不可信，人品是否值得你信任，如果人品不佳，就会让你的购买冲动冷却；相反，如果这个人的人品足够令你值得信赖，那么，即使你犹豫不决，你也会为其捧场，为产品买单或者转发相关消息。

用颜值、情怀和人品征服大众，获得大量粉丝的同时，就能让你在微信营销中如鱼得水，将你的面膜、水果、房子乃至游艇和别墅得到迅速的升值和关注。比起传统的营销方式，微信营销几乎是零成本的营销费用花费，借助先粉丝后经济的微信营销，用现代简单的方式轻松实现你的营销梦想。

社交建立强关系

微信和Facebook作为目前最流行的社交工具，将原本遥远的人联系在一起。微信原本就是一个手机用户的即时通信应用，为人们提供了一个免费的交流平台。现在，无论是个人还是大企业，都会借助微信进行营销。但是无论怎样做，都不能偏离微信作为社交工具的本质原则，一切微信营销活动都要从社交谈起。

移动互联网时代是社交爆炸的时代，一切交易的产生都要从"聊得来"开始。对大的房产公司销售商来说，他们如果想要借助微信平台推广信息，进行销售，开发一个公众微信号是必不可少的，但是在微信号的后期维护上就要在与消费者交流上下功夫。为前期"引流"是关键。这项工作听起来难度相当大，但是如果你选择用恰当的社交方式，完成起来也是十分轻松的。首先你要设定一个能够引起大家感兴趣的话题，也就是大家能够坐下一起聊天的话题，话题性够强，自然就会引来众人参与讨论，这就为后续的社交打下基础。其次要做的就是对微信的维护，活跃线下粉丝。微信维护也要以社交为基准，而不是企业自娱自乐。以顾客参与为基准的微信营销活动一定要找到与顾客的结合点，设身处地为其着想，与顾客产生互动就是利用社交的原理进行微信营销。

基于微信平台这种个人与个人、个人与企业和企业与企业间的社交，为人们创造了一张强大的关系网，直接将每个人的辐射面积扩大数倍不止。在这个网络当中我们处于中间的节点之上，从我们手中散出的信息会向四面八方发射，我们做好社交圈子，搞好与每个人的关系是十分有必要的。

在微信平台上晒房子或者是卖房子都要以有良好的社交圈子作为基础，维护好这个社交圈子，做好社交文化，将意味着你会在最短的时间里将你的产品零成本的传播到最远的地方，也会凭借你强而有力的社交地位，使产品短时间里抢购一空。如果你只是从卖产品的角度出发，去做微信营销，最终你会陷入无人问津的窘境。

微信营销利用社交，带给每个人一张属于自己的社交网，在这张社交网络当中，人们完全可以借助这张社交网络，用人品、用颜值、用情怀得到朋友圈中每个人的认可，获得可观的粉丝数量。我们生活当中利用网络晒房子，完全可以应用微信等社交工具，用高颜值的房屋住宅和独具魅力的情怀格调，形成"明星效应"，实现粉丝经济。

场景营销

场景营销下的消费者

或许你也有这样的体验，在追剧或者看电影时，不经意喜欢上剧中人物穿着的某款服饰、使用的某款产品，而萌生立刻买到它的冲动；现在，边看视频边购物成为现实，无论是美食节目还是真人秀节目，边看边买逐渐渗透进入视频播放之中，消费者一边看节目一边把剧中同款买了，而商家一边卖内容，一边卖产品，买卖双方其乐融融。

从视频节目植入品牌信息、产品广告，到网络搜索时相关品牌和产品的对应匹配，再到影视节目的"边看边买"，这些创新给消费者一种新的购买体验，而给市场研究者传达的却是一种营销新风尚。

优酷开发出了视频创收平台，平台命名："边看边买"，平台会员可以在视频时段中插入第三方电商平台的商品链接，当观众观看到该时段时，视频中便会出现购买节目内容中提到的该款产品的链接入口，即时购买便得以达成。其他视频网站也陆续跟进这一形式。

消费者变了，营销方式也变了

互联网，尤其是现如今的移动互联网把人们的时间分割、注意力打碎成片。场景成为主战场，场景营销就是在消费者和广告受众，在移动互联网时代注意力分散、时间碎化、生活场景多变的背景下，依据消费者和受众密集接触到的内容场景、输入场景、搜索场景、浏览场景，在充分尊重他们使用体验的前提下，依据场景进行兴趣引导、入口构建、海量曝光的营销模式。

场景营销是移动互联网背景下应运而生的营销模式，也是企业必然选择的营销模式。

在以报纸、电视、广播、杂志主导的传统媒体时代，受众和消费能够选择的信息渠道有限，能够接触到的信息也相对有限，获得信息无论是时间成本还是经济成本都高于互联网时代，这决定了消费者和受众，与网络时代相比，注意力更集中和完整，生活场景相对简单。

而当时间健步走进网络时代、移动互联网时代，网络为人类构建起一片信息海洋，信息渠道丰富，信息获取的速度和成本都趋近于零。移动终端和智能设备占有人们大量的时间，互联网变幻的运用场景打碎人们的注意力；而丰富的社交应用则将人们的实际生活场景变得流动多变。

举例来说，在家用电脑尚未普及、视频网站尚未大行其道之前，电视是最普遍的信息接收渠道，同时兼顾娱乐功能；人们看电视节目无需付费，电视台依靠企业支付的广告费来实现营收；在这样的商业运作模式下，电视节目的观众也是企业的潜在消费者，观众观看免费电视节目是以被动接收广告信息为代价的。而后，家用电脑普及，人们可以即时点播视频节目，可以连续观看，也不必忍受节目中插播广告，但观众仍然需要忍受节目前段的广告。而随着视频门户网站的增多，激烈的竞争中，为争取更多的网站流量，节目前段插播广告也渐渐消失。视频节目经历了一个从插播广告到去广告化的过程，但离开广告收入，视频网站的生存将无以为继。在这样的竞争演变中，广告植入、边看边买等类似的场景营销模式被孵化出来。

在互联网普及前，人们生活在线下场景中。互联网的普及使人们的生活多出一种场景，这种场景是线上场景，而线上场景正占据着人们越来越多的时间；同时线上场景也使人们线下生活场景越来越趋于碎化、分散。互联丰富的信息渠道、种类繁多的应用平台，使人们有和线下生活场景产生关联的可能。通过团购平台可以得到周边丰富的购物、餐厅、酒店、娱乐场所信息，通过社交平台可以轻松和人建立关联，通过交通预定平台可以轻松达到线下目的地；人们一天中游走在家、购物网站、线下商场、团购网站、咖啡厅、交友网站等丰富的虚拟和现实场景中，人是注意力和生活场景呈现多元、动态、分散的状态。

人们接触场景的多元化、动态化、分散化，使广告信息再也难找到一个完整的切合人们生活场景的时段去传播；同时，生活场景的这种变化，使人们的消费行为也更加趋向于临时决策、即时购买。

互联网特别是移动互联网打碎人们的生活场景，传统的价格导向的营销思路也越来越感到乏力；互联网打破传统经济中生产产品是满足尽可能多的消费者的思路，互联网使人的个性化需求的满足成为可能，消费者对商品和服务选择的空间被无限扩大，替代产品层出不穷，价格也不再是购买决策时的敏感因素。互联网养育的新生消费者更乐意为切合生活场景的产品买单，在影院电影时可以即时买到女主同款美装，在想约心仪的女生吃饭时可以迅速找到合适的餐厅。场景导向的营销思路已经上位。

互联网背景下的营销工作要做到移步换景

广告受众也即企业的潜在消费者的生活场景被移动互联网打散，生活场景呈现出多元、动态、碎片化的特征，营销也必须顺应这种变化，因势利导地开展营销活动。

在这种背景下，广告主要保证营销效果，需要在尊重用户体验的情况下，把广告、产品、品牌信息融入到他们的生活中去，使广告、产品、品牌和他们的生活场景共生，保证场景的自然、贴切。营销内容与用户所处的场景越贴切，营销的效果便会越好。

　　再者，需要充分利用碎片场景、碎片时间，制造出产品、品牌与消费者更多的契合点，强化记忆。碎片化场景下的消费者和受众往往难以保持在同一场景中的长时注意，如果只是在单一的场景中制造契合点，难以强化记忆，消费者的购买行为往往会成为一锤子买卖，难以形成品牌忠诚和再次消费。因此，场景营销要做到有效，必须串联消费者高频参与的生活场景，消费者每出现在一个新的场景中都能接触到与该场景相关的营销信息和入口，制造多一些的接触点，强化品牌记忆，给消费者充足的购买条件和理由。

　　应移动互联网时代网络营销的需要，腾讯推出了新移动广告产品"移步换景"。对消费者数据进行充分的分析，实现营销与场景的有机结合，从而实现即时点击转化。

场景营销要把握"即时性"

　　在传统营销模式下，从消费者接触营销信息到消费者做出购买决策是一个漫长的过程，拉长这个时间过程的原因是，传统营销模式下由于购买入口不便利、营销信息和消费者所处场景没有契合点，消费者在产生购买冲动时无法进入购买端口。而移动上网设备和移动电商平台共同破除了上述障碍，使得消费可以和营销场景相关的营销信息触动，产生购买欲望时，即可从移动电子商务平台完成购买。

　　场景营销制胜的关键在于把握触发和把握消费者即时性的购买欲望和购买冲动。

　　所有的营销形式都是在通过信息、技术、物流等来缩短消费者产生购买意愿到完成购买的距离，场景营销的出现正是人类缩短这一距离所做出努力的结果。或许在不久的将来，随着信息科学、技术科学、物流科学的进步，消费者想到即可以买到的时代将阔步向我们走来。

如何做好房地产场景营销

虽然市场是万变的，但客户需求是市场永恒不变的本质，房地产情景营销同样要做到以服务为舞台，以商品作为道具来使得消费者融入其中，创造让消费者值得回忆的场景和体验。

房产作为耐用消费品和贵重消费品，一套房产往往要相伴一生，因此任何一个购房者在做购房决策时，决策周期都是最长的，和普通消费品相比，消费者的购买决策同时兼备感性力量和理性的思考，对房子的价格、环境、工程质量、房屋结构、物业、家具景观会有一个全面的考量。

宜家是场景营销的典范，宜家的场景营销范式是值得房地产企业研究和思考的。在宜家之前，所有的家具无一例外地将各类家具分区域摆放，而宜家却组合各种家具和生活物件在卖场设置一个"小家"，宜家考虑的不仅仅是如何让消费者看到产品、使用产品，而是把产品放置在一个家庭的氛围之中，让顾客在购买过程中去感受。

房产于房地产企业而言卖得是商品，而于消费者而言买的是一个"家"。房地产场景营销最重要的是让购房者通过场景感受到未来的生活，从而使购房者产生情感认同。在土地成本过高的房地产市场背景下，房产价格居高不下，通过场景营销来增加产品的附加值，提高房产溢价能力对房地产企业赢得竞争尤为重要。

房地产场景营销是一个系统工程，需要营销、设计、工程、园林等各个方面全面配合，贯穿房地产项目开发的全过程中的各大环节。

在项目执行过程中，应该重点把握消费者活动的重要生活场景，把规划中的功能和尺度上升到有意境的全新设计。小区场景体验要做到有色，四季常绿要有花，体现季节的变化交替。场景营销也是房产经纪人晒房的重要手段，对于日渐聪明和理性的消费者而言，一个好的场景可以从内心深处触动消费者，提高房产附加值，从而促成交易。

如何制作广告单页

在古代，人们通过自己的作品进行展示；后来有了微博，人们又在微博上晒自己的吃喝玩乐；微信的出现又使人们频频刷朋友圈，这些其实都是为了满足人们的炫耀心理，如果不晒出来，炫耀也就没地方展现了。

广告单页必不可少

车和房，依然是这个时代长时间的热点话题，是年轻人梦寐以求的东西，尤其是对房子的占有，更是成了人们炫耀的资本，有房似乎就有了一切。那么，在网络时代如何晒房子？前面我们说到可以通过多媒体、自我暴露、场景营销等方式进行展现，但是这还只是局限于小范围的展现，如何大范围的推广，仍然需要通过线下的方式进行，其中广告单页就成了必不可少的绝招之一。

我们经常可以在地铁上、居民区附近、房产中介等地方看到房产的广告单页，有的广告甚至离房子所在地相去甚远，但这依然没能抵挡广告的渗透。广告单页的分发，成了房地产之间竞争的主要手段之一。

虽然现在随着移动互联网的普及，智能手机、平板电脑等移动设备十分方便人们的信息获取，在出行的过程中，这些移动设备也是占据了人们大部分的碎片时间，但是在这些设备上打广告不仅成本高，也很难吸引目标消费群体。而广告单页以图文并茂的形式非常具有吸引力，人们在出行的过程中时常会感到无聊，而这些广告单页正好填补了这个空白，当用户拿起广告单页的时候，不仅可以更好地了解房子的状况、优势和便捷性，更能获得全面的联系方式，方便感兴趣的消费者进行联系。

但是如何制作有说服力的、好的广告单页却是一门学问。

好文案是基础

在这个内容为王的年代，文案不仅成了广告单页的基础，也成了整个广告单页的核心。文案好不好，在一定程度上决定了目标消费者是否感兴趣，甚至是不是会买这套房子。

好文案首先要契合整个房子的定位，什么样的房子就决定了什么样的文案。

其次，好文案还要贴合目标群体。高端用户群体需要用精神来说服，需要体现文艺范和艺术性；普通用户则更侧重于功能方面的体现，性价比成了更为实在有力的说辞。

当然，适当的改变文字，也能够在一定程度上掩盖房子的不足。一些经典的房地产广告语被广为流传："如果楼与楼之间的间距比较小的话，就说邻里亲近，和谐温馨；只要能看到一丝海，哪怕只是能闻到海的味道，就说是无敌海景房；如果房子旁边没有商业中心、写字楼等配套，就说是纯居住社区，安静又和谐；如果边上有一家五星级酒店，就说是 CBD 的核心。"这些都是比较讨巧的方式，在使用上要根据实际情况使用。

突出重点

广告单页限于篇幅，就要求在有限的面积内将整体信息进行完整的表述，其中突出重点是重中之重。

能够购买房子的人，一般都是高端消费群体，对于他们而言，时间异常的宝贵；而且他们一般多是高知识分子，具有一定的社会经验，因此一般的花言巧语难以打动他们，必须在有限的时间内突出重点，让他们看到重点，并且为之心动，才能有希望成为他们的目标。

想要"晒"自己的房子，要抓住目标消费群体的眼球，就要尽可能地找到房子自身或者附近的特点。

首先，当然房子自身的特点最为重要。有孩子的家庭，希望有更多的房间提供孩子成长；更富裕的人群，则要求足够大的空间和足够安静的环境；如果是学者，对于书房的要求则是成为必然；如果是音乐爱好者，对于隔音效果就会分外严格。

部分人群对于邻居也是有要求的，这时候有好的邻居也能够成为"晒"房子的资本。如果消费者即将购买的房子旁边，住着某位大明星，相信很多人都会争先恐后的购买这套房子；如果房子旁边的邻居都是高干子弟，或者是大学老师，对于有孩子的父母来说，吸引力也是很大的。

房子附近具备哪些条件、有哪些因素，也是需要重点宣传的要点。房子附近有没有什么特点，将在很大程度上决定广告单页的吸引力，也在很大程度上决定房子的火爆程度。如果房子楼下或者附近有一座公园，则可以侧重体现公园环境的舒适性，对于有孩子或者有老年人的家庭来说，是非常有好处的；如果房子旁边有商业中心，则可以突出娱乐和购物的便捷性，对于购买了较强的年轻人来说，是必备的条件之一；如果房子附近有学校，学区房就是很直白的热点，很多父母或者年轻人在买房子的时候，将来孩子上学是否方便往往是他们的第一考虑。

视觉必须高大上

这是个追求面子的时代，广告单页也需要面子。整个广告单页的面子，就是整体的视觉表现。

我们经常可以看到不同地方的房子，所侧重宣传的广告单页风格也不尽相同。如果是偏重于传统风格的住宅，在视觉表现上就要表现的足够古典、朴素；如果是现代感较强的住宅，时尚、简洁、夜生活丰富的视觉呈现则是广告单页的应有之义；如果是偏艺术范的住宅，个性、自由、文艺的内涵必须包含其中。

所以，视觉上既要重点体现自己的卖点以及自己的特色，更要符合住宅的风格，在视觉呈现上做到高大上。

格调彰显目标群体的品位

根据马斯洛需求理论而言，人的需求是分等级的。处于最底层的当然是满足个人的生存需求，只有在满足了下一级的需求之后，人们才有希望去满足上一级的需求，只有解决了温饱的问题，才有心思去谋求个人价值的实现。而凡事能够购买房子的人，必定是已经满足了自己的低级需求，那对于这部分人来说，他们对自己的品位，对自己的格调就必然有着自己的要求，毫无疑问他们都想彰显自己的格调，因此制作的广告单页就必须符合他们的格调。

格调与视觉呈现是相辅相成的，视觉广告单页是给人的整体印象，是消费者在拿到广告单页时的第一感觉。而格调则是在表面的背后，所展现出来的品位与需求，是对目标消费者内心需求的外在表现。

那如何去彰显目标群体的品位呢？其实，关于格调方面的广告单页设计，除了必须配合整体视觉效果呈现的问题之外，更是一个严谨的系统工程，需要从外在"面子"工程，再到"里子"的深刻表现。

首先，一个很基本的问题就是：要想做好一个广告单页，它首先需要满足广告单页的基本要素。也就是说，广告单页只有在满足了广告属性之后，才能再谈及格调、品位等方面的问题，只有满足了广告属性，广告单页的意义才能存在。而广告属性的满足，需要依靠文案来支撑，关于文案方面的问题，我们前面已经提到了，在此不再解释；而关于视觉方面的呈现问题，在此也不再赘述。

除了文案和视觉呈现，格调方面的整体表现其实也是一个系统的工程，要想让格调符合目标消费群体的品位，就需要先了解目标群体的品位。因此事先对目标群体进行调查是必须的，既要了解目标群体的收入情况，也要针对目标群体在穿着、饮食、装饰、喜好等各方面进行全面的调查，进而分析出目标消费群体的品位，再进一步根据调查结果的分析，设计广告单页。

艺术让广告单页更具吸引力和生命力

既然广告单页的设计是一项系统工程，就需要在各个细节当中把控广告单页的整体设计。一般的广告单页，在发出去之后，一般消费者看一眼也就扔掉了，这是因为消费者将它当作了广告单页看待，如果广告单页也可以以一种新奇的方式出现的话，必然会受到另一番的待遇。

把广告单页设计成艺术品，既是对广告单页资源利用的最大，也是延续广告单页生命的一种好方法，更是吸引高端目标消费群体的有效手段。

因此既可以在广告单页的设计形式上体现艺术品的风格，也可以请一些著名的画家、书法家等对广告单页进行包装、升级。

当然广告单页的设计并不是一项简单的工作，需要综合考虑各项因素进行设计、包装。因此，在制作广告单页的时候，既要考虑目标群体的因素，也要注重面子工程，让广告单页的价值最大化。现在随着网络的发展，H5页面等新的展示方式也越来越受人们的青睐。

第九章

留学经济和美国房市

留学经济和美国房市

自 2007 年次贷危机以来，为重振经济，美国多次放宽签证政策。据统计，2014 年在美留学生达到 90 万人，其中中国留学生约 27.4 万人，占总人数的三分之一。不仅高年级留学生人数连续 8 年上涨，单单 2015 年的暑期夏令营低龄中国学生赴美就超过 10 万人。

留学经济成为美国地方经济的支柱

为什么中国有如此多留学生出国？随着中国义务教育和大学教育的普及，现在寻找工作时本科学历已经不如前些年"吃香"。而且，中国应试教育实行多年以来，严进宽出的大学体制让学生们所有的努力都集中在每年一次的高考上。觉得只要迈过了高考这道坎，以后的学习生活就"舒服多了"，因为大学的学历好拿。这导致许多学生在进入大学后不再努力学习，学历含金量逐年下降。应试教育已经让不少人看到它的弊端，年轻一代的家长也因此感到莫大的危机，留学热从少数人的行为变成潮流。而以金融及科技领先世界的美国，成为众多学生出国留学的首选。

随着中国经济的不断发展，中产阶级人群日益富裕，越来越多的家庭有能力送孩子出国留学。美国是世界科技大国，教育是美国的"优质商品"，对于慧眼识珠的中国家长来说，无不争相"购买"。

事实上，美国的大学中，大多数博士和少量硕士在美国留学依靠助学金维持海外生活，并且免交学费，这一部分人不会给美国经济带来太大收入。而绝大部分本科生和大部分的硕士生学费和生活费都是自掏腰包的，有人计算，一个中国留美的本科生每年学费 1.5 万~2 万美元不等（名牌大学学费更贵）。每月寄宿、饮食、社交、通讯、交通等固定支出 1600 美元左右，一年下来至少为美国经济贡献 4 万~5 万美元，这相当于养活了一个三口之家的低收入美国家庭。美国教育协会曾发布过一个统计报告，报告显示，2013~2014 两年美国留学经济收入约 268 亿美元，其中，中国留学生贡献约 80 亿，占总收入的三分之一。

由此可见，留学经济已然成为美国人赚钱的重要途径，甚至成为美国地方经济的支柱产业。

美国房市搭上留学经济的顺风车

在中国，父母自古就有望子成龙、望女成凤的愿望，"孟母三迁"的故事由来已久。为了使孩子从小有好的教育环境，赢在起跑线上，学区房成了妈妈们趋之若鹜的风水宝地，很多人戏称紧邻中国北京各名牌高校的北京五道口是宇宙的中心。

近几年，随着美国签证政策的不断放松，出国留学更加便利，这也让美国房市搭上了留学经济的顺风车，许多父母为了确保孩子能上高等学府而购买美国房地产。

正如我们前面提到的那位花费巨资在曼哈顿买下一套高级公寓的中国妈妈，为的就是让她如今年仅两岁的女儿未来能够在纽约大学或者哥伦比亚大学上学。虽说笑话引人啼笑，但也不难看出中国家长对于孩子教育事业长远的目光。

中国有学区划分，美国也有学区划分。但在学区房上，美国和中国的学区房情况不同，美国学区划片不实行户籍制度，所以不管你是否拥有房子的产权、是否为美国公民，甚至是否有合法身份都没有关系，哪怕租个房子，照样可以入学。而且很多顶尖学府都是私立学校并不限制学生区域，所以好学区的房子没有被炒得很贵，这种情况被组团而来的中国留学生家长们发现并且专门找好学校区域的房子买。相对于度假、养老、居住、投资等购房需求，对下一代的教育投资无疑更有长远价值。由于美国学校对学生没有区域限制，因此，现在的情况是，好的学区房一出来便被秒杀抢购。

这两年中国经济健康状况的不确定，让中国高净值人群开始越来越多地在其他地方安置财富和选择投资，而美国，就是这些高净值人群的首选地。在来美国买房的人群中，有半数以上是因为子女教育问题。

近些年，中国赴美留学生逐年递增，2014年，中国赴美留学生超过27万，占美国总留学生人数的31%。在2000年时，赴美留学的中国学生只占在美留学生的11%，成为近15年来赴美留学数量增长速度最快的国家。

美国是金融强国，对于教育经济带动房市增长，美国有自己的打算——今日花明日钱，因超前消费而导致经济泡沫破裂引发的次贷危机现在还在影响着美国，在这场危机中，金融操作没有花哨技巧的中国人反而并未受太大的影响。最近，许多中国购房者看上了纽约长岛的公立学校优势。有数据显示，从2013～2014年，长岛拿骚县300万美元以上住宅有四分之一被中国买家买走。受益于留学经济，美国房地产近几年来呈连续上涨之势，这里面，离不开中国家长们的贡献。

送孩子到美国留学，除了买房子外，最让中国家长担心的就是儿女在美国的衣食住行问题，因此，在对儿女日常的花销上中国家长也从不吝啬。在不少美国学生眼中，中国留学生大都出手阔绰，浑身名牌。美国教育这种无形的生产力给美国带来了百亿美元的收入，这些来自中国的留学生是带动美国经济增长的另一股力量。

怎样申请
一所美国的好大学

"东海西海，心理攸同，南学北学，道术未裂"，学术泰斗钱钟书如是评价东西方的文明。这正是钱老游学西方，遍览中西典籍之后得出的会心结论。从晚清开始，中国贵族阶层开始兴起了留学潮，到日本和欧美等地求学成了当时的时尚。从官派留学生到官派与家庭自费相结合，无数对国外文化带有憧憬的学子踏出了国门，期望着能够"师夷长技以制夷"，拯救祖国于危难之中。留学之风在民国达到了鼎点，自晚清至民国，留学生求得真经，报效祖国，建功立业的事迹更是不胜枚举。

中国留学热发展回顾

从人文科学、社会科学到自然科学，各个领域的留学生为中西文化的交流做出了巨大贡献。然而新中国成立后，各种原因致使留学之风渐减，中国逐渐向老大哥苏联学习，到莫斯科留学成为当时读书人的梦想，后随着中苏交恶，去莫斯科留学也没有了机会。从20世纪60年代初到70年代末，中国的留学大潮彻底偃旗息鼓，这中间中国的大门紧闭了近20年，中国的对外文化交流也随之受到极大的影响。

1977年恢复高考，留学之门重新打开，再次开眼看世界的中国人，突然发现，这个文明古国和世界是如此脱轨。游学西方，把先进的文化和技术带回中国，让祖国旧貌换新颜成为新一代留学生的留学信念。而彼时世界上最先进的国家无疑是美国，于是去美国留学成为当时中国留学生最多的选择。然而那时候多数的留学生是国家派遣的，在改革开放之初，经济并不富裕的国民还没有足够的金钱可以自费留学。而随着中国改革开放的深入，中国经济持续高速发展，富裕起来的部分国民有了足够的财力去自费留学，随着自费留学的热潮加大，公费留学的名额持续缩减，如今进入美国留学的主要渠道早已转为自费留学。

美国高等教育发达，高等学校众多且不少是世界顶尖级的名校，当然也有不少极其一般的美国高校。过去只要听说是留学生，不管是从哪个学校留学回来的，回国找工作都会赢得招聘企业青睐。但是现在不同了，随着中国和世界交流的频繁，以及中国企业市场化的逐步完成，对留学生的需求增速有所减缓，留学生渐渐地不如以前那么吃香了。如果稍不留意去了一般的高校，四年后回国，面对激烈的竞争，很可能从海归变成海龟，对自己的事业发展不但没有起到助推的作用，而且还花费不少，错过了国内的发展良机。

随着留学回国人员的增多以及中国经济、技术与国外差距的不断缩小，中国一些招聘单位对留学生的要求也高了起来。现在的形势是：要去美国留学，最好申请一所美国的一流大学，这才是自我增值的最好途径。

如何在美国选择一所好大学？

关于美国的名校，除了哈佛、耶鲁、普林斯顿等这些人们耳熟能详的学校外，更多的学校我们需要参照美国的大学排行榜。

关于美国名校排行榜有很多，尽量要找权威机构的权威组织发布的排行榜，把欧洲、美国和日本的这些科研机构所列的美国大学排行榜搜索出来，做一下比对，就很容易找出美国的全球知名大学。而除了学校的知名度，学科的排行榜、有哪些知名教授也要多多关注。除了这些因素，还要考虑学校所在地方的区位经济、文化交通、气候饮食、消费等多方面因素的综合考虑，这样才能够理性地找出适合自己的大学。

申请美国一流大学很艰难，其激烈程度丝毫不亚于中国的高考。所谓"知己知彼百战不殆"，下面是一些申请美国好大学的流程和注意事项：

一、提出留学申请

自费出国留学的申请人，需要按规定提前半年向所在单位提出申请，经所在单位同意后由申请自费出国留学人员将有关材料面交或邮寄所在地的省教育委员会，高教局审核。审核材料包括：

1. 申请人的学历（含所获学位）证明；

2. 申请人属六类人员的亲属所提交的省、自治区、直辖市一级侨务部门的证明；

3. 申请人提交的未完成大学和大学以上学业的退学证明和偿还培养费证明；

4. 申请人提交的未完成服务期年限的非直系亲属所提交的偿还培养费证明；

5. 申请人所在单位同意其自费出国留学的证明。

被批准后方可到公安机关办理出国手续。其他人员申请办理自费出国留学一般可不必提出留学申请。但应提交相关的证明材料，如经济担保和入学通知书等。

二、选择学校的步骤

选择学校

在选择所中意的学校前往留学时，可遵循以下步骤：

1. 到专业机构或网站对自己的资格和能力进行评估，看是否适合留学；

2. 到各大学校官方网站、各地出国留学咨询处、科技情报中心、各大图书馆查询有关高等院校的资料及申请条件，客观了解各学校的媒体评价、所获奖项、中国学生比例等情况，初步确定几个欲申请的大学名单；

3. 全面考虑选择学校应注意的各种因素，包含区位经济、文化交通、气候饮食、消费等，经过筛选，最后确定 5～10 所院校，然后分别与之联系；

4. 准备标准化语言考试，一般情况下美国的高校都承认托福。

三、与所要前往留学的院校联系

同选择好的院校联系，索取入学申请表格和学业证明资料，你可以通过国外的亲友或者留学专业机构取得，也可以直接网上填报。申请资料一般会包含申请人的基本资料和受教育情况、留学计划、外语能力以及意向研究方向。这些信息会使招生办官员判断你处于哪一级的学习阶段并增加录取的机会。

还有一个很重要的环节就是推荐信，国外高等院校不仅注重申请人的考试成绩，更注重申请人在学习和生活中的多方面特点，推荐信则是其了解申请人的最直接资料，每个大学对推荐信的数目不同，推荐信一般由以前的老师或雇主作为推荐人，最好能突出被推荐者的特点和特长。

最后就是经济担保证明，即资助单位或个人为申请留学者提供的经过公证的有效经济资助证明文件，没有经济担保证明又未获得学校资助，学校一般不考虑录用。

把所有的申请资料准备好后打包发给自己申请的学校，等待录取通知。

四、出国准备

接到录取通知书后，就意味着你要准备出国了，此时需要细心地做好准备工作。首先，要准备好国外学校录取材料，向所在单位开始办理学籍和缴费等手续，然后携带户口簿、身份证和国外入学通知书等到省教育厅进行自费留学资格审核。审核通过之后，携带身份证等资料到市公安局申办护照，去大使馆申办签证，最后准备好行李，换些美元现金，购买机票。

目前中国护照、签证等支持网上受理，所以看自身情况掌握好时间。

以上是简单的几点关于如何申请美国大学的途径和流程，具体操作还要多问询官方文件和有经验的前辈。出国后，国外采用与国内截然不同的开放式教育模式，这对申请者自主学习能力有相当高的要求。除了学习外，生活上更是如此，合理安排生活、学习、娱乐、交友等费用，多了解当地生活习惯，才能更好地开展学习工作。

美国奖学金制度

美国的教育体系及质量在全世界都是相对领先的,除了这一点,美国丰厚的奖学金制度也是吸引全球优秀学子趋之若鹜的重要原因之一。很多梦想出国深造的学子苦于财力有限,往往梦想止步,奖学金制度的设立不仅为求学者打开方便之门,更为全世界人才的培养提供了有力支持。

尤其是近年来媒体经常会报道一些美国的中国留学生轻松拿到价值数十万至上百万人民币全额奖学金的新闻。这直接证明了美国奖学金制度的强大。那么美国的奖学金有哪些种类?又是如何评定的?申请奖学金需要具备哪些条件?奖学金和助学金有什么区别?下面来为您一一详解美国的奖学金制度,以便您根据自身实际情况选择适合自己的学校。

美国的奖学金制度分两个阶段——本科阶段(高中毕业申请美国本科)和研究生阶段(有本科学位,申请硕士或者博士研究生)。这两个阶段有着不同的奖学金制度,二者的申请方式、奖金档位也各有区别。

本科阶段

对于本科阶段的申请者来说,美国的奖学金其实是助学金的一种,称为:Financial Aid,一般缩写为FA。在美国,教育的公平性体现在很多方面,FA助学金的设立就是为那些家境相对较差的学生提供资金补助而设立的。因此助学金(need based FA)的申请和发放都需要考虑申请者的家庭经济状况。申请该种奖学金,需要充分调查申请者的家境,然后再决定是否给予奖学金和匹配多少奖学金的问题。很多学校在录取时通常会让申请者提供详细的家庭收入证明和财产状况。除此之外还有一种是不考虑家庭状况的，那就是奖学金（merit based scholarship），该奖学金主要根据申请者的研究成果和学术成果，更看重申请者的综合素质。也就是说不管你是富二代还是官二代，亦或是平民百姓家的贫苦子弟，只要你素质过硬都可以为你提供相应的奖学金。

对于那些没有拿到美国绿卡的国际学生来说，美国的大学在奖学金设置过程中也会进行区别对待。以公立大学为代表的一些美国高校一般不给国际学生提供need based FA，只有少数学生能够获得奖学金（merit based scholarship）这种真正意义上的奖学金。然而对于私立学校来说，他们为了招收更多的学生，往往会为学生提供多种奖学金，以此吸引更多学生报考。这也是为什么中国的学生经常扎堆拿到一些美国大学的奖学金，而一部分学校则根本没有的原因。是否提供"merit based scholarship"和"need based"两种奖学金甚至成为判断美国高校是公立还是私立的依据之一。

当然在执行过程中也会有一些变化，比如有的学校是提供全额奖学金的，而有的则只提供部分奖学金。前者不受家庭经济环境影响，一旦录用，就会是全奖被称为"need blind"，后者会将学校能够足额提供给你奖学金列入录不录取的重要参考被称为"need aware"。

关于本科生申请如何申请美国大学奖学金有以下几个方面需要注意：

1. 政策优先，量力申请

在竞争日益激烈的情况下，很多美国留学的申请者往往忽视自身实力和美国高校政策，盲目选择一些远高于自身标准的学校，造成申请失败。除非自己真的是冠绝一方，实力超然，自信在中国的竞争者中出类拔萃，才可能打动美国招生人员。像哈佛、耶鲁、普林斯顿、麻省理工、威廉姆斯学校和艾姆赫斯特学院这些学校，都是"need blind"。钱的问题也就不用考虑了。

然而对于很多申请留学的人来说，最好还是要根据实际的家境等客观条件来决定要多少FA。如果家财万贯，这点费用根本不在话下，那么完全可以放弃申请FA，全部自费，这样就可以不用那么费力，对自己的申请也比较有利，同时很多家境贫困的申请者也多了一份机会。当然也不排除有的学生申请FA是出于虚荣心或者要在其他同学面前证明自己的绝对实力。然而，这样一来也就存在被拒绝的风险。因为那些执行"need blind"政策的学校也会充分考虑申请者FA的申请状况。

2. 在选择学校时充分考虑FA需求

顶尖的优秀学霸毕竟是少数，申请留学的学生也不全都是家境优厚。对于一般的留学申请者来说，在留学学校选择上可以着重选择学费相对比较便宜的公立性质的大学或者LAC一类的。虽然学费相对要高一些，但是在奖学金设置上，通常额度也会大很多，所以在预算有限的情况下，就要综合性地考虑学校的学费状况，以及学校能够提供多大额度的奖学金资助。然后再根据自身的需求理性选择申请留学的学校，提高留学代价的性价比。

研究生

同本科生不同，在申请研究生留学时，美国的大学奖学金只有"merit based"一种，"need based FA"类型的奖学金是不存在的。因此在申请留学美国时，大部分的国际大学生一般能够得到以下几个种类的奖学金：一种是全奖，有助学金（Fellowship），助教（Teaching Assistantship），助研（Research Assistantship），另一种是学费减免的奖学金（Tuition Waiver，Scholarship）。

Fellowship，这种类型是相对比较轻松的，不需要付出太多，也不用干活，基本上是白给的。完全可以自给自足，甚至有的成功申请者带着家属一起生活，生儿育女都不成问题，当然他们都比较节省。更有甚者在几年时间就能买一辆不错的汽车。

助教这种类型的奖学金一般是由所进入院系缴纳学费，还会给一定的生活费用供平常花销。但是需要付出一定的代价，比如每周要提供 20 小时左右的工作。跑跑腿或者帮助管理图书馆、休息室之类的小活。当然不同的学校会有不同的项目规定。总之是要付出一定的劳动的。助研这种类型所招收的学生的学费是招收学生的教授自己从某一个科研项目经费中抽出一些钱来帮助学生交学费、发生活费，当然就像助教类型一样，也需要每周提供 20 小时左右的工作。但还要根据教授的实际要求需要来安排工作的时长和时段。

随着市场竞争越来越激烈，为了吸引到足够多的学生，有些学校在申请奖学金的时候会根据每个学生的个人实力给出学费减免（从 1/4 到全免都有），或者一些小的奖学金（多在几千美元到 1 万美元）。当然不同学校也会有不同的叫法。

从近几年来看由于市场需求不断攀升，中国申请赴美留学的学生数量也节节升高，当然，申请研究生奖学金的学生也越来越多，那么现实中研究生奖学金的发放情况究竟如何呢？

1. 研究生的奖学金是连带的不需要再去额外申请

大多数学校在评审的时候一般都会自动根据申请人的实力来决定是否给予奖学金，以及奖学金数额的大小，因为这种类型的奖学金一般都是 merit based，不需要单独提交其他的申请材料。

2. 新申请的奖学金，全奖类的一般只有博士生能够拿到，硕士生相对难度比较大

美国的奖学金制度是同美国的经济状况紧密相关的，当经济出现问题时，奖学金的发放也会相应缩水。所以前些年出现的全奖学金现在已经很少了。学校更愿意把全额奖学金或者学校和教授的经费给那些能够为学校和教授本人带来更多贡献和最直接利益的学生。但申请留学去同为北美地区的加拿大仍然可以拿到全额奖学金。所以要想在美国完整地读完研究生硕士学历就需要准备一年左右的

费用。并通过勤工俭学等方式完成学业。

3. 奖学金不同对申请者的要求重点也不尽相同

美国大学的全额奖学金虽然是为高能力学生的，但是评定过程却十分严格，也会有不同的等级划分，全额奖学金属于级别最高的，申请难度也是最大的，不仅仅有硬实力的比评，比如"GT"成绩单、大学成绩绩点、过往教育经历等，同时也有软实力的要求，比如在专业上的造诣、论文发表等。助教因为是学院出钱，所以比较注重一些硬性指标，"GT"成绩单、大学成绩绩点、论文发表字数与篇幅等。助研由于是教授本人出钱所以侧重点更多是在软实力方面，比如学生的自身能力是否是同自己所教授的专业相关等。教授往往都有个人偏好，如有的教授喜欢知识面广学识渊博的学生，有的教授则认为学生的语言天赋很重要，因此助教和助研不是单方面，而是相互结合渗透，综合能力仍占有重要地位。

以上所讲是根据美国现行的一些奖学金制度进行梳理，因为赴美留学的人数每年都在递增，逐渐成为潮流，因此各个学校在执行奖学金制度时也会结合自身实际做出一些调整。各位学生及学生家长可以根据自身条件进行选择和决定以何种方式争取奖学金降低留学成本。

应该从中学
就去美国留学吗？

随着中国经济的发展，出国留学已经成为众多学生和家长的夙愿，当然，赴美读书也是中国学生和家长们梦寐以求的愿望。很多父母都希望自己的孩子能够留美读书，拿到一个好的文凭，以便将来找到高薪工作。但是很多父母比较犯难的是应该在何时选择让孩子出国以便更有利于孩子发展。不少家长认为中学阶段是出国留学的最佳时机，早些出去，孩子语言掌握得快，能够更快地融入到国外的生活中。那么中学阶段出国对未来升学有什么好处？中学留学又需要哪些条件？申请难度有多大？

首先美国是教育大国，也是世界上教育体制最完善的国家之一，美国的教育资源十分丰富，赴美留学正在成为出国留学的首选目的地。相比中国应试教育下的教育体制，美国拥有相对完善的高考制度保障了教育的公平。

美国中学的现实情况？

美国不仅是现在世界上首屈一指的政治、经济、军事强国，而且在教育领域也是一个相对领先并且发达的国家。早在20世纪初，美国就已经开始通过立法实施义务教育，同中国的九年义务教育不同，美国实行的是12年义务教育。由于美国实行联邦制，许多州的义务教育甚至长达14年，它将学前班的1~2年也计算在内。有数据显示，美国高校的毛入学率高达80%以上，几乎每个州府都有大量的高校和社区学院，基本满足了每个想上大学的人的需求。但是如果一个学生想要进入一流的名牌大学那就要直接面对一场激烈的竞争，因此美国的高中学生，尤其是渴望名校的学生之间竞争也是很大的，很多学生从入学就开始十分努力地学习，为未来考入名校做准备。

在学制划分上，中国中学阶段的初级中学一般为 7～9 年级，高级中学则是 10～12 年级；而在美国则是 6～12 年级，前 3 年为初级中学，后 4 年为高级中学。

在课程选择上，中国学生在中学阶段学的课程完全是一样的，不存在任何差异化，直到高中后文理分科才有所差别，然而美国的中学即使是同一个年级的学生，选择课程时也可以千奇百怪各不相同，甚至任何两个学生的课程都是有差别的，因为美国中学的课程更加注重差异化教学，在课程设置上充分尊重学生的个人爱好、学习水平、综合素质等各方面因素，因材施教是美国中学的基本宗旨之一。

对于毕业的要求，在中国基本上是读完三年制高中才可以毕业，几乎不存在提前毕业的可能。然而在美国中学采取学分制，是按照学生的学分来确定何时毕业，因为每个学生选择的课程各不相同，因此常常会有成绩优秀的学生提前修够学校规定的学分，从而获得参加当年高考的权利。

如何在中学阶段去美国留学？

在中学阶段赴美留学的最终目的是能够在高中毕业时考取美国的大学，然而美国的大学在录取标准上却是没有完全一样的标准规范，录取机制非常多元。在美国，公立的高中占到 85% 左右，剩下 15% 是私立高中，但美国公立高中几乎只接受数量有限的交换生名额，大部分赴美留学的高中生是进入私立高中就读。

在美国高中生升学，学习成绩也同样很重要，他要求学生要完成全部的课程，并取得平均分，因此插班的国际学生基本没有完整的美国课程，在录取阶段一定程度上同美国本土学生比相对不占优势。再加上美国有着标准化的由美国大学委员会主办的考试，其中英语部分主要考美国的文化，对于那些对美国历史和文学不感兴趣的学生来说，要想通过这样难度的考试还是有一定难度的。

除了考试的要求外，学生本身的素质也很重要，虽然没有德、智、体、美、劳这样的中国特色的"五讲四美三热爱"，但业余爱好方面、社会公益方面也是大学录取时重点考察的内容。不像国内有专长的学生那样，进入高中后迫于考试、课业方面的压力基本就没时间再去顾及。相比之下美国的学生，因为相对宽松的学习环境，大把的业余时间可以参与我们所谓的社会实践活动。

除了软硬实力以外，大学录取时推荐信也十分重要，无论是就读学校的推荐还是授业老师专业点评推荐，都可以给学生增添被录取的砝码，因为学校和老师接触学生的时间相对较多，肯定是最了解学生的人，他们可以很公正的点评学生的在校表现，如果其中多是夸赞和表扬，这样的作用甚至比在考试中多考分数都重要。

有人说申请美国的大学，除了硬实力+软实力外还要有运气成分存在。比如学生考试的作文，美国大学十分在意这一点，因为作文要按照西方逻辑、美国思维来写才能够得到阅卷老师的认可，而这样的思维与逻辑更不是一朝一夕就能建立起来的。综上所述，赴美留学宜早不宜晚，最好是在中学阶段，这样就能够缩小同欧美学生的差距，申请到更好的大学。

如何把握去美国留学的时机？

中学阶段赴美留学，最好的时间应该是初中三年级，因为初中三年级留学就要在初二的时候开始申请，高中阶段都在美国的高中就读，无论是时间上还是学科课程上都可以比较完整地读完整个高中学业，在申请大学时同美国学生的差距就可以进一步缩小。

如果选择在国内读完初中再申请留学，无疑就会错过美国的高中一年级甚至二年级的学习，学分上就会损失一大块儿，课程选择的自由度也就进一步缩小。学生面临的压力会更大，时间上也更加紧张，不利于学生全面学习美国高中课程，在申请大学时劣势也会很明显。

如果在高中三年级才开始申请赴美留学，从时间上来说基本已经太迟了，因为美国的高中学校很少有能够接受12年级的插班生的，因为时间就剩下一年很难让插班生跟上步伐，申请大学的困难程度将呈几何倍增加。

高中阶段赴美留学的难度？

许多中国的家长感觉中国高中生学业压力特别大，教育课程刻板，赴美留学的需求变得越来越迫切。但是，申请赴美留学要面临的竞争压力更大，远没有想象中那么容易。尤其是近年来赴美留学的人数持续增加，申请人数也逐年增长，在这种情况下美国高中的预留名额并没有相应地大幅度增加，这样就有了先申请先留学的先到先得原则。待到满员时，即使十分优秀的申请者也很难进入美国高中留学。

在环节设置上也相对比较繁琐，比如要经历提交申请—语言测试—面试—收到录取通知书—申请签证—留学申请成功等一系列环节，环环相扣，丝毫马虎不得，尤其是面试环节，很多院校都会对留学申请人进行现场面试或者电话面试，甚至个别学校还特别要求申请人要自己去所在学校接受面试，很多学生在面试环节被卡壳，导致整个申请失败。可见赴美留学要经过长时间的周密安排和精心的准备才行。因为个别学校还要求进行中学英语能力测试，因此同样需要时间准备，提前一年进行申请就显得十分必要。

因为美国在录取学生的时候，十分看重学生的各方面的综合素质，而不仅仅是考试成绩，因此学生申请时要特别注意在填写申请材料的时候要将自己的社会实践能力、综合能力、特长与兴趣爱好等方面多加描述，而不仅仅只写自己的成绩多么好，拿过什么奖学金之类的措辞，更要有货真价实的证明材料才可以。

赴美留学，家长要明白一个道理，留学的目的不仅仅是学习知识，更重要的是要培养孩子独立能力，处事能力，解决问题的能力等。因此判断学生留学成功的标准不能仅仅盯着学生是否考上了名牌大学，而是要看学生自己通过留学期间自信心、荣誉感、责任感、开放的思考理念等等是否建立。留学也不仅仅是为了找一份好工作，一味地认为只要留学就是高级人才，就是人中龙凤，过高的期许和目标只会给学生徒增压力，并不一定适合每个学生，因为每个人的成功不仅仅是外部因素的作用，更是内在自身努力的体现，通过自己的努力实现成长，获得认可与肯定才是最成功的留学。

赴美留学必备条件

上述列举的留学应具备的条件和要求多属于素质层面的，在硬件方面也有几项必备条件：

第一、申请人的家庭应该具备一定的经济实力。

因为美国的高中学校很少有设置国际学生的奖学金，在费用方面相应就会比较高一些，同时由于年龄等问题，打工挣学费不是很适合低龄中学生。

第二、申请人的心理抗压能力要出众

因为出门在外，由于文化习俗等方面的差异，需要一定的时间克服这些，因此心理抗压能力十分重要。只有心理素质过硬，才能够有更出色的表现，顺利留学美国。

第三、要有较强的学习能力和体育运动能力。

美国高中很少采取国内填鸭式的灌输教育，大多采取自由放养式的教育方式，因此就需要学生自己去约束自己，自主学习能力就必须突出。当然，美国是世界上体育运动最发达的国家之一，篮球、冰球、橄榄球、田径、网球等诸多体育项目都受到人们的喜爱，如果体育项目上有所特长，将能够更快融入当地学生，为自己的留学生涯加分。

附录一：
2014 年美国加州高中排名 [前 100 名]

州排名	学校	大学升学准备指数	学业成绩指数	总入学人数
#1	牛津学院 Oxford Academy Oxford Academy 5172 ORANGE AVE CYPRESS, CA 90630 Anaheim Union High School #10 Nationally Ranked	100.0 高于加利福尼亚州平均值 100% 考试 (AP®) 100% 通过 (AP®)	995 高于加利福尼亚州平均值 达到加利福尼亚州的目标	1142
#2	惠特尼中学 Whitney High School Whitney High School 16800 SHOEMAKER AVE CERRITOS, CA 90703 ABC Unified School District #22 Nationally Ranked	97.5 100.0 高于加利福尼亚州平均值 99% 考试 (AP®) 97% 通过 (AP®)	995 高于加利福尼亚州平均值 达到加利福尼亚州的目标	1021
#3	太平洋学院学校 Pacific Collegiate School Pacific Collegiate School 255 SWIFT ST SANTA CRUZ, CA 95060 Santa Cruz County Office Of Education #25 Nationally Ranked	97.1 100.0 高于加利福尼亚州平均值 100% 考试 (AP®) 96% 通过 (AP®)	995 高于加利福尼亚州平均值 达到加利福尼亚州的目标	510
#4	金普圣荷西学院中学 KIPP San Jose Collegiate School KIPP San Jose Collegiate School 1790 EDUCATIONAL PARK DR SAN JOSE, CA 95133 East Side Union High School #41 Nationally Ranked	90.8 高于加利福尼亚州平均值 100% 考试 (AP®) 88% 通过 (AP®)	900 高于加利福尼亚州平均值 达到加利福尼亚州的目标	355
#5	普罗伊斯学校 The Preuss School The Preuss School 9500 GILMAN DR MC 0536 LA JOLLA, CA 92093 San Diego Unified School District #42 Nationally Ranked	90.3 高于加利福尼亚州平均值 100% 考试 (AP®) 87% 通过 (AP®)	893 高于加利福尼亚州平均值 达到加利福尼亚州的目标	817
#6	美洲印第安人公立高中 American Indian Public High School American Indian Public High School 3637 MAGEE AVE OAKLAND, CA 94619 Oakland Unified School District #44 Nationally Ranked	89.3 高于加利福尼亚州平均值 100% 考试 (AP®) 86% 通过 (AP®)	928 高于加利福尼亚州平均值 达到加利福尼亚州的目标	192

#7	洛威尔高中 Lowell High School Lowell High School 1101 EUCALYPTUS DR SAN FRANCISCO, CA 94132 San Francisco Unified School District #50 Nationally Ranked	87.7 高于加利福尼亚州平均值 92% 考试 (AP®) 86% 通过 (AP®)	956 高于加利福尼亚州 平均值 达到加利福尼亚州 的目标	2632
#8	大学附中 University High School University High School 2611 EAST MATOIAN M/S UH134 FRESNO, CA 93740 Fresno Unified School District #53 Nationally Ranked	86.9 高于加利福尼亚州平均值 100% 考试 (AP®) 83% 通过 (AP®)	926 高于加利福尼亚州 平均值 达到加利福尼亚州 的目标	480
#9	霍索恩数学与科学学院 Hawthorne Math and Science Academy Hawthorne Math and Science Academy 4467 WEST BROADWAY HAWTHORNE, CA 90250 Hawthorne #55 Nationally Ranked	86.8 高于加利福尼亚州平均值 96% 考试 (AP®) 84% 通过 (AP®)	894 高于加利福尼亚州 平均值 达到加利福尼亚州 的目标	595
#10	伦诺克斯数学科学与技术学院 Lennox Mathematics, Science & Technology Academy Lennox Mathematics, Science & Technology Academy 11036 HAWTHORNE BLVD LENNOX, CA 90304 Lennox #59 Nationally Ranked	85.9 高于加利福尼亚州平均值 98% 考试 (AP®) 82% 通过 (AP®)	790 高于加利福尼亚州 平均值 没有达到 加利福尼亚州 的目标	565
#11	金普国王学院高中 KIPP King Collegiate High School KIPP King Collegiate High School 2005 VIA BARRETT SAN LORENZO, CA 94580 San Lorenzo Unified School District #67 Nationally Ranked	83.6 高于加利福尼亚州平均值 97% 考试 (AP®) 79% 通过 (AP®)	833 高于加利福尼亚州 平均值 达到加利福尼亚州 的目标	451
#12	圣迭戈国际关系学院 San Diego High School of International Studies San Diego High School of International Studies 1405 PARK BLVD SAN DIEGO, CA 92101 San Diego Unified School District #88 Nationally Ranked	79.2 高于加利福尼亚州平均值 84% 考试 (IB) 78% 通过 (IB)	870 高于加利福尼亚州 平均值 达到加利福尼亚州 的目标	642

#13	蒙他维斯塔高中 Monta Vista High School Monta Vista High School 21840 MCCLELLAN RD CUPERTINO, CA 95014 Fremont Union High School #97 Nationally Ranked	76.3 高于加利福尼亚州平均值 80% 考试 (AP®) 75% 通过 (AP®)	957 高于加利福尼亚州平均值 达到加利福尼亚州的目标	2513
#14	峡谷峰学院 Canyon Crest Academy Canyon Crest Academy 5951 VILLAGE CENTER LOOP RD SAN DIEGO, CA 92130 San Dieguito Union High School #99 Nationally Ranked	75.9 高于加利福尼亚州平均值 82% 考试 (AP®) 74% 通过 (AP®)	917 高于加利福尼亚州平均值 达到加利福尼亚州的目标	1839
#15	加州数学和科学学院 California Academy Of Mathematics And Science California Academy Of Mathematics And Science 1000 EAST VICTORIA ST BLDG. CARSON, CA 90747 Long Beach Unified School District #101 Nationally Ranked	75.7 高于加利福尼亚州平均值 91% 考试 (AP®) 70% 通过 (AP®)	975 高于加利福尼亚州平均值 达到加利福尼亚州的目标	659
#16	萨米特预科高中 Summit Preparatory High School Summit Preparatory High School 890 BROADWAY REDWOOD CITY, CA 94063 Sequoia Union High School #103 Nationally Ranked	75.5 高于加利福尼亚州平均值 100% 考试 (AP®) 67% 通过 (AP®)	859 高于加利福尼亚州平均值 达到加利福尼亚州的目标	425
#17	亨利古恩中学 Henry M. Gunn High School Henry M. Gunn High School 780 ARASTRADERO RD PALO ALTO, CA 94306 Palo Alto Unified School District #104 Nationally Ranked	75.2 高于加利福尼亚州平均值 77% 考试 (AP®) 75% 通过 (AP®)	918 高于加利福尼亚州平均值 达到加利福尼亚州的目标	1854
#18	林布鲁克高中 Lynbrook High School Lynbrook High School 1280 JOHNSON AVE SAN JOSE, CA 95129 Fremont Union High School #109 Nationally Ranked	74.4 高于加利福尼亚州平均值 76% 考试 (AP®) 74% 通过 (AP®)	946 高于加利福尼亚州平均值 达到加利福尼亚州的目标	1788
#19	洛杉矶富集研究中心 Los Angeles Center For Enriched Studies Los Angeles Center For Enriched Studies 5931 WEST 18TH ST LOS ANGELES, CA 90035 Los Angeles Unified School District #112 Nationally Ranked	74.2 高于加利福尼亚州平均值 87% 考试 (AP®) 70% 通过 (AP®)	908 高于加利福尼亚州平均值 达到加利福尼亚州的目标	1630

#20	卡波林杜高中 Campolindo High School Campolindo High School 300 MORAGA RD MORAGA, CA 94556 Acalanes Union High School #143 Nationally Ranked	69.4 高于加利福尼亚州平均值 74% 考试 (AP®) 68% 通过 (AP®)	921 高于加利福尼亚州平均值 达到加利福尼亚州的目标	1285
#21	雷德伍德高中 Redwood High School Redwood High School 395 DOHERTY DR LARKSPUR, CA 94939 Tamalpais Union High School #144 Nationally Ranked	69.2 高于加利福尼亚州平均值 71% 考试 (AP®) 68% 通过 (AP®)	900 高于加利福尼亚州平均值 达到加利福尼亚州的目标	1456
#22	联盟奥尔加莫汉博士高中 Alliance Dr. Olga Mohan High School Alliance Dr. Olga Mohan High School 644 WEST 17TH ST LOS ANGELES, CA 90015 Los Angeles Unified School District #147 Nationally Ranked	68.9 高于加利福尼亚州平均值 86% 考试 (AP®) 63% 通过 (AP®)	883 高于加利福尼亚州平均值 达到加利福尼亚州的目标	444
#23	哈伯教师预科学院 Harbor Teacher Preparation AcademyHarbor Teacher Preparation Academy 1111 FIGUEROA PLACE WILMINGTON, CA 90744 Los Angeles Unified School District #149 Nationally Ranked	68.7 高于加利福尼亚州平均值 92% 考试 (AP®) 61% 通过 (AP®)	934 高于加利福尼亚州平均值 达到加利福尼亚州的目标	404
#24	萨拉托加高中 Saratoga High School Saratoga High School 20300 HERRIMAN AVE SARATOGA, CA 95070 Los Gatos-Saratoga Joint Union High School #152 Nationally Ranked	68.4 高于加利福尼亚州平均值 73% 考试 (AP®) 67% 通过 (AP®)	932 高于加利福尼亚州平均值 达到加利福尼亚州的目标	1419
#25	欧文斯吉尔罗伊博士早期学院 Dr. T. J. Owens Gilroy Early College Academy Dr. T. J. Owens Gilroy Early College Academy 5055 SANTA TERESA BLVD PB17 GILROY, CA 95020 Gilroy Unified School District #161 Nationally Ranked	67.7 高于加利福尼亚州平均值 95% 考试 (AP®) 58% 通过 (AP®)	931 高于加利福尼亚州平均值 达到加利福尼亚州的目标	248
#26	帕洛斯维第斯半岛高中 Palos Verdes Peninsula High School Palos Verdes Peninsula High School 27118 SILVER SPUR RDROLLING HILLS ESTATES, CA 90274 Palos Verdes Peninsula Unified School District #165 Nationally Ranked	67.2 高于加利福尼亚州平均值 75% 考试 (AP®) 65% 通过 (AP®)	906 高于加利福尼亚州平均值 达到加利福尼亚州的目标	2540

#27	圣马力诺高中 San Marino High School San Marino High School 2701 HUNTINGTON DR SAN MARINO, CA 91108 San Marino Unified School District #167 Nationally Ranked	66.8 高于加利福尼亚州平均值 72% 考试 (AP®) 65% 通过 (AP®)	940 高于加利福尼亚州平均值 达到加利福尼亚州的目标	1103
#28	拉肯纳达中学 La Canada High School La Canada High School 4463 OAK GROVE DR LA CANADA, CA 91011 La Canada Unified School District #180 Nationally Ranked	65.1 高于加利福尼亚州平均值 70% 考试 (AP®) 63% 通过 (AP®)	946 高于加利福尼亚州平均值 达到加利福尼亚州的目标	2117
#29	领导学公立学校海沃德校区 Leadership Public Schools —Hayward Leadership Public Schools —Hayward 28000 CALAROGA AVE HAYWARD, CA 94545 Hayward Unified School District #184 Nationally Ranked	65.0 高于加利福尼亚州平均值 83% 考试 (AP®) 59% 通过 (AP®)	861 高于加利福尼亚州平均值 达到加利福尼亚州的目标	446
#30	帕洛斯维第斯高中 Palos Verdes High School Palos Verdes High School 600 CLOYDEN RD PALOS VERDES ESTATES, CA 90274 Palos Verdes Peninsula Unified School District #187 Nationally Ranked	64.8 高于加利福尼亚州平均值 73% 考试 (AP®) 62% 通过 (AP®)	896 高于加利福尼亚州平均值 达到加利福尼亚州的目标	1695
#31	马克与伊娃斯特恩联盟数学与科学学校 Alliance Marc & Eva Stern Math and Science School Alliance Marc & Eva Stern Math and Science School 5151 STATE UNIVERSITY DR LOT LOS ANGELES, CA 90032 Los Angeles Unified School District #191 Nationally Ranked	64.4 高于加利福尼亚州平均值 85% 考试 (AP®) 58% 通过 (AP®)	785 高于加利福尼亚州平均值 没有达到加利福尼亚州的目标	568
#32	大学预科学校 University Preparatory School University Preparatory School 2200 EUREKA WAY REDDING, CA 96001 Shasta Union High School #195 Nationally Ranked	64.0 高于加利福尼亚州平均值 88% 考试 (AP®) 56% 通过 (AP®)	914 高于加利福尼亚州平均值 达到加利福尼亚州的目标	865

#33	西景高中 Westview High School Westview High School 13500 CAMINO DEL SUR SAN DIEGO, CA 92129 Poway Unified School District #198 Nationally Ranked	63.6 高于加利福尼亚州平均值 73% 考试 (AP®) 61% 通过 (AP®)	872 高于加利福尼亚州平均值 达到加利福尼亚州的目标	2372
#34	皮埃蒙特高中 Piedmont High School Piedmont High School 800 MAGNOLIA AVE PIEDMONT, CA 94611 Piedmont City Unified School District #200 Nationally Ranked	63.5 高于加利福尼亚州平均值 68% 考试 (AP®) 62% 通过 (AP®)	916 高于加利福尼亚州平均值 达到加利福尼亚州的目标	750
#35	佛德喜尔科技高中 Foothill Technology High School Foothill Technology High School 100 DAY RD VENTURA, CA 93003 Ventura Unified School District #212 Nationally Ranked	62.8 高于加利福尼亚州平均值 70% 考试 (AP®) 60% 通过 (AP®)	911 高于加利福尼亚州平均值 达到加利福尼亚州的目标	1004
#36	市中心学院大学预科学校 Downtown College Preparatory Downtown College Preparatory 1460 THE ALAMEDA SAN JOSE, CA 95126 San Jose Unified School District #218 Nationally Ranked	62.3 高于加利福尼亚州平均值 78% 考试 (AP®) 57% 通过 (AP®)	733 接近加利福尼亚州平均值 没有达到加利福尼亚州的目标	397
#37	珂罗娜德尔马中学 Corona del Mar High School Corona del Mar High School 2101 EASTBLUFF DR NEWPORT BEACH, CA 92660 Newport-Mesa Unified School District #222 Nationally Ranked	62.0 高于加利福尼亚州平均值 71% 考试 (AP®) 59% 通过 (AP®)	906 高于加利福尼亚州平均值 达到加利福尼亚州的目标	2440
#38	河谷特许学校 River Valley Charter School River Valley Charter School 9707 1/2 MARILLA DR LAKESIDE, CA 92040 Lakeside Union Elementary #227 Nationally Ranked	61.7 高于加利福尼亚州平均值 68% 考试 (AP®) 60% 通过 (AP®)	937 高于加利福尼亚州平均值 达到加利福尼亚州的目标	272
#39	多利松高中 Torrey Pines High School Torrey Pines High School 3710 DEL MAR HEIGHTS RD SAN DIEGO, CA 92130 San Dieguito Union High School #228 Nationally Ranked	61.7 高于加利福尼亚州平均值 67% 考试 (AP®) 60% 通过 (AP®)	888 高于加利福尼亚州平均值 达到加利福尼亚州的目标	2686

#40	戴蒙德巴尔高中 Diamond Bar High School Diamond Bar High School 21400 PATHFINDER RD DIAMOND BAR, CA 91765 Walnut Valley Unified School District #230 Nationally Ranked	61.5 高于加利福尼亚州平均值 68% 考试 (AP®) 59% 通过 (AP®)	875 高于加利福尼亚州平均值 达到加利福尼亚州的目标	3044
#41	拉霍亚高中 La Jolla High School La Jolla High School 750 NAUTILUS ST LA JOLLA, CA 92037 San Diego Unified School District #232 Nationally Ranked	61.4 高于加利福尼亚州平均值 73% 考试 (AP®) 58% 通过 (AP®)	854 高于加利福尼亚州平均值 达到加利福尼亚州的目标	1597
#42	旧金山布拉沃医学磁铁高中 Francisco Bravo Medical Magnet High School Francisco Bravo Medical Magnet High School 1200 NORTH CORNWELL ST LOS ANGELES, CA 90033 Los Angeles Unified School District #247 Nationally Ranked	60.2 高于加利福尼亚州平均值 79% 考试 (AP®) 54% 通过 (AP®)	842 高于加利福尼亚州平均值 达到加利福尼亚州的目标	1861
#43	米拉蒙高中 Miramonte High School Miramonte High School 750 MORAGA WAY ORINDA, CA 94563 Acalanes Union High School #248 Nationally Ranked	60.2 高于加利福尼亚州平均值 64% 考试 (AP®) 59% 通过 (AP®)	944 高于加利福尼亚州平均值 达到加利福尼亚州的目标	1183
#44	利兰高中 Leland High School Leland High School 6677 CAMDEN AVE SAN JOSE, CA 95120 San Jose Unified School District #250 Nationally Ranked	60.0 高于加利福尼亚州平均值 65% 考试 (AP®) 59% 通过 (AP®)	898 高于加利福尼亚州平均值 达到加利福尼亚州的目标	1799
#45	科罗纳多中学 Coronado High School Coronado High School 650 D AVE CORONADO, CA 92118 Coronado Unified School District #255 Nationally Ranked	59.3 高于加利福尼亚州平均值 68% 考试 (AP®) 56% 通过 (AP®)	873 高于加利福尼亚州平均值 达到加利福尼亚州的目标	1085
#46	阿马多尔谷高中 Amador Valley High School Amador Valley High School 1155 SANTA RITA RD PLEASANTON, CA 94566 Pleasanton Unified School District #256 Nationally Ranked	59.2 高于加利福尼亚州平均值 61% 考试 (AP®) 59% 通过 (AP®)	901 高于加利福尼亚州平均值 达到加利福尼亚州的目标	2636

#47	艾斯派尔莱昂内尔威尔逊学院大学预科学校 Aspire Lionel Wilson College Preparatory Academy Aspire Lionel Wilson College Preparatory Academy 400 105TH AVE OAKLAND, CA 94603 Oakland Unified School District #257 Nationally Ranked	59.1 高于加利福尼亚州平均值 75% 考试 (AP®) 54% 通过 (AP®)	828 高于加利福尼亚州平均值 达到加利福尼亚州的目标	480
#48	阿卡蓝恩斯高中 Acalanes High School Acalanes High School 1200 PLEASANT HILL RD LAFAYETTE, CA 94549 Acalanes Union High School #260 Nationally Ranked	58.8 高于加利福尼亚州平均值 62% 考试 (AP®) 58% 通过 (AP®)	910 高于加利福尼亚州平均值 达到加利福尼亚州的目标	1386
#49	格茨雷斯勒联盟高中 Alliance Gertz-Ressler High School Alliance Gertz-Ressler High School 2023 SOUTH UNION AVE LOS ANGELES, CA 90007 Los Angeles Unified School District #267 Nationally Ranked	58.3 高于加利福尼亚州平均值 97% 考试 (AP®) 46% 通过 (AP®)	838 高于加利福尼亚州平均值 达到加利福尼亚州的目标	534
#50	大学附中 University High School University High School 4771 CAMPUS DR IRVINE, CA 92612 Irvine Unified School District #278 Nationally Ranked	57.8 高于加利福尼亚州平均值 61% 考试 (AP®) 57% 通过 (AP®)	908 高于加利福尼亚州平均值 达到加利福尼亚州的目标	2477
#51	阿尼默领导学高中 Animo Leadership High School Animo Leadership High School 1155 WEST ARBOR VITAE ST INGLEWOOD, CA 90301 Lennox #283 Nationally Ranked	57.4 高于加利福尼亚州平均值 75% 考试 (AP®) 51% 通过 (AP®)	805 高于加利福尼亚州平均值 达到加利福尼亚州的目标	621
#52	卡梅尔高中 Carmel High School Carmel High School 3600 OCEAN AVE CARMEL, CA 93923 Carmel Unified School District #286 Nationally Ranked	57.2 高于加利福尼亚州平均值 86% 考试 (AP®) 48% 通过 (AP®)	867 高于加利福尼亚州平均值 达到加利福尼亚州的目标	794
#53	奥兰治县艺术高中 Orange County High School of the Arts Orange County High School of the Arts 1010 NORTH MAIN ST SANTA ANA, CA 92701 Santa Ana Unified School District #292 Nationally Ranked	57.1 高于加利福尼亚州平均值 65% 考试 (AP®) 54% 通过 (AP®)	908 高于加利福尼亚州平均值 达到加利福尼亚州的目标	1753

#54	西校区高中 West Campus High School West Campus High School 5022 58TH ST SACRAMENTO, CA 95820 Sacramento City Unified School District #294 Nationally Ranked	57.1 高于加利福尼亚州平均值 76% 考试 (AP®) 51% 通过 (AP®)	913 高于加利福尼亚州平均值 达到加利福尼亚州的目标	854
#55	阿诺德贝克曼高中 Arnold O. Beckman High School Arnold O. Beckman High School 3588 BRYAN AVE IRVINE, CA 92602 Tustin Unified School District #297 Nationally Ranked	56.9 高于加利福尼亚州平均值 64% 考试 (AP®) 55% 通过 (AP®)	885 高于加利福尼亚州平均值 达到加利福尼亚州的目标	2388
#56	喜瑞都高中 Cerritos High School Cerritos High School 12500 EAST 183RD ST. CERRITOS, CA 90703 ABC Unified School District #300 Nationally Ranked	56.7 高于加利福尼亚州平均值 68% 考试 (AP®) 53% 通过 (AP®)	868 高于加利福尼亚州平均值 达到加利福尼亚州的目标	2190
#57	圣迭吉托高中 San Dieguito High School Academy San Dieguito High School Academy 800 SANTA FE DR ENCINITAS, CA 92024 San Dieguito Union High School #307 Nationally Ranked	56.3 高于加利福尼亚州平均值 63% 考试 (AP®) 54% 通过 (AP®)	851 高于加利福尼亚州平均值 达到加利福尼亚州的目标	1584
#58	奥利冈中学 Aragon High School Aragon High School 900 ALAMEDA DE LAS PULGAS SAN MATEO, CA 94402 San Mateo Union High School #309 Nationally Ranked	56.2 高于加利福尼亚州平均值 60% 考试 (AP®) 55% 通过 (AP®)	845 高于加利福尼亚州平均值 达到加利福尼亚州的目标	1499
#59	诺斯伍德高中 Northwood High School Northwood High School 4515 PORTOLA PARKWAY IRVINE, CA 92620 Irvine Unified School District #310 Nationally Ranked	56.2 高于加利福尼亚州平均值 60% 考试 (AP®) 55% 通过 (AP®)	910 高于加利福尼亚州平均值 达到加利福尼亚州的目标	2380
#60	西湖高中 Westlake High School Westlake High School 100 NORTH LAKEVIEW CANYON RD WESTLAKE VILLAGE, CA 91362 Conejo Valley Unified School District #311 Nationally Ranked	56.1 高于加利福尼亚州平均值 62% 考试 (AP®) 54% 通过 (AP®)	884 高于加利福尼亚州平均值 达到加利福尼亚州的目标	2380

#61	露丝阿莎娃旧金山艺术学院 Ruth Asawa San Francisco School of the Arts Ruth Asawa San Francisco School of the Arts 555 PORTOLA DR SAN FRANCISCO, CA 94131 San Francisco Unified School District #312 Nationally Ranked	56.0 高于加利福尼亚州平均值 76% 考试 (AP®) 49% 通过 (AP®)	874 高于加利福尼亚州平均值 达到加利福尼亚州的目标	599
#62	特洛伊高中 Troy High School Troy High School 2200 EAST DOROTHY LN FULLERTON, CA 92831 Fullerton Joint Union High School #313 Nationally Ranked	55.9 高于加利福尼亚州平均值 58% 考试 (AP®) 55% 通过 (AP®)	932 高于加利福尼亚州平均值 达到加利福尼亚州的目标	2654
#63	木兰花科学学院 Magnolia Science Academy - 1 Reseda Magnolia Science Academy - 1 Reseda 18238 SHERMAN WAY RESEDA, CA 91335 Los Angeles Unified School District #317 Nationally Ranked	55.8 高于加利福尼亚州平均值 100% 考试 (AP®) 41% 通过 (AP®)	805 高于加利福尼亚州平均值 达到加利福尼亚州的目标	521
#64	佛德喜尔中学 Foothill High School Foothill High School 4375 FOOTHILL RD PLEASANTON, CA 94588 Pleasanton Unified School District #327 Nationally Ranked	55.1 高于加利福尼亚州平均值 60% 考试 (AP®) 54% 通过 (AP®)	886 高于加利福尼亚州平均值 达到加利福尼亚州的目标	2215
#65	洛斯阿尔托斯高中 Los Altos High School Los Altos High School 201 ALMOND AVE LOS ALTOS, CA 94022 Mountain View-Los Altos Union High School #330 Nationally Ranked	55.0 高于加利福尼亚州平均值 60% 考试 (AP®) 53% 通过 (AP®)	889 高于加利福尼亚州平均值 达到加利福尼亚州的目标	1648
#66	库珀蒂诺高中 Cupertino High School Cupertino High School 10100 FINCH AVE CUPERTINO, CA 95014 Fremont Union High School #331 Nationally Ranked	55.0 高于加利福尼亚州平均值 60% 考试 (AP®) 53% 通过 (AP®)	900 高于加利福尼亚州平均值 达到加利福尼亚州的目标	1902
#67	多尔蒂谷高中 Dougherty Valley High School Dougherty Valley High School 10550 ALBION RD SAN RAMON, CA 94582 San Ramon Valley Unified School District #334 Nationally Ranked	54.9 高于加利福尼亚州平均值 61% 考试 (AP®) 53% 通过 (AP®)	937 高于加利福尼亚州平均值 达到加利福尼亚州的目标	2046

#68	洛斯加托斯高中 Los Gatos High School Los Gatos High School 20 HIGH SCHOOL CT. LOS GATOS, CA 95030 Los Gatos-Saratoga Joint Union High School #335 Nationally Ranked	54.9 高于加利福尼亚州平均值 60% 考试 (AP®) 53% 通过 (AP®)	886 高于加利福尼亚州平均值 达到加利福尼亚州的目标	1821
#69	米拉科斯塔中学 Mira Costa High School Mira Costa High School 701 SOUTH PECK AVE MANHATTAN BEACH, CA 90266 Manhattan Beach Unified School District #346 Nationally Ranked	54.2 高于加利福尼亚州平均值 64% 考试 (AP®) 51% 通过 (AP®)	916 高于加利福尼亚州平均值 达到加利福尼亚州的目标	2428
#70	泰马尔帕斯高中 Tamalpais High School Tamalpais High School 700 MILLER AVE MILL VALLEY, CA 94941 Tamalpais Union High School #349 Nationally Ranked	54.0 高于加利福尼亚州平均值 62% 考试 (AP®) 51% 通过 (AP®)	866 高于加利福尼亚州平均值 达到加利福尼亚州的目标	1231
#71	欧文顿高中 Irvington High School Irvington High School 41800 BLACOW RD FREMONT, CA 94538 Fremont Unified School District #350 Nationally Ranked	54.0 高于加利福尼亚州平均值 56% 考试 (AP®) 53% 通过 (AP®)	874 高于加利福尼亚州平均值 达到加利福尼亚州的目标	2086
#72	南帕萨迪纳高级中学 South Pasadena Senior High School South Pasadena Senior High School 1401 FREMONT AVE SOUTH PASADENA, CA 91030 South Pasadena Unified School District #358 Nationally Ranked	53.6 高于加利福尼亚州平均值 61% 考试 (AP®) 51% 通过 (AP®)	896 高于加利福尼亚州平均值 达到加利福尼亚州的目标	1562
#73	马里布中学 Malibu High School Malibu High School 30215 MORNING VIEW DR MALIBU, CA 90265 Santa Monica-Malibu Unified School District #359 Nationally Ranked	53.6 高于加利福尼亚州平均值 62% 考试 (AP®) 51% 通过 (AP®)	871 高于加利福尼亚州平均值 达到加利福尼亚州的目标	1168
#74	奥克兰特许高中 Oakland Charter High School Oakland Charter High School 345 12TH ST OAKLAND, CA 94607 Oakland Unified School District #363 Nationally Ranked	53.1 高于加利福尼亚州平均值 63% 考试 (AP®) 50% 通过 (AP®)	956 高于加利福尼亚州平均值 达到加利福尼亚州的目标	158

#75	明亮之星中学特许学院 Bright Star Secondary Charter Academy Bright Star Secondary Charter Academy 5431 WEST 98TH ST LOS ANGELES, CA 90045 Los Angeles Unified School District #364 Nationally Ranked	53.1 高于加利福尼亚州平均值 100% 考试 (AP®) 38% 通过 (AP®)	827 高于加利福尼亚州平均值 达到加利福尼亚州的目标	351
#76	弗朗西斯·德雷克爵士高中 Sir Francis Drake High School Sir Francis Drake High School 1327 SIR FRANCIS DRAKE BLVD SAN ANSELMO, CA 94960 Tamalpais Union High School #368 Nationally Ranked	52.9 高于加利福尼亚州平均值 58% 考试 (AP®) 51% 通过 (AP®)	852 高于加利福尼亚州平均值 达到加利福尼亚州的目标	979
#77	艾尔塞贡多高中 El Segundo High School El Segundo High School 640 MAIN ST EL SEGUNDO, CA 90245 El Segundo Unified School District #369 Nationally Ranked	52.8 高于加利福尼亚州平均值 65% 考试 (AP®) 49% 通过 (AP®)	889 高于加利福尼亚州平均值 达到加利福尼亚州的目标	1224
#78	比佛利山高中 Beverly Hills High School Beverly Hills High School 241 MORENO DR BEVERLY HILLS, CA 90212 Beverly Hills Unified School District #371 Nationally Ranked	52.7 高于加利福尼亚州平均值 58% 考试 (AP®) 51% 通过 (AP®)	867 高于加利福尼亚州平均值 达到加利福尼亚州的目标	1975
#79	橡树公园高中 Oak Park High School Oak Park High School 899 KANAN RD OAK PARK, CA 91377 Oak Park Unified School District #372 Nationally Ranked	52.6 高于加利福尼亚州平均值 56% 考试 (AP®) 52% 通过 (AP®)	929 高于加利福尼亚州平均值 达到加利福尼亚州的目标	1410
#80	领导学公立学校里士满校区 Leadership Public Schools, Richmond Leadership Public Schools: Richmond 251 SOUTH 12TH ST RICHMOND, CA 94804 West Contra Costa Unified School District #373 Nationally Ranked	52.6 高于加利福尼亚州平均值 72% 考试 (AP®) 46% 通过 (AP®)	801 高于加利福尼亚州平均值 达到加利福尼亚州的目标	447
#81	拉古纳海滩中学 Laguna Beach High School Laguna Beach High School 625 PARK AVE LAGUNA BEACH, CA 92651 Laguna Beach Unified School District #375 Nationally Ranked	52.4 高于加利福尼亚州平均值 57% 考试 (AP®) 51% 通过 (AP®)	906 高于加利福尼亚州平均值 达到加利福尼亚州的目标	997

#82	科瑞森塔谷高中 Crescenta Valley High School Crescenta Valley High School 2900 COMMUNITY AVE LA CRESCENTA, CA 91214 Glendale Unified School District #395 Nationally Ranked	51.7 高于加利福尼亚州平均值 58% 考试 (AP®) 50% 通过 (AP®)	894 高于加利福尼亚州平均值 达到加利福尼亚州的目标	2906
#83	宝威高中 Poway High School Poway High School 15500 ESPOLA RD POWAY, CA 92064 Poway Unified School District #405 Nationally Ranked	50.8 高于加利福尼亚州平均值 62% 考试 (AP®) 47% 通过 (AP®)	871 高于加利福尼亚州平均值 达到加利福尼亚州的目标	2439
#84	沃尔纳特高中 Walnut High School Walnut High School 400 NORTH PIERRE RD WALNUT, CA 91789 Walnut Valley Unified School District #418 Nationally Ranked	50.4 高于加利福尼亚州平均值 53% 考试 (AP®) 50% 通过 (AP®)	894 高于加利福尼亚州平均值 达到加利福尼亚州的目标	2975
#85	斯克里普斯牧场高中 Scripps Ranch High School Scripps Ranch High School 10410 TREENA ST SAN DIEGO, CA 92131 San Diego Unified School District #422 Nationally Ranked	50.3 高于加利福尼亚州平均值 57% 考试 (AP®) 48% 通过 (AP®)	900 高于加利福尼亚州平均值 达到加利福尼亚州的目标	2376
#86	拉斯洛马斯高中 Las Lomas High School Las Lomas High School 1460 SOUTH MAIN ST WALNUT CREEK, CA 94596 Acalanes Union High School #423 Nationally Ranked	50.2 高于加利福尼亚州平均值 55% 考试 (AP®) 48% 通过 (AP®)	874 高于加利福尼亚州平均值 达到加利福尼亚州的目标	1482
#87	大学预科高中 University Preparatory University Preparatory 16925 FORREST ST VICTORVILLE, CA 92395 Victor Valley Union High School #425 Nationally Ranked	50.0 高于加利福尼亚州平均值 67% 考试 (AP®) 44% 通过 (AP®)	904 高于加利福尼亚州平均值 达到加利福尼亚州的目标	1083
#88	格拉纳达山特许高中 Granada Hills Charter High School Granada Hills Charter High School 10535 ZELZAH AVE GRANADA HILLS, CA 91344 Los Angeles Unified School District #429 Nationally Ranked	49.9 高于加利福尼亚州平均值 57% 考试 (AP®) 47% 通过 (AP®)	877 高于加利福尼亚州平均值 达到加利福尼亚州的目标	4201

#89	阿卡迪亚中学 Arcadia High School Arcadia High School 180 CAMPUS DR ARCADIA, CA 91007 Arcadia Unified School District #432 Nationally Ranked	49.7 高于加利福尼亚州平均值 54% 考试 (AP®) 48% 通过 (AP®)	897 高于加利福尼亚州平均值 达到加利福尼亚州的目标	3665
#90	戴维斯高级中学 Davis Senior High School Davis Senior High School 315 WEST 14TH ST DAVIS, CA 95616 Davis Joint Unified School District #435 Nationally Ranked	49.5 高于加利福尼亚州平均值 54% 考试 (AP®) 48% 通过 (AP®)	864 高于加利福尼亚州平均值 达到加利福尼亚州的目标	1718
#91	格兰纳特湾高中 Granite Bay High School Granite Bay High School 1 GRIZZLY WAY GRANITE BAY, CA 95746 Roseville Joint Union High School #438 Nationally Ranked	49.4 高于加利福尼亚州平均值 58% 考试 (AP®) 47% 通过 (AP®)	871 高于加利福尼亚州平均值 达到加利福尼亚州的目标	2164
#92	社区特许早期学院高中 Community Charter Early College High School Community Charter Early College High School 11500 ELDRIDGE AVE LAKEVIEW TERRACE, CA 91342 Los Angeles Unified School District #441 Nationally Ranked	49.3 高于加利福尼亚州平均值 74% 考试 (AP®) 41% 通过 (AP®)	838 高于加利福尼亚州平均值 达到加利福尼亚州的目标	448
#93	奥林匹亚高中 Olympian High School Olympian High School 1925 MAGDALENA AVE CHULA VISTA, CA 91913 Sweetwater Union High School #445 Nationally Ranked	48.9 高于加利福尼亚州平均值 61% 考试 (AP®) 45% 通过 (AP®)	850 高于加利福尼亚州平均值 达到加利福尼亚州的目标	1748
#94	罗克林高中 Rocklin High School Rocklin High School 5301 VICTORY LN ROCKLIN, CA 95765 Rocklin Unified School District #447 Nationally Ranked	48.9 高于加利福尼亚州平均值 57% 考试 (AP®) 46% 通过 (AP®)	889 高于加利福尼亚州平均值 达到加利福尼亚州的目标	1843
#95	艾拉米达高中 Alameda High School Alameda High School 2201 ENCINAL AVE ALAMEDA, CA 94501 Alameda City Unified School District #448 Nationally Ranked	48.9 高于加利福尼亚州平均值 57% 考试 (AP®) 46% 通过 (AP®)	830 高于加利福尼亚州平均值 达到加利福尼亚州的目标	1853

#96	奥尔巴尼高中 Albany High School Albany High School 603 KEY ROUTE BLVD ALBANY, CA 94706 Albany City Unified School District #453 Nationally Ranked	48.8 高于加利福尼亚州平均值 55% 考试 (AP®) 47% 通过 (AP®)	852 高于加利福尼亚州平均值 达到加利福尼亚州的目标	1200
#97	长青谷高中 Evergreen Valley High School Evergreen Valley High School 3300 QUIMBY RD SAN JOSE, CA 95148 East Side Union High School #458 Nationally Ranked	48.6 高于加利福尼亚州平均值 58% 考试 (AP®) 45% 通过 (AP®)	861 高于加利福尼亚州平均值 达到加利福尼亚州的目标	2629
#98	大学城高中 University City High School University City High School 6949 GENESEE AVE SAN DIEGO, CA 92122 San Diego Unified School District #460 Nationally Ranked	48.5 高于加利福尼亚州平均值 68% 考试 (AP®) 42% 通过 (AP®)	825 高于加利福尼亚州平均值 达到加利福尼亚州的目标	1832
#99	唐敦磁性高中 Downtown Magnets High School Downtown Magnets High School 1081 WEST TEMPLE ST LOS ANGELES, CA 90012 Los Angeles Unified School District #462 Nationally Ranked	48.4 高于加利福尼亚州平均值 59% 考试 (AP®) 45% 通过 (AP®)	815 高于加利福尼亚州平均值 达到加利福尼亚州的目标	1052
#100	兰乔伯纳多高中 Rancho Bernardo High School Rancho Bernardo High School 13010 PASEO LUCIDO SAN DIEGO, CA 92128 Poway Unified School District #463 Nationally Ranked	48.4 高于加利福尼亚州平均值 56% 考试 (AP®) 46% 通过 (AP®)	850 高于加利福尼亚州平均值 达到加利福尼亚州的目标	2267

附录二：
美国排名前 100 名大学信息

每年都有许多中国的学生申请海外留学。其中，美国大校往往会成为热门之选。这里为大家搜集整理了美国排名前 100 名大学的名单，供大家参考和借鉴。

1. Harvard University 哈佛大学
2. Princeton University 普林斯顿大学
3. Yale University 耶鲁大学
4. Columbia University 哥伦比亚大学
5. California Institute of Technology 加州理工学院
6. Massachusetts Institute of Technology 麻省理工学院
7. Stanford University 斯坦福大学
8. The University of Chicago 芝加哥大学
9. University of Pennsylvania 宾夕法尼亚大学
10. Duke University 杜克大学
11. Dartmouth College 达特茅斯学院
12. Northwestern University 西北大学
13. Johns Hopkins University 约翰霍普金斯大学
14. Washington University in St Louis 圣路易斯华盛顿大学
15. Brown University 布朗大学
16. Cornell University 康乃尔大学
17. Rice University 莱斯大学
18. Vanderbilt University 范德堡大学
19. University of Notre Dame 圣母大学
20. Emory University 埃默里大学
21. University of California Berkeley 加州大学伯克利分校
22. Georgetown University 乔治城大学
23. Carnegie Mellon University 卡内基梅隆大学
24. University of Southern California 南加州大学
25. University of California Los Angeles 加州大学洛杉矶分校

26. University of Virginia 弗吉尼亚大学
27. Wake Forest University 维克森林大学
28. University of Michigan Ann Arbor 密西根大学 – 安娜堡分校
29. Tufts University 塔夫斯大学
30. The University of North Carolina at Chapel Hill 北卡罗来纳大学教堂山分校
31. Boston College 波士顿学院
32. Brandeis University 布兰迪斯大学
33. College of William and Mary 威廉玛丽学院
34. New York University 纽约大学
35. University of Rochester 罗切斯特大学
36. Georgia Institute of Technology 佐治亚理工学院
37. University of California San Diego 加利福尼亚大学圣地亚哥分校
38. Case Western Reserve University 凯斯西储大学
39. Lehigh University 利哈伊大学
40. University of California Davis 加州大学戴维斯分校
41. University of Miami 迈阿密大学
42. University of California Santa Barbara 加州大学圣塔芭芭拉分校
43. University of Washington 华盛顿大学
44. University of Wisconsin Madison 威斯康星大学麦迪逊分校
45. Penn State University Park 宾州立大学 –University Park Campus
46. University of California Irvine 加州大学欧文分校
47. University of Illinois Urbana Champaign 伊利诺伊大学厄本那—香槟分校
48. The University of Texas at Austin 德克萨斯大学奥斯汀分校
49. Yeshiva University 叶史瓦大学
50. The George Washington University 乔治·华盛顿大学
51. Rensselaer Polytechnic Institute 伦斯勒理工学院
52. Tulane University 杜兰大学
53. BOSTON University 波士顿大学
54. Fordham University 福特汉姆大学
55. The Ohio State University, Columbus 俄亥俄州立大学哥伦布分校
56. Pepperdine University 佩珀代因大学
57. University of Maryland College Park 马里兰大学帕克分校
58. Texas A&M University 德州 A&M 大学
59. University of Connecticut 康涅狄格大学
60. University of Florida 佛罗里达大学

61. University of Pittsburgh 匹兹堡大学
62. Northeastern University 美国东北大学
63. Purdue University, West Lafayette 普渡大学西拉法叶校区
64. Southern Methodist University 南卫理公会大学
65. Syracuse University 雪城大学
66. University of Georgia 佐治亚大学
67. Worcester Polytechnic Institute 伍斯特理工学院
68. Clemson University 克莱姆森大学
69. Rutgers University New Brunswick 罗格斯大学新伯朗士威校区
70. University of Minnesota Twin Cities 明尼苏达大学 Twin Cities 分校
71. Brigham Young University 杨百翰大学
72. Michigan State University 密歇根州立大学
73. The University of Iowa 爱荷华大学
74. Virginia Polytechnic Institute and State University(Virginia Tech) 弗吉尼亚理工大学
75. Baylor University 贝勒大学
76. Colorado School of Mines 科罗拉多矿业大学
77. Indiana University, Bloomington 印弟安纳大学伯明顿分校
78. The University of Alabama 阿拉巴马大学
79. University of California Santa Cruz 加州大学圣克鲁兹分校
80. University of Delaware 德拉华大学
81. University of Tulsa 塔尔萨大学
82. American University 美国大学
83. Auburn University 奥本大学
84. Marquette University 马凯特大学
85. SUNY College of Environmental Science and Forestry 美国纽约州立大学环境科学与林业科学学院
86. University of Denver 丹佛大学
87. The University of Vermont 佛蒙特大学
88. Drexel University 德雷塞尔大学
89. Stevens Institute of Technology 斯蒂文斯理工学院
90. Binghamton University SUNY 纽约州立大学宾汉姆顿大学

91. Miami University, Oxford 迈阿密大学牛津分校
92. Saint Louis University 圣路易斯大学
93. University of Missouri Columbia 密苏里大学哥伦比亚分校
94. Clark University 克拉克大学
95. University of Colorado Boulder 科罗拉多大学波尔得分校
96. University of Massachusetts Amherst 马萨诸塞大学 Amherst 校区
97. Iowa State University 爱荷华州立大学
98. Texas Christian University 德克萨斯基督教大学
99. University of California Riverside 加州大学河滨分校
100. University of San Diego 圣迭戈大学

第十章

华人如何融入美国社会

美国有哪些
适合华人居住的城市

美国是一个移民国家，用"种族大熔炉"来形容美国一点也不为过。美国移民的历史最早可以追溯到 1620 年。从美国历史发展的角度看，印第安人是美国的原住民。1492 年，意大利航海家哥伦布发现了新大陆，之后大批欧洲人就开始迁徙美洲，并逐渐取代当地印第安人的地位。最开始，移民美国的人以市井之徒、罪犯较多。得益于美国独特的地理位置，二战爆发后战争的烟火并没有蔓延到美国的土地上，这期间有不少人为了躲避战火迁移美国，其中就包括著名的犹太裔物理学家爱因斯坦。和平的环境、高科技人才的流入，让美国很快发展了起来，而美国的地位也正是在第二次世界大战中奠定的。二战结束后，美国的移民政策又进一步放宽，亚裔、非裔、东欧裔、北欧裔等诸多来自不同国家的人开始移民美国，并且越来越多，尤其是华人的增长不断攀升。

联邦人口普查局公布的调查数据显示，截至 2015 年 5 月，在美华人人口已达 452 万，华人成为亚裔中最大的族群，也是所有少数族裔中仅次于墨西哥裔的第二大族群。随着华人的不断增多，华人在美国的生活和居住也越来越被人们关注。华人到了美国后其生活状况是怎样的，美国的哪些城市适合华人居住？

华人的首次美国之旅

目前可以考证的中国人最早到达美国的时间是在 1785 年。载着一些印度水手和 3 名中国人的一艘名字叫智慧女神号（Pallas）的商船，绕过好望角，穿越大西洋，在经过漫长的海上航行后，他们最后来到了巴尔的摩。他们的航行故事感动了一个美国人，这个人把他们带到了费城，并向费城相关部门提出申请，这些人回国前的所有费用由议会承担。后来在由费城前往巴尔的摩的路途中，来自智慧女神号商船上的这些人有几个突然失去了联系。他们最后是回归故土还是流落他乡，没有明文记载，成了一个谜。

  这大概就是中国人的第一次"美国之旅"，后来美国淘金热又成为大部分中国人的向往并积极寻找机会移民美国。曾经有一部叫《成为美国人：华人的经历》的纪录片，主要讲述几代华人在海外打拼的生活史。从纪录片中我们可以感觉到这不仅仅是一部简单的淘金史，更是一部中国人在海外成为苦力劳动、遭人排斥、最后客死他乡的不同寻常的苦难史。1848 年，美国人在加利福尼亚发现金矿，并有充足的证据证明这是真的，于是引来了无数的美国人向西部挺进，淘金热开始流行。1849 年到 1882 年期间，华人数量开始在美国逐渐多了起来，这期间，大约有 30 万的华人进入了美国。那时候的中国正处在鸦片战争和太平天国的战乱中，很多人为了维持生计，抱着淘金的梦想远赴美国。

  如今，华人、华裔、华侨已经在美国人口中占有相当大的比重，华人在美国社会中占有的地位越来越重要，在政治、经济、文化领域中扮演着不可缺少的角色。

那些适合华人居住的城市

1、洛杉矶

  位于美国西海岸的洛杉矶市名校云集。加利福尼亚大学洛杉矶分校（UCLA）、北岭加州州立大学（CSUN）和洛杉矶加州州立大学（CSULA）。这三所公立学校师资力量、教育水平雄厚。除此之外，洛杉矶市还有不少私立大学，如南加州大学（USC）、加州理工学院（Cal Tech）、安蒂奥克大学（Antioch University）洛杉矶校区、罗耀拉玛利曼大学（Loyola Marymount University，

LMU）以及罗耀拉法学院、圣玛丽山学院（Mount St. Mary's College）等。这些学校虽然是私立学校，但是师生比例和公立学校相差无几。

洛杉矶是仅次于纽约的美国第二大城市，位于太平洋沿岸，阳光沙滩，全年气候温和，风景迷人。洛杉矶市经济发达，是美国的石油化工、海洋、航空航天等的最大基地，也是仅次于纽约的金融中心。对于初来美国的华人来讲，洛杉矶有较多的就业机会，良好的住房条件，优厚的教育资源。

在美国，夜生活是非常丰富的，洛杉矶尤甚，群星闪耀的好莱坞为洛杉矶带来了国际化的文化氛围。丰富的夜生活也让明星们热衷的玩乐方式在这里很流行。在洛杉矶，华人受到的限制较小，华人社区多，使用华语的人也多，众多的中餐馆可以满足华人对家乡味道的需求。

有鉴于此，不少移民美国的华人大部分都将自己的居住地点选择在了洛杉矶。洛杉矶也因此成了华人的大聚所。华人在洛杉矶总人口中占比较大，而且华人在洛杉矶的地位也明显高于美国其他地方，由于在美国每个州有很大的自制权，各个州之间的法律和法规都会有所不同。

2、尔湾 / 新港滩

除了洛杉矶位于橙县中心的尔湾市，近几年成了华人聚居新地点。

尔湾市有40多年的历史，面积191平方公里，在全美以治安环境佳、城市布局开发周密、居民生活满意度高、科技和商业发展活跃为外界所知。尔湾市由尔湾家族最开始在尔湾市做投资成立尔湾公司，然后慢慢形成一个商业圈，不断扩大，在扩大的过程中不断吸引人口的居住，并且居住人口数量不断增多，最后，尔湾市终于成立。

尔湾市的发展是建立在商业的发展基础之上，尔湾市有多元化的商业环境，其四大支柱产业：汽车设计、生技医药、服装设计、电脑晶片制造等为尔湾市的经济繁荣提供了支撑。人们在这里可以很容易实现就业。

尔湾市的教育资源一流，不仅学校多，而且教学质量也很高，这也让尔湾市的学区闻名全美。尔湾市联合学区有小学20多所，初中、高中也有多所，高中学校中，University High School, Rancho San Joaquin Intermediate School, Northwood High School 最为有名。

美国是一个对土地开发利用比较科学合理的城市，不注重城市面积的扩张，而注重城市的合理规划，这一点在尔湾市表现得尤其明显。由于建市晚的原因，在其他城市建设经验的借鉴下，尔湾市是全美规划最良好的城市之一。在开发各种用途的土地的同时，还会保存农业、山丘小路、树木和文化遗迹。大大拓展了尔湾市民的休闲空间。

尔湾市良好的商业环境、优良的治安环境、便捷的交通、完善的社区服务以及优良的教育资源，让不少华人选择将家安在尔湾。

3、旧金山

洛杉矶是美国南加州的重要城市，与之相对的北加州旧金山也是一个华人所热衷的城市。从名字上就知道，这里是来美国淘金者圆梦的摇篮，旧金山还有"金门城市"、"湾边之城"等称号，西临太平洋，是美国太平洋沿岸仅次于洛杉矶的第二大港口城市，也是海外华人高度集中地方之一。

旧金山目前 80 多万人口中华人占了 20%。旧金山的金门大桥、金门岛、金门公园等每年都吸引着大量的游客来这里旅游观光。说起金门大桥无人不知，因为旧金山多雾的天气，让金门大桥看上去始终萦绕在云雾之中，从远处看去，金门大桥和海天构成一了幅美丽的图画。来到金门大桥旅行的人们大都会步行穿过金门大桥，欣赏沿途风景，远眺一下金门海峡和监狱岛。除了金门大桥，金门岛的金门公园同样是旅游的不二之选。这是世界上最大的人工公园，也是全美面积最大的公园，日本茶园、郁金香花园等，每一个公园都有其独到的景别，让人记忆深刻，流连忘返。旧金山有现代化的大厦以及繁华的购物中心和商业中心，而且旧金山的唐人街规模较大，优美的环境、成熟的城市建设以及良好的商业环境成了不少华人的居住选择。

4、西雅图

人们开始对西雅图的关注，从 2008 年开通从西雅图到中国的班机开始。

2009 年，原华盛顿州州长骆家辉出任商务部长，西雅图的知名度由此开始大了起来。随着电影《北京遇上西雅图》的播出及 2015 年 9 月份习近平将西雅图作为访美之旅首站，西雅图的旅游路线被炒热也带动了更多的人对移民西雅图的关注。

西雅图距温哥华只有 200 多千米，是美国太平洋西北区最大的城市，海洋性气候使得西雅图一年四季气候温和，夏天不太热，冬天也不太冷。

西雅图的商业也很发达，有世界知名的公司，如微软、亚马逊、星巴克和美国电话电报无线公司等。西雅图是世界首富比尔·盖茨的故乡，微软总部就坐落在西雅图。西雅图的飞速发展离不开这些公司的贡献。

西雅图商业发达，艺术也历史悠久，有上百年历史的西雅图交响乐团，出的唱片总量位居世界交响乐团前列。由于在西雅图城市建设上的关系，西雅图与中国的重庆和高雄是姊妹市。

5、纽约

纽约作为一个国际大都市，华人的身影自然少不了，纽约的华人居住地都是有名的人气之地，不少中国名人的美国居住地都选在纽约。

纽约有着发达的经济和文化教育水平，拥有来自差不多 97 个国家和地区的移民，在商业和金融等方面发挥着巨大的影响力。世界知名的金融中心华尔街就位于纽约，在不少人眼中，华尔街是金融界人士向往的工作首选之地。很多地标性的建筑如自由女神像，"自由照耀世界之神"已经成为美国的另外一张名片；纽约时代广场被称为"世界的十字路口"，也是世界娱乐产业的中心之一；华尔街坐落在曼哈顿南区，美国 10 大银行中的 6 家总行设在这里，已经成为美国金融帝国的象征；还有联合国总部、中央公园、大都艺术博物馆、帝国大厦、纽约中央火车站……

这些经常出现在电影新闻里的地方，都能在纽约一睹它们的风采。纽约作为世界的政治、经济中心，也使得这个城市时常被笼罩在紧张忙碌的生活节奏中，安静、舒适、阳光、海滩的慢生活似乎与这座全世界闻名的城市太远。

如何拿到美国绿卡

绿卡，是外国公民（持卡人）在签发国的永久居住许可证，同时可以在一定时间内免入境签证。美国的移民局势力强大，9·11事件后美国移民局可以不承认使馆签证的权威，否决外交部的决定，他们可以将持有签证的外国人赶回国。美国是个法制国家，移民局办理手续不用面呈，全程邮件，但是移民局办理手续倾向于接受律师呈报的文件。

为拿绿卡假结婚

你看过电影《绿卡》吗？女主角布朗地看中一套公寓，但是只有夫妻才能入住。来自法国的乔治也想得到美国绿卡，在美国发展事业，这让两个人一拍即合，为了达成各自的目的而迅速结婚，但是随后美国移民局的怀疑和调查也接踵而来，为了应付调查使婚姻变得可信，两人不得不一起生活，最终假戏真做。

现实生活中为了绿卡假结婚的案例比比皆是。2015年5月，美国纽约逮捕一名女性，39岁的丽安娜，她连续和10个外国男子结婚，协助其取得美国绿卡，最后检察官指控其犯了重婚罪。

据悉，丽安娜11年内结婚10次，新郎来自埃及、孟加拉、巴基斯坦、捷克、土耳其等国家，基本上都是为了帮助他们获得美国绿卡，这些新郎中有7位男子通过和丽安娜结婚申请了永久居留权。而这也成为丽安娜获得钱财的途径。

而让人感到恐怖的是，丽安娜的第八任丈夫拉希德曾涉及反恐调查案件。美国国家安全专家称，如果重婚10次不被发现，恐怖组织成员很可能利用此漏洞合法进入美国。

"绿卡婚姻"并不在少数，除了绿卡婚姻，还有一些人为了拿美国绿卡而去美国当兵，因为当兵3年后可以获得绿卡，还会获得15万美金。

美国是经济发达国家，并且还是移民国家，越来越多的人想在这个经济大国中捞得一桶金，或者在这里创业或者在这里读书。各种各样的好处，充斥着人们的美国梦。有人说，当你获得美国绿卡，你就为自己及所有直系亲属，哪怕未出生的子孙后代都做了一次经济发展的百年大计。这话可能有点夸张，可是如此多的"绿卡婚姻"也不禁让人揣摩，获得美国绿卡为什么有这么大的吸引力？

美国绿卡分很多种，依照不同的申请条件划分，有依亲绿卡、工作绿卡、特殊人才绿卡等。当然了，也有比较简单粗暴的，比如有一部分人非法移民在美国熬十几年，赶上大赦非法转成合法绿卡，这个前提是你十年内没有被移民局赶回国。另外还会有一些抽奖得绿卡，俗称叫做彩票绿卡，每年大约有五万个名额，中奖概率比彩票还要高一些，但中国大陆公民不能参加，因为没有抽奖资格。

申请绿卡的几种方式

那么中国大陆公民想要移民美国，该如何获得美国绿卡？申请美国绿卡有什么条件？我们先来看看目前获得绿卡的几种方法。

找人结婚和申请庇护。美国国家安全部网站显示：2013年外来取得绿卡总人数99.553万人次，其中人数最多的是墨西哥有13.6028万人，其次就是中国，为7.1798万人。这7万多人中取得美国绿卡的大致分为以下几种情况。最简单粗暴，应用最广泛的就是找人结婚和申请庇护了。

找人结婚拿绿卡这种做法很多年前就已有之。到底是为了绿卡结婚还是为了爱情结婚，很多婚姻吃到了苦果。虽然这种方法并不为人们提倡，但是依然还是有很多人运用，而且此方法很适用于女性。

申请庇护，庇护包括政治、宗教、难民等类型。但是通过这种方式一般去不了好的城市，美国一些知名的大城市，如洛杉矶、纽约等基本不可能。

留学移民。尤其美国对中国留学生开放 5 年签证之后，这一部分人群比例大幅度提升。留学移民比结婚和庇护都要难一点。美国为了吸引和留住人才，对成绩优异的留学生提供绿卡通道，你需要找到一个雇主，然后申请特殊专业人员／临时工作签证（HIB 签证），有了这个签证就可以申请绿卡。但是特殊专业人员／临时工作签证（HIB 签证）是有时效的，在期限内如果没有成功转签的话，特殊专业人员／临时工作签证（HIB 签证）就失效了。

赴美产子。赴美产子也是近几年比较火热的移民方式，这种方式在中国妈妈身上得到了充分的体现，因为只要孩子是在美国出生，一落地就是美国公民的身份。等到孩子年满 21 岁的时候就可以为自己家人申请绿卡。美国洛杉矶、纽约、西雅图等华人较多的城市都存在各种各样的月子中心，专门为国内的怀孕准妈妈赴美生子提供服务。电影《北京遇上西雅图》的故事就主要发生在月子中心，围绕女主赴美产子待在月子中心发生的一系列故事。但是随着这种方式渐渐流行，美国移民局也对赴美的怀孕女性加强了警惕，可以说赴美产子的成本也在一年年水涨船高，且风险越来越大。

国家利益豁免和杰出人才。这里边有相当一部分中国人通过这条途径获得绿卡。不少运动员、科学家、娱乐界名人等都是通过此方法获得绿卡。对于有实力、懂英语的高端白领阶层想要移民美国可以申请公司内部调职者（L–1）签证，即应聘到跨国公司做经理，业绩好有实力的跨国企业中一些跨国经理人申请绿卡，甚至不用排队等候签证排期。

投资移民在贫困地区或失业率高的地区进行区域中心项目或者直投项目投资超过 100 万美元，雇佣超过 10 个合法美国工作的人，可以申请绿卡，不过此办法成功率低。

已经获得美国绿卡的人，可以为自己的父母、未满 21 岁的子女和直系亲属申请绿卡，成为美国公民以后还可以为成年子女或者兄弟姐妹申请绿卡。

不管采取哪种办法，最基本的要满足几个条件，即：

一、要申请绿卡，申请人必须在美国，准备好护照、签证等复印件。

二、绿卡申请人必须是合法进入美国，而不是非法。

三、移民排期在有名额的情况下才能提出绿卡申请。一般职业移民比亲属移民快，亲属移民排期进展慢。

四、下面这些情况将不被准许申请美国绿卡：

　　1. 非法入境者；

　　2. 船员与空服人员；

　　3. 过境签证；

　　4. 豁免签证；

　　5. 受两年回国限制的非移民签证（J-1）签证；

　　6. （K-1）签证但未能与提出申请的公民结婚；

　　7. 在递解出境程序之中。

在美国买房子对申请绿卡有帮助吗？

　　现在的政策想只通过买房拿绿卡是不可能的，但是可以通过 EB-5 投资移民方案进行房地产投资，也就是上面说到的第五种办法。据了解，2014 年之后关于买房和 EB-5 移民的咨询量和关注度有很大增长，EB-5 投资移民方案是美国移民法中针对海外投资移民所设立的移民签证类别，外国投资者在美国进行可以创造工作岗位的投资项目来获得美国绿卡，这是如今美国所有移民类别中，申请核准时间短，资格条件限制最少的一条通道。美国从经济危机之后放宽了签证政策和移民政策，这使得留学经济大涨，而随之增长的还有房地产经济，中国投资美国房地产的热情一直递增从未衰减，移民风潮一波接一波。

如何搞定美国邻居

初到一个陌生的环境，人们都想在最短的时间内结交一些朋友，希望很快地融进当地社会，对于中国人移民美国也不例外。但是由于东西方文化的差异，往往会带来很多的不顺利。俗话说：远亲不如近邻。如何与邻居相处，搞定你的邻居，是融入美国社会的第一步。

如果某个社区搬来一新家新住户，首先做的第一件事情就是去邻居家做拜访。这样不仅能很快与邻居建立关系，而且还能通过与邻居的交谈迅速了解社区周围环境。

见面礼仪

美国人乐于社交。初次见面，有时候不一定握手，一个微笑，一声"hi"，都可以算是一种交流的方式。初次交谈，相互的介绍也很简单。还记得中国中学英语课本里 Jim 如何向他爸爸介绍 LiLei 的吗？

"Dady, this is LiLei. LiLlei, this is my dady."

日常的交流中，免不了有握手礼，在美国，行握手礼也有一定的讲究。在公共场所，行握手礼一般是女士先伸出手，然后男士再伸手握女士的手。如果女士不伸手，男士点个头或者稍微弯腰鞠躬致意一下就可以。在美国，双方用力握手是一种诚恳的象征。但是与女士握手不可用力过度，适度即可。

与美国人交谈的时候，不可询问私生活情况，包括年龄、婚姻状况、经济收入等，交谈需要保持在 50 厘米左右距离。落座时，需要征求旁人的意愿，否则不能靠拢他人就坐。交谈时声音不可太大，不可大笑，仅需面带微笑即可。说话语气要诚恳，回答简洁，喜于赞美。美国人交谈，喜欢用手势表达简单的意思，比如叫服务员的手势，听电话的手势。

在美国，如果晚间有客人来访，主人禁忌穿着睡衣接待客人，这会被认为是一种不礼貌的行为。当被邻居或者朋友邀请去他们家做客，一般会准备小礼物。

邀请礼仪

如果你和你的邻居熟络之后，你可以试着邀请你的邻居到家中小聚。邀请的时候需要在请柬中注明宴会的时间，这样方便客人提前安排时间。如果对客人的着装有要求，需要在请柬中事先通知客人。请柬中要写明邀请的对象，不可出现意思模糊的称谓，比如英语中表示复数的"–s"，这样的称呼会让客人不清楚可以带哪些成员；如果只要求一对夫妻、同居男女，需要给双方都发送请柬。

当因为某些原因不得不取消宴会时，需要提前通知对方，解释原因并致以真诚的歉意。

赴宴礼仪

美国人注重社交活动，因此平时的聚会也很多。如果你的邻居邀请你参加聚会，最好问一下聚会的理由，根据聚会内容准备一份小礼物再前往。对于一些比较随意性的聚会，可以问一下主人需要你带什么，是饮料，熟食，还是什么水果。如果主人表示不需要，那么随便准备点礼物前去赴会就可以。

美国人时间观念比较强，赴会时候最好按约定时间准时到达。如果遇到特殊情况要晚点到，最好提前通知一下主人。进门后见到主人要脱下帽子，先问候女主人，再问候男主人。如果主人家里还有别的客人，等到主人将客人介绍完毕之后再就坐，宴会结束后不要逗留过长时间。

就餐礼仪

美国人对客人就餐座位安排十分讲究，会根据来的客人提前安排座位。如果你和你的一个朋友一同去赴宴，那么你和你的这位朋友在餐桌上的座位一定不会挨着。在他们眼中，交朋友是一件重要的事情，分散坐开，便于结交新的朋友，方便交谈。美国人吃饭用刀叉，对刀叉的使用也很讲究。通常，餐桌上会有两副刀叉，吃沙拉和主食点心分别用不同刀叉。用餐时一般左右拿刀，右手拿叉。美国人在餐桌上没有太多讲究，他们喜欢一边用刀叉享受各种美食，一边跟身边朋友闲谈生活琐碎。用餐结束后，离开时要向女主人表示感谢。

美国人用来进行交友的方式很多，请朋友邻居吃顿饭，一起喝杯酒，或者到乡下郊外共度周末，都可以算是美国人交友的一种方式。有时候对于美国人的一些邀请不一定立即对其做出回应。

去邻居家做客的礼节

接受邻居邀请后来到邻居家门口按门铃是必需的礼貌，但是按门铃的时间不可过长，也不可太频繁，按一次门铃后如果长时间未回应，可再按一次。在主人开门后，不管谈论的事情的大小急缓，要尽可能地进入房间内洽谈，切勿站在门口交谈。如果主人开门后没有邀请你进入房间，那么这时候就可以在门外进行交谈。

进入室内后，如果说话的时间较短，则不需要坐下谈论，事情谈论完后，不用逗留；如果谈论的时间较长，则要在主人邀请之下入座商谈。如果在没有告知主人的情况下到访，那么尽量保持谈话时间不要过长。如果你只是单纯的应邀拜访，主人会以小吃或是甜点作为招待食品，氛围会比较轻松。如果想参观主人的房间，要先征得主人的同意，然后在主人的带领下参观房间。参观房间的时候想要翻看屋内的物品陈设也要在征得主人同意的情况下再动。切勿不经主人同意就随意翻动。

以上是一些基本的礼仪，不仅可以用于邻里之间，在一些的正式场合也可用到，下面介绍一下与邻居交往的尺度。

与美国邻居交往的尺度

美国人乐于交友，但是邻里之间却不善于深交。在中国来讲，邻居是你有困难最先想到可寻求帮助的人。但是在美国，美国人宁愿花钱找专业人士解决自己的问题，也不愿意寻求邻居的帮助。这是因为美国人讲究实际，崇尚实用主义，他们相信天下没有免费的午餐，求助他人自己一定要做出相应回应。所以，如果你的邻居与你在交往中实行 AA 制，你不需要多心或者是诧异。

在美国居住，你需要管理好你的花园，如果你的花园杂草丛生，你可能会收到社区委员会的通知，你的邻居早已因为你不修整花园将你告到社区委员会；如果你的行为对你的邻居造成困扰，他们请警察到你家也是常事。

如果你在路上遇见你的邻居，不需要像中国的礼节那样热情，打个招呼，说声"hello"是比较礼貌的做法。在美国，与人相处的最重要的一条就是尊重别人隐私，与人聊天最好不要去问一些有关其个人隐私的事情。在美国人心里，一个有良好修养的人，是不打听别人隐私的。另外，与美国人的相处中，赞美很重要，赞美也是一种礼貌的行为，"You look beautiful"是一句很管用的话。

美国邻里之间没有串门一说，人们一般不会没事就去邻居家闲聊。美国人觉得经常上邻居家串门是一种不礼貌的行为，会打扰到邻居的生活。不过对印象不错的邻居，美国人会经常向其发出邀请，来参加聚会。在聚会上大家一起吃烧烤，更加增进了邻里关系。

另外，如果你养宠物的话，一定要小心别影响到邻里关系，特别是狗。在美国，有不少因为狗叫而被邻居报警的例子，如果自己的宠物影响到了邻居的生活，警察会进行干预。也因此，美国对宠物的管理较为严格，平时宠物在家、外出都有较为详细的规定，如果有违反规定的行为，会对宠物主人采取一定处罚。逢年过节，要记得给你的邻居寄一张贺卡表示问候，也可以是一份礼物。如果搬家，也要记得跟你交往不浅的邻居寄贺卡、送礼物，如果可能的话尽可能过段时间拜访一次。

美国如何
保证公民的安全感

当人们通过自我努力夯实经济基础，社会地位得到提升之后，生存的需要得到满足，安全感和自我实现就成为人最大的渴求。

移民背后的安全感缺失

2014年，24年来美国投资移民名额记录首次被中国申请者打破，可见投资移民在中国的需求市场有多大。由于没有商业背景、年龄、教育程度及语言能力的限制，EB-5投资移民项目成为最受中国富人欢迎的移民项目，2014年该项目的10000个签证名额中，中国人约占85%。这些海外移民主要包括企业家、官员、学者、演员等社会精英阶层。

投资移民人数增多，突现出了中国精英阶层内心安全感的缺失。在法制方面，中国法制尚不够健全，行政力量干预司法，司法不公现象依然存在，精英阶层需要细心处理与权势的关系；在市场环境方面，市场环境脆弱，人们通过勤奋努力实现财富梦变得困难，阶层上升渠道受阻，阶层出现板结化；同时，出于对孩子教育的考虑，美国的优质教育自然也吸引着精英阶层通过各种渠道移民。

美国媒体推出的"失败国家"指标中，"人才流失"被作为其中最重要的一项单独列出。精英阶层之所以出走，最主要的问题是，他们对自己的未来充满了未知，而且这种未知带有某种不稳定因素。以前人们移民是为了到海外"淘金"，纯粹出于赚取财富的目的，而现在，人们移民更多的是为了让自己内心拥有一份安全感。

以企业为家例，作为社会精英中的精英，企业家在物质和精神上都获得极大满足，是普遍大众共同敬佩的对象，他们也是中国移民群体中的突出代表。

已经登上"教父"之位的柳传志、在电商领域占据龙头的马云、拥有最多用户群的马化腾，他们也与常人一样，同样对未来感到焦虑。

杨元庆曾说过：互联网取代一切的思维是错误的，互联网思维的作用被夸大了。对于这一看法，柳传志却是不认同的。柳传志认为互联网加快了行业的洗牌速度，"不管你的企业过去多么完善、成功，在互联网的冲击下，可能都不堪一击。"柳传志甚至还觉得，移动互联网对整个社会的颠覆也是必然的。李彦宏不顾资本市场的反对，毅然决然的从百度账上的500多亿现金中拿出200亿投资糯米，押注时下极为火热的外卖市场，势必要在"O2O"大市场上占领高地，通过烧钱来跑赢市场；在得知刘强东投资永辉超市，抢占"最后一公里"市场之后，受到刺激的马云和张近东只见了两面，就匆匆签订了战略合作协议，马云以283亿的高价大肆投资苏宁云商，成为苏宁云商的第二大股东。从中无不可以看出这些行业大佬们的焦虑。

焦虑，是当下中国企业家中存在的普遍现象。曾经的房地产一哥万科董事局主席王石，在看到小米为代表的互联网公司的崛起，对未来也表示十分担忧，担心下一个倒台的就是万科；手握QQ、微信两个中国最大的社交平台的马化腾，居然觉得自己越来越看不懂年轻人的喜好，最后不得不承认是自己太老了；曾经风云无二的雷军，在面对下滑的巨大压力和竞争对手的猛烈攻击时坦言："我们压力很大。"海尔的张瑞敏更是直接进行自我革命，主动裁掉大部分的中层管理者……在普遍焦虑的背后，说明中国企业家深深感到自我的不足，在不断变化的商业环境中对未来也捉摸不定。

中国企业家最缺的是安全感。中国的一些企业家虽然已经超越了自己、达到了新的高度，但是他们的一举一动都影响着企业的发展，巨大的压力接踵而至，所谓如履薄冰说的就是他们的生活常态。

近年来，随着中国在国际上的重要性及影响力的提高，中国富裕人群迅速崛起，但是随之而来的却是中国企业家移民的数量在不断增多，移民带走的财富也在日益增加。早在 2013 年，中国移民的数量就已经位居世界第一，美国、加拿大、澳大利亚等国家成为移民的热点。有数据显示：超过 7 成的高净值人群有移民倾向，越有钱的人对安全感的追求越强烈。

财富安全也是中国企业家考虑的重中之重。中国企业家热衷于移民的一个重要原因就是出于财富安全的考虑。主要原因，一方面是因为法律上对于财富安全的保障仍然存在不足，中国企业家占有着大量的财富，不安全感更为强烈；另一方面由于改革开放以来，财富的急剧增加让中国企业家有暴富的感觉，不同于以往需要多年的积累才会有所成就，瞬间暴增的财富总会带来更多的不安全感。对此宗庆后表示，只有大家共同富裕了，我们的财富才安全。

精英阶层的移民并非真正"移民"，更多的是通过持有绿卡和外国国籍，在本国环境发生变化，不安定因素增多的时候，可以抽身离去，定居国外。精英阶层的流失是国家最大的损失，精英阶层是国家的支柱，是一国的中坚力量。

同时，指责移民的社会群体"不爱国"是不可取的，国家的吸引力是建立在安定、公平、有安全感的社会氛围之上，而不是建立在宣传上，只有民众发自内心的热爱，才不会出现社会精英外流。

美国如何保证公民安全感

首先，美国法律不禁枪，持有枪支可以保证个人隐私、私人财产、私人领地不受侵犯，也保证出现暴政时，民众可以将其推翻。

美国是一个"大社会、小政府"的国家，民众对暴政有天然的防备心理，在组建政府时，法律坚决保留了人民持有枪支的权利。《独立宣言》指出："我们认为以下真理是不言而喻的：人人生而平等，造物者赋予他们若干不可剥夺的权利，其中包括生命权、自由权和追求幸福的权利。为了保障这些权利，人们

制定《独立宣言》时的场景

才在他们之间建立政府，而政府之正当权力，是经被统治者的同意而产生的。当任何形式的政府对这些目标具破坏作用时，人民便有权力改变或废除它，以建立一个新的政府；其赖以奠基的原则，其组织权力的方式，务使人民认为唯有这样才最可能获得他们的安全和幸福。"

美国《权利法案》的第二条规定："人民持有和携带武器的权利不受侵犯。"这条法律是建国者为防止政府出现暴政留下的预防措施，持有枪支确保了民众在面对政府军队镇压时不至于束手无策。

虽然允许民众持有枪支会造成刑事案件的发生，但在美国民众眼中，暴政更让人恐怖。这也保证了民众对保护私有财产和土地的信心。

医疗方面，美国的医疗业比较发达，每年都吸引着全国各地的患者到美国就医。先进的诊疗技术，给美国民众的生命给了一个很好的保障。在美国，医学教育属于研究生教育序列，想入读美国医学院，先需要修完大学本科课程，再通过医学院入学考试。在医学院获得医学博士学位后，若想行医，还需要通过美国医生执照考试。而且，职业医生每年还必须积攒医学教育学分，每十年还要参加一次专科再认证考试。美国医学教育的严苛程度世界上大多数国家根本无法企及。美国世界之最的医疗水平的源头就在于严格的医学教育制度，这保证了美国在骨科、外科手术、器官移植、癌症治疗等高精尖医学领域世界领先。

美国医疗行业不论是治疗技术还是药品研发，其创新速度排在世界前列，之所以如此正是由于其发达的医疗产业作基础。中国目前的医疗技术、药品和医疗设备相对落后于美国，一些先进的医疗手段也主要从美国引进，而这些引进的先进的医疗技术和医疗设备主要集中在北上广一些一线城市。

美国医院更加重视个体化治疗，注重因病施治和因人施治，根据病人的个体差异制定全方位的个体化治疗方案。美国的医疗管理非常严格，对医疗管理都有较为严格的规定。医疗管理规定，在医疗过程中要严格按照标准流程进行操作，确保治疗过程标准化、规范化、透明化。

严格的医疗教育、强大的医疗研发创新以及先进的医疗理念所组建起来的医疗体系，为美国民众的生命安全撑起一把保护伞。

虽然美国经济总量和收入水平世界领先，但和其他任何一个国家一样也存在住房问题。美国设立了专门的住房保障和监管制度来解决民众的住房问题。

在美国，专门解决低收入者住房问题的部门是美国房屋和城市发展部，该部下属的房屋及社区发展办公室是住房规划的执行领导机构，负责房屋规划工作的组织和管理。地方公共房屋管理机构主要负责本地区住房建设发展规划，研究提出各项法规条例，为低收入者提供住房补贴，筹集开发建设资金等。

美国联邦政府每年都会从城市发展项目经费中拿出一部分资金用于建设针对低收入居民的住宅。在低收入居民的住宅建设上，地方政府也会有专门拨款。

美国低收入住房项目的开发多由政府委托给私营企业开发，政府相当于一个开发商，作为项目的产权所有人自己负责或委托别人进行项目运营管理和服务。低收入住房项目开发的资金主要来源于税收、财政拨款、发行债券等渠道。

美国低收入者保障住房的保障对象主要是两类人群：其一是住房消费超过收入30%的家庭；其二是家庭收入低于本地区平均家庭收入的60%的家庭。对于这两类群体，美国政府提倡个人或家庭拿出其全部收入的30%支付房租和水电费，不足的部分由政府补贴。

持有枪支保证了个人权益不受侵犯；高度发达的医疗产业和医疗创新能力保证了个人生命健康；人性化的低收入住房保障则保证了美国公众居者有其屋。除此之外，美国有平等的阶层流动渠道，全世界最优质的教育资源都保证美国公众在这片广阔的领土上安全幸福的生活。

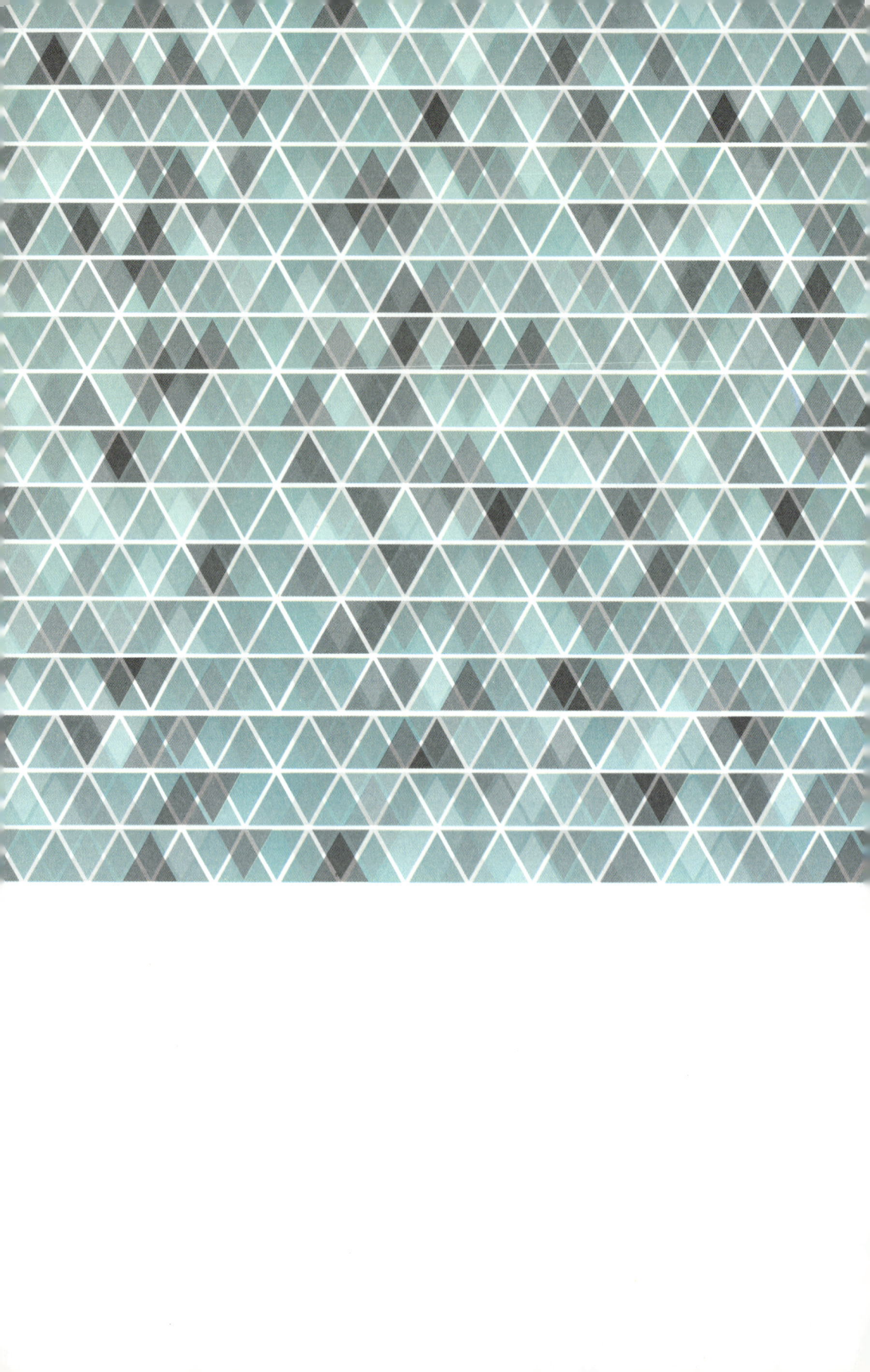

第十一章

我在美国的日子：
一个华人房地产经纪人的自白

从菜鸟开始：
影响一生的第一次卖房经验

第一次卖房经验——卖主 Sherron Burns 1

很多朋友和同行常常问起我一路走来的事业道路上的心路历程，每次我都不忘提到 Sherron Burns。给我签卖屋约的第一个客户。

常言道：滴水之恩当涌泉相报，如果我能坚持到今天的成功，就是有无数位像 Burns 女士这样的人真诚地支持我，让我屡挫屡战，坚强的存活下来。

话说 1999 年，我刚考取加州地产局的房地产执照，是 broker 的那种可以开公司聘用经纪人的高级执照。先到一个离家附近的房地产公司接受培训。培训经理 Randy 是个子承父业的白人，父亲的房地产事业做得轰轰烈烈的，年纪大了，就让儿子管理公司。他好像总是很忙，很少在办公室露脸，好不容易来了，也一直在焦头烂额的处理电话，让人不好意思前去打扰。紧缩眉头的神情让人对 broker 的工作感到艰难与畏惧。

虽然不久我就离开了这个管理不善的公司，但是他从父辈那儿学来的敲门战术，一不小心在心情不错的刹那传授给了我，凭着初出道的热情去敲门，我认识了 Sherron Burns。

如获至宝地得到了挨门挨户拜访客户的绝招，我很快就成了和邮递员一样，把车停在阴凉处，再一家一户徒步工作，不同的是他们送信，我送的是我的宣传资料再加上敲门，主人在家，就问是否有意卖屋。

若干年后，当我的名字传遍大街小巷时，客户们的评价是只有两种人敲他们家的门，一是为竞选拉票的市长和市议员，一是成薇。在我看来，这是对我辛勤工作的肯定和夸奖，虽然他们语调中带着一丝调侃。

我是个爱学习钻研的人，毕竟受中国教育到本科毕业，又接着在美利坚坐了几年的研究生教室，即使是做房地产，我也找了大量的书籍来参考，几乎都是外国人写的，因为当时中国人出色的经纪人甚少，即使有几个，几乎全是从台湾来的。

有本书是在美国很有名气的女经纪人 Danielle Kennedy 写的：如何在 21 世纪挂牌卖房子？

我如饥似渴的读着她的成功经验，感同身受她引用的一句话：如果我能够看得远一点，那是因为我站在巨人的肩膀上。

第一次卖房经验——卖主 sherron burns 2

那天正逢是 9 月初美国的劳工节，因为不在周末，我照例早早地穿梭在邻近自己居住的钻石吧社区里。

这里的房子有个特点，学区很好，那时的华人很多只知道阿凯迪亚学区，趋之若鹜的在那里购房，相对而言，成绩评比差不多的核桃学区的房屋明显便宜很多。钻石吧正属于核桃学区。

初秋的凉风吹拂着衣着单薄的我，白衬衣配着黑窄裙是我不多的职业装之一，嗅着清新的空气，走在宁静的小街道上，阳光在身后暖暖的照着我，家家户户的绿茵如毯的草坪敞开胸怀欢迎着我，我觉得自己有点像放飞的小鸟，新鲜感带来了无忧无虑的快乐。

很多人并不在家，敲了很久没有人响应。估计在为房屋贷款努力工作去了。美国人习惯跟银行借钱，一借就是 30 年。退休前还清贷款通常是人生的一大梦想和奋斗目标。

钻石吧是个治安良好的城市，很少见到铁门铁窗戒备森严的。前院都是敞开式，自家通常从车库出入。

因为是独立屋，一条街几十户走下来，差不多要 1 个多小时。

偶尔碰到屋主在家的，一打开门，见到陌生的年轻中国女子来访，千篇一律地表示了疑惑。我有备而来的拿出非常文雅的招牌微笑，高效的增进了他们对我的好感。"你好吗？"继续微笑的问候，此时，屋主再僵硬的面部这时候都会柔和起来：我很好啊。

果然微笑是最好的国际语言，微笑能架起友谊的桥梁，2008年奥运会就征求全世界的孩子微笑的照片，魅力和感染力是无限的。

紧接着我用清晰标准的英文介绍自己："我叫凯西成，是 XX 公司的房地产经纪人，请问最近你有可能换房子吗？"

"近期没有这个打算呢。"

"没有关系，这是我的名片，我是专精这区的房屋买卖，如果以后需要我的服务，请随时通知我。如果您知道谁需要买卖房子，也麻烦介绍给我。"

"一定会。"屋主说的很真诚。

我以前听到这句话，总是抱着很大的希望，相信他们以后卖屋一定会找我。后来才知道，他们大都是客气鼓励你的话。

若干年以后有一家我曾经敲过门的屋主找了别的经纪卖屋，我带客人去参观时，递上名片，他一看夸我是个很有名的大牌经纪，我说我还来过你家，跟你说过话，你还说以后卖屋要找我的。他一脸错愕和尴尬，真的吗？我怎么没印象了呀。

悔不迭的是我为什么只敲他家门一次，要时不时地去敲，让他深深的记住我，无法忘记才是。

第一次卖房经验——卖主 sherron burns 3

一家家敲客户家的门，其实累的不是体力，是心。有时候碰到心情不好的屋主，见到了一个素昧平生的人送上门来，他们自然就把满腔怒火和垃圾情绪倾倒你身上。我的问候语和笑容没有两样，同是亲切有礼的，得到的回答却是天差地别。

"到底什么事？"

"不卖！"

还没等你愣过神，大门啪的一声被重重地关上。

我真怀疑摸摸自己的鼻子有没有碰到门上的灰，有句话"碰了一鼻子灰"原来是这么来的。

还是回到劳工节那天，有没有碰灰忘了，碰到了一个淡粉色的平房，前面有个浪漫的弧形的前庭，像是中国古代庭院的画廊的出入处，我感觉自己像闺秀般的通过，来到大门，轻轻地敲了几声，很快门就开了。

门开了很小的缝，让人特别好奇想往里瞅。一个50来岁的美国女人把头伸出来，其实我的目测不太准，因为她们都很会化妆，80岁的老太太出门至少弄个一小时收拾门面。

她问清我的来意后，看我左胸上的名牌，说，我是个音乐教师，明年暑假准备卖了房子去外州，你帮我的房子估算一下，看是什么行情。

"您怎么称呼呢？""我叫Sherron，姓Burns"还有姓燃烧的意思的？我轻松就记住了。

"不过不是现在，礼拜天早上10点你来我家吧。"

幸运之神来得太快了，我有点把持不住这份来得太突然的喜悦。平时我都说的口干舌燥的，屋主从不会动心体谅我而卖屋。而这个连身子都躲在屋里没让我看到的Sherron要我估价，而且她确实要卖房子的，不像有些人就想了解一下自己的房子涨了还是跌了，并没有换屋的意愿。真应了那句话：踏破铁鞋无觅处，得来全不费功夫。

我喜滋滋地回家，开着日本的Infiniti，一路上都哼着小曲茉莉花。

第一次卖房经验——卖主 sherron burns　4

爱神丘比特是盲童，幸运女神却是绝对的耳聪目明，她不会随意眷顾那些只想收获不耕耘的人们。有时遇到那些粗鲁冷漠的屋主，还有被恶狗狂吠得心惊肉跳时，我就沮丧地想再不敲客户的门去自讨无趣了。每次想回转身时，有个信念总在支持着我："再往前跨一步，可能无数次的过去就是为了下一个的积累，放弃了就是前功尽弃。"多走一步，就是朝着成功迈近了一步。

所以 Sherron Burns 就是幸运女神的奖励，后来房地产经纪生涯中，我一直得到不断的奖赏，恰如一只鼓胀的帆，迎着强风，心底唱着：向前，向前，向前。

约好周日的上午 10 点，我起了个大早，着装打扮，把披着的长发挽成一个髻，看起来格外的成熟端庄，轻扫娥眉，淡抹脂粉，紧身的浅绿色西服外套衬托出一个清丽修长的职业女性。

迟到是种不守信誉的表现，我跟客户约定的时间都是准准的到达。9 点 50 分到了那座粉色带圆弧形的入口的平房 — Sherron Burns 的家。

里面轰隆隆的地毯吸尘的声音，我一按门铃，吸尘的声音戛然停止了，Sherron 神情有点匆忙地打开了门。

"我们不是说好 10 点吗？"她低头看了下表，扶了一下眼镜，"还差 10 分钟，请你等等好吗？"

我才知道早到也是一个不礼貌的错误，我有些尴尬地站在外面等着，因为她丝毫没有请我进去的意思。很快的，吸尘声又再度轰隆隆的响起，直到我的表指示 10 点整。

Sherron 微笑地站在我的面前，请我进去，这时才仔细地看清楚 Sherron 的模样，不高的个子，跟我说话的时候下巴无意识的抬得高高的，有点孩子的纯真。金黄的卷发一丝不苟的遵循着优雅的弧度曲线，过耳未及肩，看得出为人师表的利落。虽然架着不知是近视还是老花眼镜，我还是能穿越她精明坚定的眼神，一个妇人独居着，必定有外人无法想象的艰辛吧。

她陪着我参观了这个四居室的房屋，室内虽然没有什么新潮的装修，地毯油漆的颜色略显暗沉，浴室厨房都不是那种现代的大理石花岗岩什么的，然而，配上她满屋子老旧却精致的家具和摆设，非常的协调和典雅。

檀木钢琴上有张儒雅的男人照片，是她已经过世的先生，亲切温和地看着我和他的爱妻在他的家中徜徉。我突然间有个念头一闪，如果知道我是来卖他的房子，他的感觉是安慰还是伤感呢？

第一次卖房经验——卖主 sherron burns 5

跟着 Sherron 在光线有点昏暗的屋内从客厅走到卧室，厨房到浴室，我认真地听 Sherron 颇有点自豪的解说，脑海里记下了所有的特征，比如书房的木柜是固定在墙上的，主人浴室的浴缸安装了按摩功能，厨房的洗碗机新换的，大客厅的窗帘是木制的……美国的房屋格局大同小异，抓住买主的心就是一些突出细节，彰显卖点，用语言加以包装，商品就变成了艺术品。

我时常有种错觉，推销给买主的时候不是在卖屋，而是很愉快的帮他们淘到了梦寐以求的珍品，因为我爱这些交给我挂牌销售的房屋，和拥有它们的卖主一样视之为宝贝。

一边飞快地把 Sherron 的房子特征像照相一样刻入记忆，一边跟主人聊着她的计划。

Sherron 是罗兰岗高中的音乐教师，明年暑假结束准备退休，我不好意思追问多大年龄退休？女士忌讳。只好由衷的恭维，您看起来还年轻啊，就要退休吗？

她听了自然很高兴，把退休后去亚利桑那州的打算还有离开这个有着她和先夫太多回忆的家的心情跟我慢慢地叙说。睹物思人，有些人是因为回忆太美好，宁愿守着老屋一辈子，终日思想和怀念，时常祈求逝去的爱人能来梦里相会，唯恐搬了家，他们的灵魂找不到回家的路。

但有些人知道逝者如斯夫，生命需要继续，生活必须重新开始，快乐和幸福地活着才是让死去的亲人安息的最佳方式，抽离不是忘记，而是坚强的把爱放在心底，永远的纪念。

我的客户 Sherron 就是后者，Burns 夫妇的鹣鲽情深让我心底油然升起了感动和崇敬。

第一次卖房经验——卖主 sherron burns 6

我随着 Sherron 像闲话家常一般轻松愉快地步入了后院。

院子方方正正的，没有复杂的繁花琐叶，清爽简单的几棵低矮的灌木被园丁修剪的错落有致，像造型的盆景一样给平淡的院子增添了生气。院子长长的，不是很深，草地平整，割草机犁地的痕迹依稀可见，草的颜色绿的很均匀，是那种健康的军绿色，看得出屋主在园艺上的用心。

美国的房屋大多数是独立屋，中国叫别墅，不过我觉得别墅的概念有点豪华腐败，所以还是觉得独立屋的叫法合适，也适合美国独立自由的精神。

顾名思义，独立屋是有前后院，房子不相连接的，现在新盖的房屋院子越来越小，土地增值，建筑商要获取最大利润，小院子就得盖栋大豪宅。不夸张地说，都把手伸出窗去，邻居间就可以握手言欢了。

Sherron 很以她的庭院自豪，小房子有个还算大的院子是稀罕的，我们一高一矮的静立着，闻着青草发出的生命气息，清风徐徐，阳光从花架上的缝隙中洒落下来，照在架下的我们，一条条光和影在对方脸上，身上忽明忽暗，我读到了有种叫做友谊的信息开始流动起来，冲破了国籍和年龄，进入了彼此的心里。

静默了片刻，我们踱回屋内，坐在厨房早餐厅的小圆桌旁，我把预先准备好的房屋资料和报告整齐的一一展示在桌面上，和屋主面对面地坐下。

现在是我上场的时候了，跟正式演出和比赛一样，客户就只会给你一次机会，不会因为你的失误而说，我们重新再来一次吧。

虽然是第一次做估价，我镇定自若，从自我介绍到展示图文并茂的附近房屋的比较数据以及卖屋的费用等等，巨细靡遗的一气呵成。在我介绍自己是电子工程硕士时，她的眼睛里透出一股欣赏和钦佩的神情。教育界的人还是对文凭帽子感兴趣的。我以为只有中国的知识分子清高，美国老九也有这情结哦。

可能就是因为学理工科的缘故，擅长逻辑推理分析计算什么的，我都一股脑的融会贯通到这个报告讲解中，不疾不徐的，不高不低的语调，合着真诚的眼神一起，让 Sherron Burns 留下了完美的好印象，送我出家门的时候还一直说：

你是我见过最专业的经纪人，我明年春天就准备上市，到时候一定打电话给你。

我一直还沉浸在刚才的报告演说中，就像舞者成功演出完毕脑海里还不断回放着舞曲一样，对 Sherron 的结束语需要时间缓冲。

最专业？她年长一定阅人无数，我是新手，能最专业吗？不过，自信和快乐像潮水一样抵挡不住的涌了过来，刷新刚才还嫌不够的晕乎劲。

明年上市的暗示是跟我签约吗？还是到时候再来谈谈？

不过我已经尽全力了，把一切都交给上帝吧。在以后 10 几年的房地产工作中，我始终抱着"谋事在人，成事在天"的淡定心态，去迎接所有的困难和挑战。

第一次卖房经验——卖主 Sherron Burns 7

在美国卖房子，屋主会选择一个信靠的经纪人代表自己把房屋上市，卖方和此经纪人的合约称为"Listing"。"Listing"在经纪行业中是宝贝，就像玩扑克牌拿到了大小王一样，经纪们为了争取到卖方合约也就是"Listing"，如八仙过海各显神通。

作为卖方的经纪人因为有几个月的"Listing"合约保证，只要成功售出房屋，不管是你的买主，还是别的买房经纪人带来的客户，你都至少可以稳稳将一半的佣金入袋为安，因为美国卖屋全部佣金由卖主支付，于是，成为卖方经纪人拿到"Listing"这个香饽饽是所有经纪人梦寐以求的。

签约过后这个卖方经纪人带着名字和照片的大型招牌就骄傲的树立在了所售房屋的前院，来来往往的人只要路过就没法视而不见，对于附近的居民将来的聘请这个经纪人也有很强烈的广告效果。

一举多得的"Listing"，都知道是个好东西，但是却也都知道得之不易。跟 Sherron Burns 见面估价就是拿"Listing"的前奏。

我愉快的跟 sherron 分别后，几个月都没有消息，因为她说是要等次年暑假才能搬家，太早上市卖屋会让她流离失所，无以为家，所以我也不好意思去催问。

11月份的感恩节，12月份的圣诞节，都是美国人的盛大节日，卖房子除非是特殊状况急于脱手，一般不在这些时候凑热闹卖屋。

2000年是千禧年，元旦钟声刚刚敲过，我还在为上个世纪的匆匆流逝有点怅然所失，自己做几个月的经纪了，敲了无数家的大门，带了一些买主，还没有成交一笔生意，新的一年又会怎样呢？

是自己的方法需要改进还是我不适合这门职业呢？

有时候我常思想，千年铁树在最后一瞬间才开出绚丽的花朵，那种坚持的守候是多么的不易啊，等候不仅仅是用耐心和修养，但凡愿意等候的，不论是对待感情还是工作，外表貌似冷静，其实心中都有盆烈火在燃烧着。多年之后，我才知道，那就是爱。是热爱和痴迷，可以让人坚持守候，在黑暗中，挫折中，不放弃动摇，一直向前行进。

第一次卖房经验——卖主 Sherron Burns　8

元旦的第二天一大早，我的BB机就响了起来，一看是公司转过来的留言，那时候的手机费用很贵，大家普遍用BB机来回复电话。我查听留言，是Sherron的抑扬顿挫的女中音，一口圆润的美式英语，一听就心情愉快。

再听内容简直就是要让人心花怒放了。"凯西（我的洋名），虽然现在请你来卖屋还是偏早，我实在怕一心软，就跟别的经纪人签约了，你来我家，我们干脆把合约签了，这事就定了。"

我不敢相信自己的耳朵，并不是因为客户赐予的生意机会，而是世界上还有心地如此慈善的人，为了不受别人的诱惑，专门把这个位置留给我，这人竟然还是客户，是拥有着抢手房子的卖主。

在感动唏嘘中，我回复了Sherron的电话，不例外的用了一些感谢的言辞，我知道说再多都抵不过她那真诚的留言，那是多么直接的表明对我的信赖和欣赏啊。定好时间和日子，我不早不晚的准时来到了Sherron的家中。

阳光明媚，春意盎然，我们在分别后的几个月后第二次握手，一同默契地走到早餐厅里的小圆桌旁。我带着要签"Listing"的空白合约，放在桌子上面，先跟 Sherron 寒暄了一会儿。问及她学校的工作，美国高中的孩子难教吗？课时多吗？音乐老师要管理乐队吗等等，一坐下来就直奔主题觉得似乎功利了些。

　　她很有兴趣跟我聊着工作和未来，包括她在外州买好的新房子，有个很小的院子，人就像住在盒子里一样，我突然闪过一种奇怪的联想，那不像是老人终极的住所吗。可是我马上怨恨自己有这样不敬的想法，虽然美国人不迷信，风趣幽默，老年人自己爱开这样的玩笑。

　　面对着有着老人的慈爱，孩子纯真笑容的 Sherron，我打心底的祝愿她福如东海，寿比南山。

　　从没有写过合约的我，拿起笔感觉有千斤重，在美国的合约都是有法律效力的，万一写错签错的，就不是小小的抱歉可以解决的。面带微笑，心里却有点发抖，手还好没明显的颤抖，决不能让 Sherron 看出我的青涩和紧张。

第一次卖房经验——卖主 Sherron Burns　9

　　美国房地产的合约非常的严谨和完善。因为美国官司诉讼非常多，律师行业也是风生水起的蓬勃壮大。律师获利靠打赢官司，自然查找合约的漏洞就是他们的杀手锏。

　　我仔细的跟 Sherron Burns 解释卖屋合约的内容，房地产工会管理非常规范，所有的经纪人用的都是加州地产局的标准合约，只需要把一些具体的事项，比如房屋地址，屋主名字，合约时限，求售价钱，佣金数目等等，一一填入即是。

　　凭着自己的英文水平，对合同的理解还可以对付，有些房地产的专业名词也临时抱佛脚的研究过，所以跟 Sherron 解释起来是侃侃而谈，Sherron 是 1976 年住在此屋就没有挪过窝，当然也没机会接触房地产合约，看我那么流利的解说着合约的大致内容，一直微笑颔首，也认为头头是道，只是有些惊讶，时隔几十年，房地产合约会如此详细和复杂。我虽然没有实际操作经验，但是也道听途说很多房地产的官司，我灵机一动，巧妙的用一句话做了一个结束。

"总之，合约越详尽，对于我们卖屋被诉讼的机会就越少，最大可能地保护了客户的权益。"这句话是每个卖主都爱听的，在今后的签约过程中，我屡试不爽，像金科玉律一样，每次在强调合约的专业性的时候就请出来，让客户提的心安然地落在了肚子里。

谁喜欢卖屋惹上一大堆的官司和麻烦呢？能让他们安心放心的经纪人，舍她其谁？

没到客户最后画押签字，都可能有变数的，不过从 Sherron 的眼神里我读到了是那种完全的信赖。

我开始在合约上注明条款了，我抬起头，眼神清澈，慎重地问屋主，价钱按照我们上次的估价 24.8 万美元开吗？她说行。没想到这个数目竟让我心里自责歉疚了十几年，到底自己是位没有经验新出道的经纪人，这是后话。

佣金呢，6% 可以吗？她说没问题。6% 是最高的佣金抽成。俗话说的好，初生牛犊不怕虎。果然，后来在这行做得越来越老道，经验越来越丰富，却很少再拿过 6% 的佣金了，因为心里担心高佣金怕失去签约的机会，这和自己的专业价值成了反比，想来有点讽刺和无奈。

这些年来一直在回想 Sherron 为什么如此青睐和信任我？拒绝了很多老牌的经纪人，把卖屋的机会独独给了我，可能就是喜欢我那股刚出道时愣愣的，没沾染任何商业气息的朴实吧。

第一次卖房经验——卖主 Sherron Burns　10

在成功的经验上，有的人说，"态度决定一切。"有的人认为："细节决定一切。"

我的经验告诉我，"第一印象决定一切。"第一印象往往就是三秒钟的刹那，决定了好感，信任和交托。

销售往往除了口碑和信誉外，在你还不知名也没有办法验证未来的能力和效力的时候，你在客户面前展示的第一印象就成了成功的敲门砖，试金石。它能让你事半功倍，平步青云。当然失败的第一印象也是绝对的反效果。

我常常在心里感谢母亲，生给我一双不算大却很明亮的眼睛，瞳仁比例适中，黑白分明。不止一位朋友盯着我的眼睛说过，你的眼白带一点点的蓝色，清澈见底，很健康。我虽然自己无法求证于镜，心里还是暗暗自喜。

可能这眼神中有一种与生俱来的真诚和后天知识熏陶的雅致，能在和客户第一时间中交汇中搭起了友谊的桥梁，让客户不因世俗的推销进攻紧紧防御步步为营，而是坦然愉快的启开心扉，接受我进一步深广的信息。

我仔细检查了和 Sherron Burns 的卖屋合约，没有瑕疵，其实 "Listing" 合约细则不难，都是加州地产局的标准合同，难的是卖主一字千金的签名。如何让卖主挥毫签下自己的大名，是最大的学问。往后十几年中，签约无数，见过无数龙飞凤舞的，端正秀美的签名，仍然忘不了处女合同上 Sherron 的签名。

我把填好的合约转了个 180 度，轻轻的推到对面的 Sherron 面前，把具体的价钱和佣金等重点部分指出来和卖主核对了一下，她一边看合约，一边从眼镜的上方瞄瞄我，听我严肃不失亲切的解说。

"亲爱的 Sherron，您对合约有什么意见吗？"

"很好，很好。"对我的工作无懈可击，十分满意。

"那请您在这儿签上名字。"递上印有我的名字和电话的原子笔，是那种最便宜，17 分钱一支订做的，但是还算流畅好写。

看着 Sherron 的长长的名字，中间还有娘家姓，在合约上一气呵成，我才相信自己不是在做梦，不是只是在和卖主客户谈谈意向，也不是被闲着无事的退休老太太拉进门闲话家常，我在签约，这意味着我正式被聘用成了卖方经纪，我在 Sherron 好看的一长串的英文名字下，慎重的写下了我的 Cathy Cheng，合约带复写的制式，我和屋主各人一份。

终于签完约了，几个月的努力终于有了满意的结果，不知是不是比预料容易了些还是完成了就觉得不过于此，心情丝毫没有激动兴奋，竟然像一个身经百战的战士，有种战前出征的心情，我突然意识到，签上合约，不是结束，是开始，是肩负重担的开始。

怎样不辜负Sherron的委托和信任？怎样将Sherron的房子找到合适的买主？怎样让Sherron卖出好价钱，拿到现金退休养老？我突然觉得双肩上压上了千斤重担，这是我之前完全没顾及思考到的。

我第一次感受到作为房地产经纪人的责任。那种伟大和崇高的感觉，确实跟出生入死的战士有些像。

第一次卖房经验——卖主 Sherron Burns 11

跟卖方签完了卖屋合约，明显感觉到Sherron的表情如释重负，好像为待嫁的女儿找了一个好媒人似的，希望都转移寄托在刚出道我的身上，虽然她的"女儿"模样不俗，这茫茫人海中合适般配的夫家何处可寻啊，我实在没底。

高高的售屋招牌很快的请专业的插牌公司立立整整的竖在了Sherron家的前院，风吹雨打中，牌子都屹立不倒，上面有我始终微笑着的照片和一直沿用至今的联系电话号码。

那时候不流行互联网，联系方式就是电话，即使到了如今网络高速发达的时代，大家还是习惯的在第一时间打电话给你，不管你睡觉还是在吃饭，客户最希望能马上听到你热情亲切的hello，心里就安定了许多，因为你是他们全权依赖的经纪人。

美国的经纪人工会提供一个共享资源的平台，叫MLS，只有一个经纪签到了卖屋合约，放进MLS，就有成千上万的经纪人得到了信息，知道所有的关于此房的售价和资料，如果他们有买主，就会积极的联络看房出价。

卖主负责买卖双方的佣金，通常两方平分，作为买主是完全免费的享受经纪人的专业服务。

如果买卖双方都是一个经纪人的话，这叫做dual agent（双方经纪），在加州是被允许和合法的，在美国别的有些州是不可以的，因为必须有不同的经纪代表各方的利益，以免冲突和矛盾。

洛杉矶有份浏览率颇高的华人报纸《世界日报》，广告费比较贵，但是看的人多，从一开始，接触房地产行业以来，就深刻体会到舍不得孩子套不来狼的道理，并且在以后的峥嵘岁月里，愈加体会广告的魅力无限，但是在没法看到效果投入资本的时候，心还是会不由自主的有些疼。

我试着打了一个1×1的分类广告，1×1是1英寸的长和宽，像块舍不得吃而被分割成很小的豆腐干，只能挤进10几个小小的汉字。我拿出中文修辞的浑身解数，用最精炼高雅的文字说清房子的特征，还要兼备吸引买主的眼球。

万事俱备，只欠东风。不过我没有诸葛亮的胸有成竹，甚至觉得自己有种守株待兔的茫然。时隔多年，久经沙场的我渐渐明白，市场就是这样，能预料到的结果就不是自由经济市场了。而正是这样的扑朔迷离和变幻莫测才具有更加的挑战性。

有位哲人说过，一个人的成就绝对不会超过他自信所能达到的高度。正因为有种不知与生俱来还是后天环境中生长出来的自信，让我能有不管风吹浪打，胜似闲庭信步的悠然。

第一次卖房经验——卖主 Sherron Burns 12

广告发出去了，不多时就有人来询问 Sherron 的房屋的详情。

我像个刚开业的小掌柜，小心翼翼的守着自己刚买的大哥大，那时手机做的很笨重，自己却觉得很神气，这个何时何地都能跟人及时通话的高科技产品，让我啧啧称奇。再也不用 BB 机来传呼了。

后来工作非常繁忙之际，两部手机都接不停的时候，客户早已习惯了我热情洋溢的应答，很少愿意在语言信箱里面留言，一直连环听到我气喘虚弱的："您好，我是成薇"。不料效果倒是出奇的好，很多客户都说，别的经纪说话凶巴巴的，你看成薇总是不骄不躁，柔声柔气的。柔是因为没底气了。有时候电话太多的时候，铃声一响我的胃都会不由的紧张得痉挛。

现代科技的发达就是让人越来越物化，人越来越被客观的时间和空间辖制，不由感叹觉得自己的渺小，造物主的伟大。

几个有兴趣的买主电话来了，在了解地理位置，学区等等后，愿意实地参观。我跟 Sherron 约好看屋时间，由于 Sherron 学校的工作，最好约到一起配合她的时间。

记得那是一个春光明媚的下午，天空万里无云，Sherron 的粉红色的小平房，在和煦的阳光照耀下，真有种小家碧玉的风情。在一个小时内，我约好了 3 位买主看屋。前两位看完后没有太大兴趣，问几个不痛不痒的问题就告辞了。

第三个来的买主是一对台湾来的夫妇，还带着两个学龄的孩子，兴冲冲的赶来。

我带着他们全家大小从客厅到卧室，再到庭院，连车库也进入参观。屋内光线因为地毯的颜色稍许深而略显黑暗，老美不喜欢太阳的直射，紧闭着百叶窗和窗帘。Sherron 的房子正好是东西方向，我意识到了，赶紧把厚重的窗幔拉开。阳光从百叶窗的缝隙中痛快的撒进了屋里，大厅立马亮堂起来。

他们对房屋的格局感觉很满意，尤其看到文质彬彬的白人屋主 Sherron，顿生好感，心想这样的屋主住的房子一定保养的不错，买主太太尤其喜欢 Sherron 古香古色的家具和钢琴，配着这不新潮的房子，就像三十年代的淑女名媛，有种说不出来的风韵。虽然卖屋不包括家具，给买主的第一印象却是至关重要。可惜前两个买主体会不到，一直说要花钱装修这，装修那的，他们要的是千篇一律的新，新，新，新才会让他们眉开眼笑。

这对台湾夫妇很满意 Sherron 的房子，尤其是孩子的学区安定了。美国的学校的义务教育从幼儿园一直到高中毕业，所以早点定下好学区的房子就一劳永逸了。

Sherron 是老美，非常懂得尊重经纪人的专业，在我们参观房屋的时候，她坐在院子中的椅子上，除了见面礼貌的寒暄外，几乎一言不发，把发挥的舞台全部交给了我。我就像只刚学会飞翔的小鸟，拿出我浑身的本领展翅高飞。

第一次卖房经验——卖主 Sherron Burns　完结篇

台湾买主很喜欢 Sherron 的房子，价位和房子大小格局都是他们理想的，可能他们在市场上寻找房子也有相当长的时间了，心里早有了比较，一见 Sherron 的房子如获至宝，毫不犹豫就拍板要买。

通常如果是中国人的卖主，一见刚上市自己的房子就被看中的话，会再多等候一阵子，看看有没有出价更高的买主，Sherron 是个很爽快直接的人，有人欣赏她的房屋，她也觉得与有荣焉似的，只是有个要求，让她过户完继续多住 2 个月。

买主唯恐生变，赶紧同意并愿意免费给 Sherron 住到六月份学期结束。我很快把买卖合约做好，双方签字画押后，帮他们了办好过户手续。

那是 2000 年初，正是美国房市从萧条开始复苏的时候，我们成交时用来比较的房屋都是稍过时的，换言之，给房屋的估价由于成交数量不多，会比较的偏低。自 1999 年 9 月到 2000 年初，房价也在悄悄的蓄势待发的向上涌动，从 1993 年房价剧跌后，到 1998 年的低谷，卖主对房屋市场的不景气失望透顶。

所以那对台湾买主欣喜如狂的买到 Sherron 的房屋，而 Sherron 也兴高采烈的同意卖出，正好碰到市场转型的交接点，美国的房屋市场从低迷的买方市场向紧俏的卖方市场转换，一直到炙手可热的 2007 年最高峰。

当然市场的趋势是无人预料的，只是对于我，回首来看这笔交易，总觉得自己多少有点幸运，而这幸运来自一个无亲无故的美国女士对我的信任和赏识。然而也经常责备自己，当时如果再多开高 2 万，是不是也一样能成交呢？

买卖房屋非常能体现美国的自由市场经济，其实没有吃亏与否，买卖双方愿意成交的价钱就是市场公平价。

时隔多年，客户如云，交易过千，我却一直无法忘怀那个戴着眼镜，温和微笑听我说话的 Sherron Burns，抱憾的是没留下她的照片，联络方式也因为搬家而遗失。但是她的音容笑貌比照片还分明清晰的刻在了我的心里。一直激励着我，鼓舞着我在房地产的事业上不离不弃的耕耘。

因为她是第一个把居住了几十年的爱屋交托我来经营的，她也是第一个客户用执着肯定的眼光和语气对我说："You are the best!"（你是最棒的！）

夕阳中的接触

天很热，洛杉矶在冷冷热热的反复中，终于发出了火爆的热度，高达100多华氏度。

怕晒黑，不仅深知一白遮三丑，更怕晒斑不小心就吻上了脸，我躲在家里一整天整理夏装。

当五颜六色的裙衫阔别了很久得以重见天日之时，我的心也随之飞扬，女人是爱夏天的，再一次被证明。

晚饭过后，我计划去拜访一些客户，是些曾经别的经纪上市，没有成功卖出，合约过期的名单。

我精选了几个在钻石吧的，地址的街道名都非常的熟悉，不用地图就可以直接驱车前往。

7点，黄昏时分，光线虽然还是明亮，太阳热度已是锐减，有点像虎落平阳似的依依不舍的告别曾经的辉煌。

第一站是个城市屋，靠近雷根公园，精华好区，很快找到了这个4个相连的最边间，高高的楼梯阳台上站着一个叼着烟的男人，正用眼光从上向下的打量着我停车，穿过绿地，爬楼，直到有点气喘的走到他的面前。在爬楼梯的过程中，我注意到楼梯的扶手有些腐烂，应该找社区管理来修理，不需要屋主付费的。

可能我微笑着，目光温柔，没有攻击性，他就看着我，不发一言的等着我说话。

"你好！知道你的房屋合约到期了，还有计划卖屋吗？"男人貌似没理解，我意识到他是个韩国人，脸上有些明显的特征，就用英文重复了一遍，他明白了，冷淡的告诉我不想卖，说完很快地就想避开进屋，卖房意愿不高，很有可能是以前尝试一下市场反应，定价也高了些，我刚卖出这个区域的同样户型的才30

万左右，他在市场的记录是 35 万，偏离市场价值太多，即使交给我来处理也不容易出手。

我识趣的留下名片，"以后需要我的帮助，请联系我！你贵姓？"，"Choi（中文是蔡）"，说完男人已经消失在门后了。

楼梯很陡，我扶梯而下，又看见腐坏的木栏杆，忘记提醒屋主去找社区管理会，有点想再上去一次，却不知为啥没有去做，是个性不爱回头还是觉得多余？

走在夕阳中，太阳斜斜的照着身后，看着自己颀长的背影，我有点得意的感觉，在这个暑气逼人的夏日，躲过了烈日的辐射，跟我的工作，客户，和大自然的树木花草，做了一次短暂的接触。

下一站也是城市屋，另一片小区，室内尺寸比刚才老韩的大很多，我按响了门铃，里面传来一个女高音的应答声。

听着这热情洋溢的声音，我不禁暗喜，想必沟通和交流就会融洽许多。

很快的，一个满月面盘的中年女人开启了大门，脸上堆满了笑容，跟我用韩语打着招呼，我用英文解释我的来意，她几乎听不懂我说什么，一直重复我话中的 sell（卖），我也重复的说 sell，两个东方女人站在夕阳的金光里友好的笑着，说着英文，却不知道对方想表达什么。

我索性把自己的名片和宣传广告塞在她的手中，点着照片的我，再指指自己，她好像终于明白了，也认出了我是地产经纪，多年不变的照片大街小巷都有。看到我本人，她有点惊讶也高兴，也明白我的目的，就能用有限的英文回答我的问题。

房子是租的，她是刚搬进来的房客，卖主可能觉得卖市不好，所以出租给这个韩国房客。既然如此，只好留下了一句未来的期许，你有天要买房子的话，可以找我呀！她含笑点头。我愿意相信，一定会有这一天的，然后欣然的挥手离去。

在夏日的傍晚，阳光越来越弱，开始有点微风飘来，还有两个房主需要去拜访，我踩着油门，迎着将暮的夕阳，继续向前。

珍惜活着的日子

2011年6月30日

昨晚11点深夜,手机响了,一个低沉的声音传过来询问广告上的房屋情形,我推荐了一套刚上市不贵面积大的,给了他地址,相约次日大早去参观。

今天上午有照常的舞蹈课,教室离着这栋房屋近,正好顺路。我破例的没穿职业套装,穿着练功服,直奔房屋地点。

一个中年男子,大约40来岁,抱着个1岁左右的婴儿,已经在卖主家等我了,留着胡子,有点像西域少数民族的巴蜀汉子,小儿子在被他抱着楼上楼下的看房,晃着大头,大眼睛咕噜噜地转着,感觉新鲜好奇。

我有些奇怪地问汉子,你太太怎么没来,一个男人抱着个婴儿看房子有点不那么正常。

他的脸上很快闪过一片乌云,她不在了。

我顿时无语,看着天真无邪的婴儿,吮吸着手指,有点不耐烦的俯仰摆动着幼小的身体,有种嗷嗷待哺的感觉,我的心突然疼了一下。

出了卖主家的门,汉子娓娓道来,太太是国税局的工作人员,一年到头有查不完的帐。压力非常大,生了孩子后身体也不好,就想不开自尽了。我一直以为国税局查账的人很牛,都是被查的公司和个人的巴结讨好的对象,没想到也会这么难。任何一个工作都是需要极度的热情和耐心的,否则就会被无情的击垮。

我赶着要去舞蹈课,开着车,奔跑在盛夏的阳光中,心里为他们父子祈祷,希望他们早日渡过难关,驱散心中痛楚的阴影,也为自己加油,市场再低迷,工作再困难,我要珍惜活着的日子,每天都认真努力的去走,走过就有痕迹,走过就不虚度。

经验之谈，
给后辈从业者的话

身在美国从事房地产经纪 20 余年来，去过了很多地方，认识了很多人，南部、中部、东部，最终选择加州，兼并挑战和机遇的房地产天堂，加州房地产经纪人经常说的一句话是：What storms we have seen! 我在这里从开始的陌生到熟悉，说实话，现在已经慢慢爱上这个城市，这个国家，在这里我将获得的一些知识和买卖房经验与国内的朋友分享。

国内很多房地产中介雇佣业务员，支付较低的薪金和佣金，就可以进行房地产买卖，业务员水平参差不齐，客户还没有了解到专业的指导就胡乱签合同。这在美国是决不被允许的，没有房地产执照一律不可以带客户看房子，就算回答客户房地产问题都不可以，否则将会受到法律制裁。

美国的房地产经纪人与买卖双方的关系来源于英国 master-servant 主从关系，代理人把被代理人的最高利益放在自己工作的首要位置。在国内，代理和被代理人类似商家和客户的关系，而在美国，由于有普通法和成文法约束和管理代理制度，所以代理和被代理人是信托关系，这样的话，只有被代理人赢得买卖交易战役的胜利，才能为代理人积累口碑，赢得更好的职业发展。

美国房地产经纪人全国有 100 多万，这之中，不断的有新人涌进，也不断的有人退出，对于新人加入房地产经纪人的原因无外乎几点：第一、入行投资低，一两千美元就可以开启一个可以赚大钱的事业；第二、门槛低，并没有文凭限制，通过考核就可以申请执照了，尤其这对于聪明的中国人再容易不过了；第三、相对自由，可以自行安排时间不受拘束而且行业体面。事实上这 100 多万人确切地说是流动人口，因为大部分人都在经历到挫折和考验之后放弃，全美国百分之九十的房屋成交都是百分之十的经纪人促成，正应了富兰克林的跨世警言：不劳苦，无所得。

据统计，十个同时取得房地产执照的经纪人中，半年之后剩下七个，三个人不做了，一年后剩下就四个，剩下的四个在经历三年的工作后，其中的三个不是不干了就是做兼职，只剩下一个，成为优秀的经纪人。我从小接受中国传统教育，深知任何成功的事业都是靠汗水经营而来，所以，虽说不能算作成功，但我有幸是那十分之一的人。

1999年，刚开始我的房地产经纪生涯时，真的应了一句俗语：万事开头难。美国是一个多民族的移民国家，各个行业都面临着自己的客户群是来自不同国家的差异相当大的人群，基于他们行为习惯和文化背景都有不同，他们对产品的需求更是千差万别，房产对于人更是有别于低价消费品，如果你不被客户所信任，那么就意味着你没有客户。

我深知事业的成功往往是需要经历长期的积累而来，所以在大学期间，我就学习了房地产的专业知识，房地产法律（Real Estate Law）、房地产金融（Real Estate Finance）、房地产基础（Real Estate Principle）、民用房估价（Residential Appraisal）、商业房估价（Commercial Appraisal）、房地产实践（Real Estate Practice）和房地产管理（Property Management）等。而最重要的是，我在学习之余还会关注房地产需求客户的人群特征，和房地产市场。并且总结了一些个人经验：

一 不要只等收获

在房地产行业，我们经常说"Farming"，意思既为耕种。不管在哪个国家，房产一定和普通消费品不同，因为他的选择涉及的因素太多太多，地位、房型、环境、价格、学区、升值潜力、周边人群等等等等，所以很多客户考虑买房房子的周期很长，动辄一两年，算是快的，大部分三四年，更长时间的也有，当然也有迅速的，这样的成交更应该加倍仔细。所以作为房地产交易中间人的我们，要随时随地不断的播种，着眼近处在周边的朋友、同事、邻居、各种圈子中广结好友，通过互联网连接远处的朋友、亲人、故乡的投资人等等，只要是有人的地方，我们就要想办法去播种，树立自己的形象，赢得大家的好感。要知道，美国房地产经纪人的一百万大军随时都弥漫着竞争和淘汰，只有得到人们的信任，他们才会在买房卖房时想到你。也许你会笑，说我把美国房地产经纪人想成美国总统一般复杂，事实上，人际关系真的是一门耕耘的技术，当人们开始喜欢你并信任你，那才是收获的时节。

二 人际关系胜过广告

美国和中国房地产不同的地方还在于，中国目前75%还是新房销售，在美国，新房率不过15%，85%的房源都是二手房，所以房地产经纪人们没有批量的产品去做广告和推售，这个时候人际关系的效果则大大高于广告的效果。美国有诸多小圈子，比如教会、同学会、同乡会、社区服务会以及各种培训场所，都是打开小圈子的钥匙，当你的一个种子客户对你满意的服务营造了第一次优质口碑，那么他会推荐给身边需要房地产服务的朋友，这在中国也是同理。所以，人际关系在美国房地产市场是非常重要的财富，而这财富是需要不断地积累和维护的。

三 老客户来的更给力

国内在多年的人口福利日渐衰弱后也在慢慢认识到一点，促销的年代已经一去不复返，一次性盈利最终会被客户所淘汰，产品的质量和客户体验在越来越大程度上的影响着客户忠诚度。在房地产业，推荐给客户符合要求的房子比便宜五折更来得实惠。

对于耕种者，一个对于新客户的广告费用，相当于维护七个老客户的成本，而一个亲切的老客户带来的新客户，成交率则比原来大了 30%。对于老客户，偶尔电话关心、生日礼物、请吃饭、逢年过节寄卡片和礼物等，这些礼仪不仅能使客户成了朋友，更彰显了中国民族的优良传统，何乐而不为？

四　运用法律保护自己

从事过房地产中介的人可能知道，黑中介和跑单是房地产中介们的共同心病。

黑中介即房地产经纪人利用职业便利，吃差价、骗取客户钱财、买卖房源等恶劣手段；跑单意味着客户在经过经纪人服务后跳过经纪人与买主或卖主交易。这两种行为相信在国内的市场应该屡见不鲜，在美国地产，虽说不多但也确实存在，在遇到这种情况时一定要运用法律手段保护自己的权益，毕竟，美国的维权体系相当完善。

多年来我一直被评为美国加州第一名顶尖华人奖、终生成就奖等殊荣，2013年，又在全美 Re/max 房地产公司遍及 85 个国家的十万经纪人里获得了前十名，以及全球华人销售第一名的业绩，在房地产经纪的多年时间里，我的耕耘见到了收获，但是最宝贵的莫过于我收获了众多的朋友，和一份钟爱的事业。